中央高校基本科研业务

Fundamental Research Funds

教育部人文社会科学研究专项

财政支出绩效评价结果应用研究

姜爱华　卢真　著

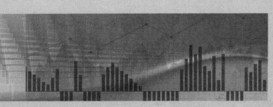

本书总结了绩效评价认识不足、绩效评价结果透明度不高等是我国财政支出绩效评价结果应用中存在的问题，探讨了缺少制度保障、绩效理念不够深入、绩效结果欠缺权威性等对财政支出绩效评价结果应用的阻碍作用，借鉴了国外财政支出绩效评价结果应用的实际发展中有利于当前发展的经验特色，提出了推进财政支出绩效评价结果应用的改革

中国财经出版传媒集团

经济科学出版社

Economic Science Press

图书在版编目（CIP）数据

财政支出绩效评价结果应用研究/姜爱华，卢真著．
—北京：经济科学出版社，2020.3
ISBN 978 - 7 - 5218 - 1354 - 8

Ⅰ．①财…　Ⅱ．①姜…②卢…　Ⅲ．①财政支出 -
经济绩效 - 经济评价 - 研究 - 中国　Ⅳ．①F812.45

中国版本图书馆 CIP 数据核字（2020）第 036062 号

责任编辑：王　娟　郭　威
责任校对：刘　昕
责任印制：邱　天

财政支出绩效评价结果应用研究

姜爱华　卢　真　著

经济科学出版社出版、发行　新华书店经销
社址：北京市海淀区阜成路甲 28 号　邮编：100142
总编部电话：010 - 88191217　发行部电话：010 - 88191522
网址：www. esp. com. cn
电子邮件：esp@ esp. com. cn
天猫网店：经济科学出版社旗舰店
网址：http://jjkxcbs. tmall. com
北京季蜂印刷有限公司印装
710×1000　16 开　14.75 印张　270000 字
2020 年 8 月第 1 版　2020 年 8 月第 1 次印刷
ISBN 978 - 7 - 5218 - 1354 - 8　定价：68.00 元
（图书出现印装问题，本社负责调换。电话：010 - 88191510）
（版权所有　侵权必究　打击盗版　举报热线：010 - 88191661
QQ：2242791300　营销中心电话：010 - 88191537
电子邮箱：dbts@ esp. com. cn）

前　　言

20 世纪 80 年代，新公共管理运动在西方国家兴起，以结果为导向的预算绩效管理逐渐被各国采纳并推广。而我国自 1994 年进行分税制改革后，财政制度改革的重心也从财政收入转向财政支出，推行了部门预算、国库集中支付、收支两条线、政府采购等一系列改革，体现了以"财政支出绩效管理"为核心的改革思路。与这些改革一脉相承的是，我国以财政资金绩效评价为切入点，初步建立了从绩效评价对象和内容的设定，绩效评价目标的确定，绩效评价指标、评价标准和方法的选用，到绩效评价结果应用等在内的完整的绩效评价工作体系。然而，如何将绩效评价结果作为预算决策的依据，并将绩效评价结果作为管理工具、沟通工具以及问责工具，促进绩效改进，实现预算绩效管理工作良性循环运转，是当前值得我国研究者深究的问题。

从理论上看，"公共选择理论"和"委托代理理论"等理论为开展财政支出绩效评价并将结果加以应用提供了理论基础，绩效评价结果可以提高财政资金的使用效益，可以提高政府的管理水平，还可以作为下一年度编制预算的参考，同时能为政府制定长期发展规划提供依据。从我国实践上看，自 2003 年起，我国陆续制定了一系列关于财政支出绩效评价的管理办法，尤其是 2011 年财政部发布修订后的《财政支出绩效评价管理暂行办法》，开始对财政支出绩效评价结果有了专门的规定。

调研发现，目前国内绩效评价结果应用主要集中在项目层面，包括整改反馈与行政问责、政策调整与预算安排、评价信息的公开通报以及给予表彰与资金奖励等。少数开始试点部门整体支出绩效评价的部门或地区也在探索部门整体支出绩效评价结果的应用。当前我国财政支出绩效评价结果应用中仍然存在诸多问题。一是对绩效评价的认识不足，有些预算单位甚至认为绩效评价就是审计，对每年的绩效评价工作也有一定的抵触心态。二是绩效评价结果透明度不高，不少地区未公布绩效评价结果，即使公开的地区，也只是选择部分评价结果较好的项目进行公开。三是尚未明确"第三方评估"的适用限度，实际中出现盲目使用第三方评估的现象，忽视了单位内控和自我评估机制，在当前第三方评估还不够独立的情况下，评价结果尚缺乏一定的中立性，更需要单位内控机制作用的发挥。四是预算绩效问责没有落实到个人，问责的对象通常限于部门而非个人，责任不清的现象突出。五是绩效评价结果落实与否难以度量和反馈，换句话说，绩效评价结果应用的效果难以有效考察。

阻碍绩效评价结果应用的深层次原因，主要包括制度和政策层面、绩效理念层面和评价结果质量层面。从制度和政策层面看，目前我国涉及财政支出绩效评价结果应用的顶层设计文件主要有两个，一是《预算法》，二是《财政支出绩效评价管理暂行办法》。但政策仅仅是顶层设计的建设，难以真正落到实处，从而绩效评价结果的应用仍然缺少实质性的制度保障。从绩效理念层面看，经过多年的实践，我国预算绩效理念初步形成，但由于相关工作仍在探索、推进、完善阶段，部分地区和部门对绩效管理工作认识仍不到位，在实际工作中更多地关注财政资金的"合规性"，而忽视了资金的"效率性"和"效益性"，对绩效评价工作不够重视，在评价结果应用方面被动应付。从绩效评价结果质量层面看，评价结果欠缺一定的独立性、科学性和权威性，一方面鉴于目前的政策体系，绩效评价结果不具备法律效力。不仅开展绩效评价工作没有立法要求，同时绩效评价报告也不经立法机构——人民代表大会及其常务委员会审批，从而绩效评价结果欠缺法律上的权威性。另一方面，绩效评价结果在一定程度上欠缺科学性，无法令人信服。

美国是世界上最早开始对政府财政支出进行绩效评价的国家之一。早在1921年，以国会通过的《预算与会计法案》为标志，美国对政府财政支出的绩效评价正式成为财政管理的一个重要环节，经过近百年的改进和完善，无论是制度设计还是实际效果，均已比较成熟、规范，起到了提高财政支出效率的作用。美国的部门预算绩效评价结果应用集中体现在政府问责制度上，问责制度不仅仅是行政问责，更多的是强调政府部门要对自己的行为负责，集中表现为将绩效评估的结果与以后年度的预算结合起来。除了政府问责，美国还规定除了涉及国家安全机密之外的所有评价报告，都要提供给新闻界和社会公众，使社会公众能够通过对不同部门的工作绩效以及同一部门在不同时期表现的比较分析中获得更多的信息，进而在提高公众对政府行为了解程度的同时，借助公共监督的力量，督促相关部门更好地应用绩效评价结果。

澳大利亚联邦政府自1999年起全面实施绩效预算管理制度，具有较为完善的绩效评价立法和组织机构。澳大利亚十分重视政府信息公开工作，部门预算、决算及绩效审计必须公开。内阁签署了特别的规章，要求所有的部门和机构必须公布绩效评价的结果，并由财政部汇总，定期出版。其绩效结果的运用主要体现在两个方面：一是为战略决策服务，部门的绩效信息是财政部和部门审核预算支出的一项重要内容，绩效较好的部门可以留用不超过预算规模一定比例的资金，虽然部门预算并不完全和部门绩效的好坏呈正相关，但为了取得更好的绩效表现，政府或部门都会对项目安排和开支方向进行适时调整。二是改善部门项目管理，通过评价绩效主要指标，针对管理漏洞提出有效措施，改进项目管理。这项绩效评价制度建立了一种以结果为基础和导向的管理责任制度，在实际应用中大大提高了政府的工作效率。同时还要求部门通过项目绩效评价，充分评估项目管理人员的相关知识、技能，有效配置资源，以实现项目目标。

英国的绩效评价起步虽然晚于美国，但它的改革效果却十分显著，并且持续时间较长、进行得最为彻底和全面。与美国不同的是，英国绩效评价体系的设置主要围绕部门展开，针对预算部门，以"公共服务协议"为政策性框架开展绩效评价，目的是建立一种现代的公共支出和绩效管理框架，为制定审慎、有效的中长期支出计划服务。针对地方政府整体，英国以"全面绩效评价"为政策性框架开展绩效评价，在绩效评价指标中引入了战略使命、改进能力等绩效评价的软指标。英国对绩效评价结果的应用范围比较广，一是将绩效评价结果作为政府长期经济目标和计划调整的依据，要求政府各管理部门根据其秋季报告对其三年滚动计划进行相应调整，同时也将绩效评价结果作为财政部对各政府部门制定以后年度预算的重要依据。二是将绩效评价结果作为推行政府管理体制改革，特别是实现组织优化的重要依据。上级部门会依据部门整体支出绩效情况、绩效等级决定是否继续对该部门放松控制，下放权力，绩效评价结果越好的部门就会拥有越大的管理自主权。三是绩效评价结果可以用来考察政府部门是否尽职履责的效果，特别是可以作为考查部门负责人是否有效履行主体责任的依据。四是将绩效评价结果与下一年度预算安排挂钩，对各部门加强预算执行管理形成硬约束。

日本的政府绩效评价由中央和地方分别立法实施，所采用的方式大多为目标管理法。对于绩效评价结果的应用，分为两个层次：一是政策评价结果公开与运用。《政策评价法》规定，各府省首长在进行政策评价时，必须形成评价报告，迅速报送交总务大臣，同时公布该评价报告及其摘要。同时也规定，政策评价的结果要在政策中运用。而且无论是否将评价结果反映到相关政策中，也应至少每年公布一次。二是地方事务事业评价结果公开与运用。一方面，最直接表现为对事务事业本身发展的影响，采取扩大、缩小、继续、暂停、废止等措施，而目前的总体情况是缩减。另一方面，间接表现为对预算编制的调整以及对职员定员进行调整。

针对我国当前财政支出绩效评价结果运用中存在的问题及原因分析，借鉴发达国家在绩效评价结果应用方面的经验，结合我国现阶段的现实情况，本书提出了"两步走"的改革思路。

近期应完善以项目为基础的财政支出绩效评价结果应用。基于 PDCA 模型闭环管理的思路来提升预算绩效评价，优化绩效评价结果应用，可以使绩效评价工作更加条理化、系统化和科学化。这其中，有五方面的重点工作。一是要充分认识绩效评价作为现代财政治理手段的重要性。绩效评价是改进财政资金使用效益的重要途径，是倒逼政府行政管理体制改革的重要引擎，是现代财政治理的重要手段。二是加强绩效评价应用的顶层设计。应制定专门的绩效评价结果应用的管理办法，并将绩效评价结果的应用作为人民代表大会审批预算和政府改革的依据。三是将绩效评价嵌入预算闭环管理中。财政支出绩效评价工作应是一个多期滚动循环的"闭环"式、"动态"式管理过程，绩效评价应有机嵌入预算闭环管理中，使其成为预算管理不可分割的一部分。四是完善项目绩效评价具体制度设计，完善绩效目标管理机制，完善预算单位绩效自评机制，完善第三方绩效评价机制，建立绩效评价结果的应用机制。五是完善绩效评价结果应用的信息公开机制。

从中长期看，应转向部门整体支出绩效评价及其结果应用。与单纯的项目支出绩效评价相比，部门整体支出绩效评价覆盖面更广、评价层次更深，更能真实反映部门（单位）的实际绩效水平，提供更为科学合理的绩效评价结果，从而有利于绩效评价结果的应用。具体而言有五个重点。一是要先试点，再逐步推广。可率先推行部门整体支出绩效评价改革的部门往往是职能相对较为单一、侧重于社会效益的公共服务部门，如教育、医疗、社会保障部门。二是与机关效能考核相衔接，减轻预算部门绩效评价工作量。我国各预算部门在开展财政支出绩效评价工作的同时，还需开展由纪委牵头的机关绩效考核。未来若以部门整体为单位进行财政支出绩效评价，二者在一定程度上会有重叠。可考虑将部门整体支出绩效评价与机关绩效考核相衔接，在机关绩效考核的工作基础上进一步深入分析财政资金的使用效益，最大程度保护预算部门工作的积极性。三是结果应用要奖惩分明。将部门整体支出绩效评价作为下一预算年度部门预算安排的依据。对于连续几年部门整体支出绩效评价结果为优或良的，可考虑给予预算部门预算资金使用上更多的自主性和灵活性，绩效评价结果越好的部门可以拥有越大的管理自主权。四是赋予预算部门更大的预算自主权。由部门首先设定绩效目标及绩效评价指标，调动其绩效评价的积极性。五是财政部门加强对预算部门的过程监控。财政部门要引导对各部门设计科学合理的绩效目标、绩效评价标准，并要求各部门提交本部门的年度绩效责任报告；加强对部门预算年度执行过程的监督；对部门自己组织及实施的部门整体支出绩效评价进行抽查，并建立严格的抽查结果奖惩机制，着重关注部门的重点工作或重点项目，开展必要的重点项目支出绩效评价。

目　　录

第一章

国内外相关研究综述

第一节　研究背景

自 20 世纪 80 年代开始，全球性的新公共管理运动兴起，以结果为导向的新绩效预算也在西方国家得到了广泛的应用。我国自 1994 年进行分税制改革后，财政制度改革的重心从财政收入转向财政支出，推行了部门预算、国库集中支付、收支两条线、政府采购等一系列改革，体现了以"财政支出绩效管理"为核心的改革思路。与这些改革相一致的是，我国以财政资金绩效评价为切入点，初步建立了从绩效评价对象和内容的设定，绩效评价目标的确定，绩效评价指标、评价标准和方法的选用，到绩效评价结果应用等在内的完整的绩效评价工作体系。然而，如何将绩效评价结果作为预算决策的依据，并将绩效评价结果作为项目管理工具、沟通工具以及问责工具，促进绩效改进，实现预算绩效管理工作良性循环运转，是当前我国值得深究的问题。

一、国际背景

（一）新公共管理运动的兴起

20 世纪后期，在全球化和信息化的时代背景下，为应对西方国家财政危机、信任危机和管理危机的现实困境，一场以结果为导向的新公共管理运动在批判和继承传统公共行政基础上兴起并蓬勃发展，成功指导了许多国家政府改革和管理实践。英国、美国、澳大利亚和新西兰等西方各国相继进行了政府体制改革，促使传统公共行政模式向新公共管理模式转变。新公共管理批判传统的、以官僚制和政治行政二分法为理论基础的公共行政理论，赋予部门更多的灵活性，强调服务和结果导向，且寻求一种低成本、高质量、应变能力强、责任机制更加健全的公共管理模式。

公共管理的定位决定着预算改革的方向，绩效预算和财政支出绩效评价是新公共管理的重要组成部分，进行预算改革也是为了解决特殊的公共管理问题。政府管理模式的转变最终都体现在财政预算中并通过预算对其进行反向调节。预算改革也是将新公共管理理论转化为实际制度安排的重要工具。公共管理目标的实现依赖于预算系统的正常运行与持续革新来为其提供运作资金和部门的绩效信息。因此，绩效预算改革不能忽视政治因素和宏观管理背景，它是现代政治和行政体制改革、绩效和公共财政管理改革大系统下的一种公共支出预算管理模式。

（二）新绩效预算的发展

在世界范围内兴起的新公共管理改革浪潮中，以美国、澳大利亚、新西兰为代表的经济合作与发展组织国家，对以投入为重点的传统预算管理模式进行改革，实行以产出与结果为导向的新的预算管理模式。绩效预算最早于 1949 年出现在美国，第二次世界大战后预算的简单分类不能满足当时复杂的公共预算管理需要，胡佛委员会提出要求改善政府预算进程。由此，绩效预算编制方法在美国被大规模采用，政府通过公共产品和服务的质量、数量与成本的比较，要求以最小的投入取得最大的产出。20 世纪 60 年代美国编制 "规划—项目预算"，于 1961 年被美国国防部采用，1965 年在全国推行，但后期由于缺乏技术支撑和国会的支持，于 1971 年停止使用[①]。1992 年国会制定了《政府绩效与成果法案》（GPRA），于 1993 年全面通过，这标志着绩效预算改革进入了新阶段。小布什总统上台后，在总统管理议程的整体框架下，于 2004 年推出针对项目绩效管理的举措——项目评价评级工具（PART）。项目评价评级工具使绩效与预算的联系更紧密、更清晰，新绩效预算由此建立。

新绩效预算是各国对绩效予以关注的大趋势中的一部分，不仅是以产出为导向的绩效向以结果为导向的绩效的回归，也是从手段到目的的回归。在绩效信息的生产及应用过程中，绩效信息本身不是目的，而是制定预算决策的工具。事实证明，用绩效信息影响预算决策和资源分配是新绩效预算改革中的难题，它不仅是美国绩效预算改革仍在继续努力的目标，也是其他国家在预算改革中面临的现实困境。因此，必须将绩效预算的重心从获得必要的绩效信息向有效利用这些绩效信息转变。

---

① 戴璐. 美国绩效预算管理及其启示 ［J］. 财会月刊, 2007 (2).

（三）财政支出绩效评价的实践

美国克林顿政府时期的《政府绩效和结果法案》（GPRA）是国会从外部提出的政府绩效管理要求，要求联邦行政部门编制战略规划、年度绩效计划和年度绩效报告，其目的在于使用评价信息和结果来指导公共决策，为决策者提供绩效信息来决定资源、项目水平和项目优先权。它由国会直接领导和监督，评价的力度很大。小布什政府时期的《项目评定级别工具》（PART）是在总统管理议程的整体框架下以项目为绩效评价单位、联结资源分配和项目实施结果的一种举措。尽管它们在提高责任意识、提供资金分配决策参考、识别项目缺陷等方面都起到了重要作用，却没有显著提高绩效信息的应用价值[1][2]。

自 20 世纪末起，德国政府就开始推行公共支出绩效评价工作。德国联邦财政部明确地规定了投资项目的资金使用目标，要求每个预算年度结束后，部门对 500 万欧元以上的单个预算项目都要提交绩效报告，在报告中认真审视以前年度的项目完成情况，详细列明项目达到的社会、经济效益目标，总结达到绩效目标过程中的经验和教训，并估计年度绩效计划的执行前景。另外，德国在部门开展绩效评价工作的同时，会对部门递交的绩效报告进行再评价，这个工作由财政部主导[3]。

英国建立较为规范和完善的绩效评价制度是在布莱尔时期。1997 年，为了对部门实施问责，《支出综合审查》要求各政府部门与财政部门签订一份包括责任条款、目标条款和目标实现计划的《公共服务协议》，要求对各部门的预算和支出进行全面审查并在此基础上建立三年滚动计划且每年向议会提交《秋季绩效评价报告》。英国的评价结果成为调整政府计划、制定年度预算和考察行政责任落实情况的依据，和美国相比，英国的评价结果得到了更加充分的应用[4]。

在澳大利亚，绩效评价结果是以绩效评价报告为载体，议会、总理内阁部、财政部以及其他部门根据绩效评价报告来改进公共管理。绩效评价报告通常为战略决策提供较为宏观和真实的参考。部门的绩效信息是财政部和部门审核预算支出的一项重要内容。绩效较好的部门可以留用不超过预算规模一定比例的资金，虽然部门预算安排并不完全与部门绩效挂钩，但为了取得更好的绩效表现，政府或部门都会对项目安排和开支方向进行适时调整。此外，绩效评价报告还用于改善部门项目管理。澳大利亚联邦财政部在 2010 年的绩效信息指南中强调，部门

①　姜扬，贾文哲．美国公共预算管理制度的改革及启示［J］．经济纵横，2011（7）．
②　晁毓欣．美国联邦政府项目评级工具（PART）：结构、运行与特征［J］．中国行政管理，2010（5）．
③　马国贤．2016 中国财政发展报告［M］．北京大学出版社，2016．
④　齐小平．美国英国绩效预算管理改革及启示［N］．中国财经报，2017（1）．

管理活动应充分运用绩效指标信息。通过评价绩效主要指标，针对管理漏洞提出有效措施，改进项目管理。虽然澳大利亚的财政绩效评价工作于 1980 年启动，但是它实现了从收付实现制到权责发生制的会计变革，确立了目标和产出框架，政府的财政效率得到了很大的提高①。

1992 年，意大利国家核算办公室仿效私人企业运营模式，开始建立以成本为中心的政府核算体系，以及在行政管理中融入经济管理的考核办法，对各部门的支出效益进行评估，运用财政手段将行政效率和公共资源的分配相联系。意大利绩效预算属于展示型绩效预算，绩效评价结果仅在预算或政府文件中展示，不与特定部门或机构第二年预算分配直接挂钩。绩效预算评价结果主要是向公众和议会展示过去一年或几年里政府公共活动及预算支出的成效，评价结果并不直接影响各部门第二年的预算分配。当然，议会掌握预算的最终审批权，绩效评价结果的好坏，在某种程度上也会间接影响第二年的预算分配情况②。

二、国内背景

（一）财政体制和预算体制改革

自改革开放以来，我国财税体制进行过一系列改革，但重点是调整分配关系和改革分配体制，且主要完成了财政"收"的改革部分，而同等重要的"支"的改革相对滞后。1998 年我国确立了公共财政改革的方向，财政管理的重心也转向财政支出的管理，于是开始实行了一系列的财政支出管理体制改革，如部门预算编制、国库集中收付制度和政府采购制度等，一定程度上提高了政府行政管理效率。但是，财政支出是否真正有效及在多大程度上有效，则需构建一套兼具科学性、合理性、有效性的财政支出绩效评价体系。与以往的改革关注整个财政运行的事前和事中不同，财政支出绩效评价重视事后绩效评价结果的应用。2003年，党的十六届三中全会明确提出"建立预算绩效评价体系"；2005 年，我国又提出了"建立节约型社会"。财政支出绩效管理和预算绩效管理得到中央充分重视。

具体到预算体制，从 1949 年新中国成立到 1978 年改革开放的计划经济体制时代，我国的预算体制属于"前预算时代"，预算是计划的反映，是实施计划的政策工具。改革开放后，我国不断进行财政改革，但其重心一直集中在财政收入

---

① 陈志斌. 澳大利亚政府绩效预算管理及借鉴 [J]. 中国财政，2012（9）.
② 财政部国际司. 意大利绩效预算改革及对我国预算绩效管理工作的启示 [J]. 预算管理与会计，2013（1）.

方面，旧体制造成预算不够统一、规范，预算的软约束能力跟不上。1999 年启动了包括部门预算、国库集中收付体制改革、政府采购等一系列预算改革，迈出了建立现代公共预算体制的第一步。2014 年国务院印发的《关于深化预算管理制度改革的决定》中提出，要全面贯彻落实党的十八大、十八届三中全会精神，落实党中央、国务院决策部署，按照建立现代财政制度和全面深化财税体制改革的要求，构建全面规范、公开透明的预算制度。改革内容之一便是"加强预算执行管理，提高财政支出绩效"。2015 年开始实施的新《预算法》，将"讲求绩效"作为各级预算应遵循的原则之一。

（二）推动财政支出绩效评价工作的机遇与挑战

自 2003 年党的十六届三中全会提出"建立预算绩效考评体系"的要求之后，以广东为代表的一批地方政府在试点的基础上开始推行财政支出绩效评价。继广东后，浙江、江苏、河北等具有代表性的省级政府和南海等一大批市政府建立了专职机构进行项目绩效评价。财政支出绩效评价发展很快，在省级政府 2005 年的财政预算草案报告中，全国 31 个省（区市，不包括港澳台地区）就有 18 个提出了建立财政支出绩效评价的目标[①]。2005 年 5 月财政部出台的《中央部门预算支出绩效考评管理办法》为全国财政资金绩效考评工作提供了统一的指导性文件，标志着财政资金绩效考评工作迈上了新台阶[②]。地方政府的财政支出绩效评价实践也遍地开花。佛山市南海区在完成绩效预算试点工作后将财政支出的管理关口前移，实现支出前评估和支出后评价的结合。2008 年，广东省佛山市南海区和河南省焦作市都作为预算改革的典型代表上报了国务院，更是激发了其他地方政府进行财政支出绩效评价的热情。2009 年 6 月，财政部颁布了《财政支出绩效评价管理暂行办法》，并于 2011 年 4 月重新作了修订，这标志着我国财政支出绩效评价工作正逐步步入规范化、制度化的轨道。2014 年《国务院关于深化预算管理制度改革的决定》又指出，"逐步将绩效管理范围覆盖各级预算单位和所有财政资金，将绩效评价重点由项目支出拓展到部门整体支出和政策、制度、管理等方面。"2015 年新《预算法》要求"各级政府、各部门、各单位应当对预算支出情况开展绩效评价"。而 2018 年发布的《中共中央国务院关于全面实施预算绩效管理的意见》，则标志着中国的公共预算进入了全面预算绩效管理时代。

然而，推行预算绩效管理是一项复杂的系统工程，不但涉及基础理论、专业知识、行政管理体制、支出评价体系、支出评价机构设置等多方面因素；也涉及

---

① 邢天添. 绩效预算改革的现状及其方向 [J]. 中央财经大学学报，2006（10）.
② 财政部关于印发《中央部门预算支出绩效考评管理办法（试行）》的通知 [EB/OL]. 中华人民共和国财政部网站，http://jl.mof.gov.cn/，2015 - 5 - 25.

绩效预算与其他预算体制、预算制度改革措施的关系的处理。其中，财政支出绩效评价体系的建立作为推行绩效预算改革的一项首要内容，更凸显其重要性。同时，随着我国个人纳税的日益普及和公众民主意识的增强，民众更加关注政府支出的使用效果，无法容忍政府资金浪费和行政效率低下，要求增强行政透明度，提高财政资金使用效率。

（三）绩效评价结果的应用逐渐提上日程

财政支出绩效评价是公共财政管理改革的重要内容，是提高财政资金使用效益的关键环节。近年来，我国不断推进财政支出绩效评价工作，基本建立了从绩效评价对象和内容的设定，绩效评价目标的确定，绩效评价指标、评价标准和方法的选用，到绩效评价结果应用等在内的完整的绩效评价工作体系。但从预算管理实践看，绩效评价结果的应用仍然是一个薄弱环节。

从理论上来说，绩效评价结果的应用应该有三个方面：一是改进项目管理；二是进行绩效问责；三是应用于预算决策。但我国目前由于绩效评价结果质量不高、缺乏权威性，评价结果应用缺少制度保障等原因，绩效评价的结果应用主要局限在加强资金监控及提高项目管理水平上。对此，《国务院关于深化预算管理制度改革的决定》以及新《预算法》都进一步强调，要加强绩效评价结果在预算编制中的应用。《国务院关于深化预算管理制度改革的决定》指出，"加强绩效评价结果应用，将评价结果作为调整支出结构、完善财政政策和科学安排预算的重要依据"；2015 年开始实施的新《预算法》，第三十二条提及，"各级预算应当根据年度经济社会发展目标、国家宏观调控总体要求和跨年度预算平衡的需要，参考上一年预算执行情况、有关支出绩效评价结果和本年度收支预测，按照规定程序征求各方面意见后，进行编制。"2018 年 3 月，时任财政部部长[①]发文《全面实施预算绩效管理提高财政资源配置效率》[②]，再次强调应强化绩效成果应用，建议"建立绩效目标和绩效评价结果与预算安排、政策调整挂钩机制"。2018 年 9 月发布的《中共中央国务院关于全面实施预算绩效管理的意见》中又提出要"开展绩效评价和结果应用"。

因此，如何将绩效评价结果应用起来，让预算绩效管理工作形成闭合循环，更好地提高财政支出效益，是一个值得研究的问题。

---

① 时任财政部部长为肖捷。
② 肖捷. 全面实施预算绩效管理提高财政资源配置效率［N］. 中共中央党校学习时报社，2018 - 3 - 16.

第二节　国内相关研究

2009 年 6 月，《财政支出绩效评价管理暂行办法》的颁布标志着我国开始关注对财政支出绩效评价理论和应用的研究。由于绩效评价结果应用承载着规范日常财政预算、改进财政绩效管理水平、促进绩效问责及绩效信息公开等重任，研究绩效评价结果应用的相关问题持续成为国内学者关注的热点。从现有文献看，国内学者对绩效评价结果应用的研究主要包括五个方面。

一、将绩效评价结果应用于预算决策

实施预算绩效评价的最终目的不在于问责，而在于确保预算资源实现效益的最大化。预算绩效评价只是对预算结果效益进行评价的一种制度安排，通过对预算绩效的评价，客观公正地揭示各部门使用预算资源的最终结果效益，为下一个预算周期的预算决策与编制提供可靠的依据。因此，建立科学、合理和有效的预算绩效评价体系，是不断完善预算问责机制的基础[1]。绩效评价是绩效管理的工具与手段，因此将评价结果应用于预算单位项目管理和资金管理意义重大（赵敏、王蕾，2016)[2]。王淑慧、周昭等（2011）提出绩效评价是绩效预算管理的三大工作程序之一。根据我国公共管理的客观现实，应以绩效考评为突破口，探索科学、合理的预算绩效考评体系，为将来推进绩效预算改革夯实基础。财政项目支出是全国财政支出的组成部分，是政府执行决策正本的重要内容。各地区财政项目在财政支出中所占的比重较大，支出总额逐年增加。财政支出虽具有多样性与复杂性，但是，相对于部门、单位的绩效容易量化，绩效评价的可操作性强。因此，以财政项目支出的绩效评价为先导，构建一套适应于绩效预算的地方财政项目支出绩效评价的指标体系，对于推进绩效预算的改革尤为重要[3]。郑永生、廖立云（2011）提出应将绩效评价工作融入部门预算管理之中，以强化绩效评价结果的约束力。第一，需要制定具体的、可操作性强的财政支出绩效评价结果运用管理办法，对绩效评价结果运用的目的、范围和程序及权限做出统一规定；第二，建立部门预算应用机制，各级财政部门绩效评价机构可建立与部门预

① 吕侠 . 论预算绩效问责机制构建 [J]. 中南财经政法大学学报，2013（1）.
② 赵敏，王蕾 . 财政支出绩效评价的质量标准及控制体系研究——国际绩效评价的经验与启示 [J]. 财政研究，2016（10）.
③ 王淑慧，周昭，胡景男，李辉 . 绩效预算的财政项目支出绩效评价指标体系构建 [J]. 财政研究，2011（5）.

算相结合的结果应用机制，采取项目预期绩效目标申报制度以及评价结果在部门预算安排执行中的激励与约束制度，实现绩效评价与部门预算的有机结合；第三，根据绩效评价结果加强对项目具体执行行为和各直接负责人实施有效的监督，推行追踪奖惩机制，建立反馈整改与处理处罚制度，增强绩效评价结果的约束力；第四，建立绩效考评信息披露机制，各级财政部门适时向社会公众公开绩效评价结果，并接受公众评判，促使财政资金在分配及运用上更多体现民意，更好地实现为民理财①。

白景明（2005）认为目前中国的绩效预算仅限于财政支出的绩效评价和管理，尚未完全纳入整个绩效预算管理过程中，其改革是一种渐进的模式，以财政支出绩效评价为起点，并最终推进到整体的绩效预算②，马骏（2005）也持有类似观点③。刘昆、肖学（2008）认为财政支出绩效评价体系在绩效预算中的关键作用是从质和量两个角度说明政府资金的使用状况，从而绩效预算的功能突出反映在资金使用效率评价对预算拨款的约束上。政府绩效评价体系解决的是预算编制依据问题，财政支出绩效评价体系解决的则是编制好了的预算究竟是否被执行好、事后来看优劣之处是什么。因此，可以说，财政支出绩效评价体系是绩效预算的核心内容。绩效预算是一个复杂、庞大的系统工程，需要严密、系统、规范的组织体系。这一体系的基本功能不仅在于确保绩效预算的顺利实施，更为重要的是为绩效预算的编制、评价和科学实施，为合理提供人类资源、管理规范及思想方法提供保障④。王克强、龚奕、刘红梅（2008）认为绩效评价结果是对水利财政支出效益的总结，也是政府和财政部门对社会资源配置能力和效率的体现。其结果应直接纳入人民代表大会对预算执行情况的审核程序，并作为财政信息库的重要组成部分，为今后财政对水利部门预算的编制、优化财政支出结构和提高财政支出效率提供强有力的信息支持。这也是财政支出绩效评价工作的目的所在。但从目前情况看，想要将评价结果纳入财政支出决策体系、纳入财政资金管理与监督体系、纳入国民经济发展预测体系等，还需要进行不断的努力⑤⑥。

许剑雄（2011）认为加强财政支出绩效评价结果的应用需要建立绩效评价结果与部门预算相结合的应用机制⑦。他们认为，一是要围绕绩效评价目标编制部

① 郑永生，廖立云. 我国财政预算支出绩效考评存在的问题与对策［J］. 财会月刊，2011（1）.
② 白景明. 如何构建政府绩效评价体系［J］. 财经论丛，2005（3）.
③ 马骏. 中国公共预算的目标选择：近期目标与远期目标［J］. 中央财经大学学报，2005（10）.
④ 刘昆，肖学. 推进财政支出绩效评价带动绩效预算管理改革——兼谈广东财政支出绩效评价的实践［J］. 财政研究，2008（11）.
⑤ 王克强，龚奕，刘红梅. 论我国水利财政支出绩效评价体系的构建［J］. 财政研究，2008（10）.
⑥ 郑永生，廖立云. 我国财政预算支出绩效考评存在的问题与对策［J］. 财会月刊，2011（1）.
⑦ 许剑雄. 论加强财政支出绩效评价结果应用［J］. 行政事业资产与财务，2011（11）.

门预算。预算部门（单位）编制部门预算时应同时编制预算绩效说明书，阐述财政支出的必要性、可行性和有效性，围绕绩效目标编制清晰、量化、便于考核的绩效指标；预算部门（单位）向财政部门申报预算建议前，要按财政部门要求，组织对本部门所申报的预算事项实施预期绩效自评，财政部门应通过对预算绩效说明和预期绩效自评情况审核部门预算建议，重点对预算项目的必要性、可行性、有效性，绩效目标和指标设置的科学性，申请资金额度的合理性，以及为完成绩效目标所计划采取的管理制度措施等绩效情况进行审核论证；只有经财政部门绩效审核达标的项目才可进入预算编制流程，经论证评估绩效较好的项目优先安排预算资金，不按规定要求编制和绩效低的项目不能进入预算流程，不予安排预算资金。二是要强化绩效评价结果在部门预算安排中的应用。财政部门要根据绩效评价结果，对被评价项目的绩效情况、完成程度和存在的问题与建议加以综合分析，建立评价结果在部门预算安排中的激励与约束机制，充分发挥绩效评价工作的应有作用。对绩效优良的，在下年度安排预算时给予优先考虑；对绩效差劣的要进行通报，在下年度安排预算时要从紧考虑。真正实现预算项目与事业发展目标完成情况挂钩，从源头上控制没有绩效和低绩效的财政支出，逐步建立绩效评价结果与项目安排、部门预算编制相结合的财政支出绩效评价应用制度。持有类似观点的还有曹欣、王涛（2013）[1]。

卓越、徐国冲（2012）认为，虽然绩效信息被政府管理者使用，但如何运用绩效信息将绩效评价融入预算的过程中，仍是一个关键的问题和难题。在实践中，经济合作与发展组织（OECD）成员国也重视绩效信息的质量，因此它们建立良好的政府会计核算体系。在政府财务报告中，很多国家直接引入权责发生制，如澳大利亚、新西兰、英国等；一些国家通过改良或修正后采用权责发生制，如美国、法国、加拿大等。将权责发生制应用到预算管理上，其核算体系更能明确合理地编制政府财务报告，有助于绩效信息清晰、完整、有效的公开，这也是实现预算问责的前提条件[2]。牛美丽（2012）从理论层面分析，认为绩效预算的目的就是通过绩效评价来引导财政资金的分配。但是，从绩效预算改革的实践上来看，绩效的好坏未必影响财政资金的分配。根据绩效信息对预算决策的影响程度把各国的绩效预算管理的实践划分为四种模式：报告型绩效预算（PRB），这种模式下绩效信息只是作为绩效报告的一部分内容，但预算决策者并不利用这些信息做决策；信息型绩效预算（PIB），项目的绩效信息对资金分配有影响，但影响很小；基础型绩效预算（PBB），绩效信息对资源分配有重要的影响，但并

---

① 曹欣，王涛．绩效评价结果的应用——以财政支出绩效评价结果为例分析［J］．中国外资，2013（6）．

② 卓越，徐国冲．2005～2011：西方政府绩效预算最新趋势［J］．新视野，2012（3）．

不一定直接影响资金分配数量；决定型绩效预算（PDB），要求把绩效信息直接精确地应用于资金分配决策。根据对各个国家的绩效预算改革实践的研究，没有任何一个国家采用 PDB 模式，大部分国家是 PRB 和 PIB 两种模式①。

北京市财政局（2012）建立实施绩效评价结果的预算激励制度能够提高预算绩效管理实效。北京市财政局选择在一些部门和行业，试点将绩效评价结果直接与预算安排挂钩，提高评价结果的约束力。一是事前评价，将评价结果直接应用于当年预算安排。在预算编制阶段，对于各部门申报的预算项目，由市财政局选择一些重点项目，通过委托第三方的方式，对项目实施的必要性和可行性、绩效目标、项目内容、资金规模等事项进行事前评价，并提出项目的评价建议，作为项目资金安排的参考依据。二是事后评价，将评价结果与下年度预算安排挂钩。对绩效评价结果较好的预算单位，主管部门和财政部门在安排资金时优先考虑。对绩效评价结果较差的预算单位，主管部门和财政部门在安排财政资金时从严控制②。北京市人大常委会副主任吴世雄表示，为保证预算绩效管理制度的推进和落实，政府应尽快研究建立绩效管理和预算管理相结合的机制，以绩效为核心确定资金的投向和数量，对部门预算和项目预算的编制形成约束，将绩效管理结果作为下一年预算编制、项目安排的重要依据，优先考虑和重点支持绩效管理结果好的部门项目，取消无绩效和低绩效项目。同时，市人大将促使政府加大预算绩效问责力度，加快制定预算管理问责办法，建立和完善绩效问责机制，把预算绩效问责作为行政问责的核心③。

上海市青浦区财政局课题组（2013）认为结合绩效评价结果，对被评价项目的绩效情况、完成程度和存在的问题与建议加以综合分析，建立评价结果在部门预算安排中的激励与约束机制，充分发挥绩效评价的应有作用。评价结果优秀并绩效突出的：对于"事前评价"项目，财政部门将其优先纳入年度部门预算编审流程，按照规定程序报批，并保障预算项目资金的落实。对于"事中评价"项目，财政部门在安排该项目后续资金时给予优先保障，特别是当遇到资金紧缺而影响项目进展时，可以通过加快资金拨付的进度，促使项目尽早地发挥效益。对于"事后评价"项目，财政部门在安排该部门其他项目资金时给予综合考虑。评价结果不合格或明显达不到项目立项之初的绩效预测，甚至出现可能会造成损失情况的：对于"事前评价"项目，财政部门根据评价情况要求该项目停止纳入部门预算编审流程；或要求该项目予以调整，并按规定程序重新报批和审核。对于

---

① 牛美丽. 中国地方绩效预算改革十年回顾：成就与挑战 [J]. 武汉大学学报：哲学社会科学版，2012（6）.

② 北京市财政局. 以结果应用强化绩效管理实效 [J]. 中国财政，2012（17）.

③ 孙乾. 北京拟推预算绩效问责制"三公"经费将公开 [J]. 决策探索（上半月），2011（7）.

"事中评价"项目，财政部门要及时提出整改意见，整改期间暂停资金拨付，未按要求落实整改的，要会同有关部门向同级人民政府提出暂停该项目实施的建议。对于"事后评价"项目，在安排该部门新增项目资金时，应从紧考虑，并加强项目前期论证和综合分析，以确保项目资金使用的安全有效①。

黄贞（2017）建议建立评价结果与预算安排相结合的制度。对绩效评价结果优秀的，可给予适当表彰和奖励，在下年度安排预算时优先考虑；对无正当理由未达到预期绩效目标，以及对绩效评价意见未实施整改的部门（单位），在安排预算时应从紧考虑或不予安排②。在国外，将评价结果应用于预算制定和修改已经成为政府绩效评价的一个重要目的。例如，在新西兰，审计署的评价结果直接反馈到国会，供其在审核下一年预算拨款时参考。在加拿大，财政部门利用支出和结果信息进行竞争性预算资源分配。具体做法是，绩效评分处于最低5%以内的项目将面临资金压缩或取消的危险。内阁有权决定将处在"危险"中的资金重新分配给其他项目或部门，或开展新的项目。在韩国，被认定为"无效"项目的次年预算拨款将最少削减10%（赵丹，2015）③。英国将预算绩效评价结果作为调整政府长期经济目标和计划的依据，各政府部门根据每年的秋季报告对其三年的滚动计划进行相应调整。同时绩效评价结果也是财政制定部门预算和国会、内阁对政府行政责任制落实的重要依据（黄贞，2017）。④

上海市青浦区财政局课题组、马铭、丁爱云（2016）认为绩效预算作为一种以结果为导向的预算管理方式，是将事业发展目标和绩效指标纳入部门预算，由财政部门根据绩效评价结果，核定部门实现其职能和事业目标所需要的预算规模。实行这种管理模式，在一定程度上使公关部门提供公共物品的绩效水平影响预算决策和资金分配，强化了对公关部门提高绩效的激励机制，从而有利于从源头上增强预算编制的准确性、科学性和合理性，促进财政资金的有效利用⑤。

二、将绩效评价结果应用于绩效问责

孙欣（2018）认为，以财政支出绩效评价结果为依据实施问责，是增强预算部门和责任人员责任意识、提高资金使用效益的重要措施⑥。各级政府在组织预

①　上海市青浦区财政局课题组．财政支出绩效评价结果应用研究［J］.当代农村财经，2013（1）.
②　黄贞．探析全过程预算绩效管理的评价结果应用［J］.广东经济，2017（12）.
③　赵丹．我国财政支出绩效评价结果应用的问题与对策建议［J］.时代金融，2015（5）.
④　黄贞．探析全过程预算绩效管理的评价结果应用［J］.广东经济，2017（12）.
⑤　上海市青浦区财政局课题组．加强预算绩效管理结果应用的实践与思考［J］.预算管理与会计，2016（6）.
⑥　孙欣．财政支出绩效评价结果应用于问责的困境与出路［J］.财政监督，2018（13）.

算和匹配资金时，资本利用效率的警惕性较低，导致大部分金融资金被浪费，通过建立绩效评价结果的奖惩问责应用机制，制定预算绩效管理问责办法，以强化部门的预算编制和执行主体责任，形成"谁干事谁花钱、谁花钱谁担责"的制度是当前绩效预算改革的关键（许剑雄，2011①；曹欣，2013②；上海市青浦区财政局课题组，2013③）。建立和完善预算绩效问责机制，既是预算改革的关键，也是革除预算体制内弊端的重要方法④。北京市财政局（2012）认为建立实施绩效评价结果的问责制度能够提高预算绩效管理实效。北京市在 2011 年出台了《北京市预算绩效管理问责办法》，明确了绩效问责的情形和方式，将绩效结果与预算决策结合起来，并纳入政府绩效管理行政问责考评范围，提高了绩效评价结果应用的层次。按照《北京市市级国家行政机关绩效管理暂行办法》的规定，北京市每年对 62 家市级部门的绩效管理情况进行考评，并在满分为 100 分的考评办法中设置了总分为 20 分的行政问责倒扣分考评内容，其中预算支出专项考评占有 6 分。北京市财政局每年对各部门出现的绩效评价结果较差、违规使用财政资金等情况进行扣分，2011 年共对 7 个市级部门进行了扣分⑤。钱晓明（2015）认为从预算编制开始，相关部门就要担负起责任，从而促使对财政资金使用绩效重视程度的提升。在预算编制进行时，如果因没有达到要求而导致财政资金和执行绩效不能达到预期的标准的相关人员，要对其进行绩效问责。对于多次评价结果都不达标的部门，要减少其预算经费的拨付。除此之外，评价结果也是对项目负责人进行考评的重要依据，可以根据评价结果对资金使用情况进行合理的评价，可以促使部门增强资金使用的透明度和公正性，并能够为领导挑选优秀的人才提供有效的依据⑥。

陈德萍、曾智海（2012）认为完善的财政绩效管理方式包括预算绩效、评价绩效、问责绩效和审计绩效四个环节，从而将财政支出绩效评价应用于绩效问责制当中⑦。吕侠（2013）将问责制与我国财政资金支出联系起来，指出当前我国的预算体制是：各个政府内部在组织预算和匹配金额时，对资金使用效率不能提高警惕，导致很多的财政资金搁置浪费。应该从基础上变更财政资金匹配效率不高的情况，迫切设立预算绩效追责行为，从根本上制止浪费控制预算；迫切要求

---

① 许剑雄. 论加强财政支出绩效评价结果应用 [J]. 行政事业资产与财务，2011（21）.
② 曹欣，王涛. 绩效评价结果的应用——以财政支出绩效评价结果为例分析 [J]. 中国外资，2013（6）.
③ 上海市青浦区财政局课题组. 加强预算绩效管理结果应用的实践与思考 [J]. 预算管理与会计，2016（6）.
④ 吕侠. 论预算绩效问责机制建构 [J]. 中南财经政法大学学报，2013（1）.
⑤ 北京市财政局. 以结果应用强化绩效管理实效 [J]. 中国财政，2012（17）.
⑥ 钱晓明. 如何强化绩效评价结果的应用 [J]. 财经界，2015（5）.
⑦ 陈德萍，曾智海. 建立完善的财政绩效管理模式 [J]. 经济研究参考，2012（48）.

预算法出台，建立预算的威慑力；发展多头监督机制；改变预算绩效评价，实施问责措施，保障敏感性资金使用的安全性，使公共目的达到完美[1]。

赵丹（2015）认为基于财政支出绩效结果的问责，可以改进部门和项目管理。绩效预算改革比较成功的国家，绩效责任都非常明确。一方面通过签订绩效协议来规范部门产出和效果目标，以明确绩效目标而不是详细的过程控制为导向，赋予管理者更多"责任制"下的自由裁量权；另一方面依托绩效目标建立起合理的因果链，通过评价信息搜集、绩效结果的科学评定，并据此实行奖惩，促使其改进管理。在新西兰，政府通过签订一系列绩效协议构建公共服务责任体系。中央各部门均设立一名首席执行官，通过绩效协议和事后绩效评价的方式向部长负责，部长再向国会负责。在这一"公司化"管理模式下，部长负责"结果"，而部门执行官负责"产出"。部长通过与执行官签订个人绩效合同，将其收入、任期与核心绩效目标的完成情况挂钩，以确保对管理者的问责[2]。

上海市青浦区财政局课题组、马铭、丁爱云（2016）认为实施绩效问责制，有利于推动政府部门改革。通过将预算绩效管理结果纳入政府问责体系中，建立约谈、诫勉等机制，对预算部门在预算资金的申请、监管和使用中由于工作失职等主观原因所造成的资金无效、低效等情况，追究相关部门及其工作人员的绩效责任，有助于推动政府部门改革创新，促进财政资金正确高效使用，从而建立效能政府[3]。如果没有问责制的有效实施，对责任主体就形不成威慑，绩效管理体系就将低效或无效运转。问责不是简单的追究责任与处罚，问责是要预算单位通过绩效评价发现问题，在主客观两个方面说清楚原因，说清楚责任，说清楚教训，即有助于让责任主体承担相应责任，也有助于责任主体在持续改进中不断成长。行政问责是预算绩效管理必不可少的重要环节，预算绩效是政府绩效的重要组成部分，也是预算单位部门综合绩效的核心（祁化森，2016）[4]。

三、绩效评价结果信息公开

绩效评价结果的公开可以使社会公众通过对不同部门的工作绩效以及同一部门在不同时期表现的比较分析获得更多的信息，进而提高公众对政府行为的了解程度。姚凤民（2006）认为要积极发挥目前财政监督组织体系对财政支出绩效评价结果运用的监督作用。对财政支出绩效评价结果要适时公开，接受新

① 吕侠. 论预算绩效问责机制构建 [J]. 中南财经政法大学学报，2013 (1).
② 赵丹. 我国财政支出绩效评价结果应用的问题与对策建议 [J]. 时代金融，2015 (5).
③ 上海市青浦区财政局课题组，马铭，丁爱云. 加强预算绩效管理结果应用的实践与思考 [J]. 预算管理与会计，2016 (6).
④ 祁化森. 预算绩效评价结果之应用价值 [J]. 新理财，2016 (4).

闻媒体和社会公众的监督与评判，同时收集社会公众的反馈信息①。许剑雄（2011）认为财政部门应当按照政府信息公开的有关规定，逐步建立评价结果在一定范围内公开的制度，将绩效评价报告报送相关部门，以便有关单位之间相互比较、借鉴和监督，确保评价结果的公开、公正；对社会关注度高、影响力大的民生项目和政府重点建设项目支出绩效情况，经同级政府批准后，可通过新闻媒介等形式向社会公开，接受社会公众的监督②。曹欣、王涛（2013）也持有类似观点③。

北京市财政局（2012）建立的实施绩效评价结果的公开制度能够提高预算绩效管理实效。对于绩效评价项目的评价结论、评价等级、发现问题、整改建议等内容，北京市财政局建立实施了多种形式的信息公开制度，以公开促整改。首先是结果反馈。在绩效评价工作结束后，及时向被评价单位通报绩效评价结果，说明被评价单位绩效目标完成情况，指出被评价单位在资金使用、项目管理和业务工作中存在的问题与不足，并提出相应的意见和建议。其次是结果报告。对于财政评价项目，由市财政局对评价结果及时进行汇总、总结，并以书面形式向市政府、市人大报告。对于部门自评项目，由各主管部门对评价结果进行汇总、总结，并向市财政局进行报告，市财政局从中选取一部分自评项目进行再评价。最后是结果公开。每年绩效评价工作结束后，将绩效评价结果报市政府同意后在市级政府部门范围内公开通报，并在财政办公平台专题网站上进行公开，各市级预算部门均可上网查询④。

上海市青浦区财政局课题组（2013）认为信息公开有利于打破传统行政管理的封闭独断，有利于消除政府和公众之间信息不对称现象，是建设透明型政府的必然选择，也是顺利推行绩效评价的重要条件。对于政府而言，应该通过全面衡量信息公开对加强政府绩效评价和发挥绩效评价的作用，建立相应的法律法规，有序开展公共部门绩效评价的信息公开，接受社会公众的监督。对于评价结果，除应及时反馈给被评价单位之外，应在一定范围内予以公开，可通过政府网站、社会公示、新闻媒体等形式公开绩效评价信息，并建立切实可行的公众监督渠道，切实发挥社会监督的积极作用⑤。

钱晓明（2015）认为公开绩效评价结果是确保公众监督权利的重要举措，有利于促进政府实行绩效评价。通过完善信息公开机制，并利用合适的手段公开评

① 姚凤民. 财政支出绩效评价：国际比较与借鉴 [J]. 财政研究，2006（8）.
② 许剑雄. 论加强财政支出绩效评价结果应用 [J]. 行政事业资产与财务，2011（21）.
③ 曹欣，王涛. 绩效评价结果的应用——以财政支出绩效评价结果为例分析 [J]. 中国外资，2013（6）.
④ 北京市财政局. 以结果应用强化绩效管理实效 [J]. 中国财政，2012（17）.
⑤ 上海市青浦区财政局课题组. 财政支出绩效评价结果应用研究 [J]. 农村财政与财务，2013（1）.

价结果，有利于发挥公众对政府部门财政支出的监督作用，促使公关部门不断提高行政效率、改善财政资金管理①。上海市青浦区财政局课题组、马铭、丁爱云（2016）进一步认为，财政部门要根据相关的法律法规，在经过相关政府部门同意后才能建立公开机制，尤其是对社会具有重大影响的项目，要对公众公开全部内容②。

马国贤（2016）认为财政部在实施绩效评价结果公开上取得了突破。通过财政部门户网站，首次公开县级财政支出管理绩效综合评价结果。2014年9月，财政部公布了龙口市、寿光市、沭阳县、汶上县、五指山市、琼海市、泗洪县、无为县、洞头县、石台县、北安市等200多个全国绩效管理优秀的县（市）名单。同时，财政部公布了全国2013年度县级财政管理绩效综合评价前10名的省份（海南、黑龙江、青海、安徽、山东、浙江、吉林、江苏、广东、陕西）名单，引起了震动。此外，财政部还将评价结果纳入2014年县级基本财力保障机制的内容中，对于县级保障资金绩效高的省份给予相应的激励③。

赵敏、王蕾（2016）认为国际机构或西方国家政府通常将评价结果应用于学习或辅助决策，并要求将评价报告与结论在利益相关者、项目合作方和社会公众等范围内公开。在结果应用阶段的信息质量控制的核心内容是评价结果的公开程度与共享价值。同时，在评价信息质量控制中还应形成参与性原则，参与性原则是指利益相关者在整个绩效评价过程中的参与程度。国际社会要求在评价工作各阶段中，为保证信息透明公开，同时兼顾到项目对各方产生的作用与影响，评价机构应与利益相关方保持沟通，并促使他们积极参与评价设计和实施过程，这样方能体现项目真实而全面的价值，同时也能更有效地保证所有利益相关方对评价结果达成共识，避免不必要的误解。国际社会绩效评价非常关注各利益相关者的参与程度，以确保评价过程和结果的公开性、公平性和可靠性。有的机构甚至要求关键利益者从评价框架设计阶段就直接介入④。

四、将绩效评价结果应用于绩效改进

上海市青浦区财政局课题组、马铭、丁爱云（2016）⑤，钱晓明（2015）⑥以

---

① ⑥ 钱晓明．如何强化绩效评价结果的应用［J］．财经界，2015（5）．
② ⑤ 上海市青浦区财政局课题组，马铭，丁爱云．加强预算绩效管理结果应用的实践与思考［J］．预算管理与会计，2016（6）．
③ 马国贤．2016中国财政发展报告［M］．北京大学出版社，2016．
④ 赵敏，王蕾．财政支出绩效评价的质量标准及控制体系研究——国际绩效评价的经验与启示［J］．财政研究，2016（10）．

及邸鸿宇（2015）①认为绩效评价工作的重要构成部分之一是反馈和整改。评价结果应在评价结束后，通过正式的文件，把评价项目的实情以及所存在的问题及其对策反馈给相关的单位，并在财政部门等相关单位的指导下进行整改，从而促进评价结果权威性和约束性的维护和增强。被评价单位要根据具体的问题进行整改，并在规定的时间内，向相关部门提交整改方案，最终将整改的结果反馈给财政部门并向相关管理部门汇报，接受相关部门的核查。北京市财政局（2012）也认为建立实施绩效评价结果的整改制度能够提高预算绩效管理实效。每年绩效评价工作结束后，北京市财政局都要向被评价单位下发绩效评价整改通知书，要求预算部门根据绩效评价工作中发现的问题及提出的意见和建议制定整改措施并加以落实，整改情况要以书面形式上报财政部门。整改措施主要包括以下几个方面的内容：一是加强制度建设，完善管理办法。针对评价中发现的体制机制问题，各部门高度重视制度建设，积极完善相关管理制度，提高财政资金效益。二是加强项目论证，提高预算编制水平。针对评价过程中发现的项目论证不严、预算编制不细等问题，在编制下一年部门预算过程中，各部门加强项目立项管理，提高预算编制水平。三是加强预算执行动态监控，提高项目管理水平。针对评价中发现的预算执行问题，相关部门建立了重点项目全过程跟踪机制，规范项目管理程序，确保预算项目按计划完成，保证财政资金高效使用。四是针对个性问题，及时纠正整改。针对评价过程中发现的预算管理、资金拨付、财务核算等问题，各部门高度重视，及时采取措施加以整改②。

朱静（2014）提出北京市财政局在将绩效评价结果进行单位整改时，会通过调查论证发现项目进展中的问题，财政局会将问题汇总，并通知项目单位进行整改，还要告知要针对哪些问题进行整改。而且在第二年要求项目单位把整改情况、如何整改、采取何种整改措施向财政局进行报告，并把绩效评价意见的整改情况作为下一年度财政监督的重要内容，以整改来提高预算单位预算管理水平。当然如果预算单位整改情况不好，评估小组会在第二年的事前绩效评估中给其减分，在一定程度上核减该项目单位的预算③。

绩效评价工作的最终目的是改进决策或促进学习（赵敏、王蕾，2016）④。王柳（2017）认为科学的绩效评价不是为评价而评价，而是要通过客观的评价得出组织真实的绩效状况，发现存在的问题，分析问题的原因，提出解决问题的方案，这个过程就是绩效评价的后续阶段——绩效改进。绩效改进是科学的绩效管

①　邸鸿宇. 强化预算绩效评价结果应用［J］. 山西财税，2015（2）.
②　北京市财政局. 以结果应用强化绩效管理实效［J］. 中国财政，2012（17）.
③　朱静. 夯实绩效评价结果运用［J］. 新理财，2014（1）.
④　赵敏，王蕾. 财政支出绩效评价的质量标准及控制体系研究——国际绩效评价的经验与启示［J］. 财政研究，2016（10）.

理系统的内在要求，被认为是从绩效评价走向绩效管理的重要标志，也是近些年来不断强化的政府绩效评价结果应用的一种重要方式[①]。

五、影响绩效评价结果应用的因素

对于财政支出绩效评价结果的应用主体来说，获取和有效应用财政支出绩效评价结果并不容易，绩效评价自身复杂性、绩效理念的缺失以及激励机制的不健全、相关配套措施尚需完善、不同利益相关者之间的博弈等因素都有可能会影响预算绩效评价结果与预算资金分配之间关系的建立、预算绩效问责的乏力以及预算绩效信息公开不彻底的问题。总的来看，其影响因素主要包括以下四个方面：第一，绩效评价的复杂性。首先，蒋悟真等（2017）认为实施绩效评价的预算资金范围尚未统一规定，其资金评价对象不仅包括全部纳入政府预算管理的资金，也包括各地根据实际情况所规定且超过一定数额的预算资金以及部分专项资金；其次，黄贞（2017）认为由于公共产品的产出与效益较难量化[②]，孙欣（2018）[③]以及何文盛（2019）[④] 均认为预算绩效评价数据收集和整理较困难；再其次，蒋悟真等（2017）认为由于绩效目标的多重性与模糊性[⑤]，张创新、芦刚（2006）认为政府的组织结构、评价指标的设置以及评估过程的技术支持[⑥]，以及王雍君（2016）认为绩效噪声的影响[⑦]，这些因素会导致预算绩效评估结果存在理想值、真实值和评估值的三维视角；最后，李红霞等（2019）认为我国以基数为基础的预算决策机制以及绩效评价方式会影响预算绩效评价结果的应用[⑧]。第二，配套机制建设尚需完善。万新（2003）[⑨]、牛美丽（2006）[⑩]、朱春奎（2008）[⑪]、王晓明（2010）[⑫]、赵永全（2010）[⑬] 以及吕昕阳（2011）[⑭] 分别通过分析新西兰、美国、爱沙尼亚、新加坡、瑞典、英国的绩效预算特点，孙欣（2018）认为与法律

---

① 王柳. 作为绩效问责机制的绩效整改及其优化［J］. 中共浙江省委党校学报，2017（3）.
② 上海市青浦区财政局课题组，马铭，丁爱云. 加强预算绩效管理结果应用的实践与思考［J］. 预算管理与会计，2016（6）.
③ 孙欣. 财政支出绩效评价结果应用于问责的困境与出路［J］. 财政监督，2018（13）.
④ 何文盛. 新时期预算绩效管理中的评价结果应用：挑战与进路［J］. 财政监督，2019（4）.
⑤ 蒋悟真，李其成，郭创拓. 绩效预算：基于善治的预算治理［J］. 当代财经，2017（11）.
⑥ 张创新，芦刚. 地方政府绩效评估信息失真的成因及其治理［J］. 学术探索，2006（6）.
⑦ 王雍君. 财政绩效评价盲点［J］. 新理财，2016（10）.
⑧ 李红霞，周全林. 中期预算框架下预算绩效改革：逻辑起点与路径选择［J］. 当代财经，2019（1）.
⑨ 万新. 爱沙尼亚对绩效预算进行的实验性探索［J］. 工业审计与会计，2009（5）.
⑩ 牛美丽，马骏. 新西兰的预算改革［J］. 武汉大学学报，2006（6）.
⑪ 朱春奎. 政府绩效预算——美国经验与中国方略［M］. 中国财政经济出版社，2008.
⑫ 王晓明，谭静. 新加坡的绩效预算管理［J］. 中国财政，2010（5）.
⑬ 赵永全. 瑞典绩效预算改革的研究［J］. 理论界，2010（10）.
⑭ 吕昕阳. 英国绩效预算改革研究［J］. 经济研究导刊，2011（22）.

体制相适应的各种机制建设对中国实施预算绩效管理具有重要借鉴意义，而与此相配套的激励约束机制、绩效问责机制、跟踪机制、监督机制等尚未构建或尚待完善[1]。第三，绩效理念的缺失。朱静（2014）[2]、赵丹（2015）[3] 以及孙欣（2018）[4] 认为预算绩效评价结果难以与公共部门下一年度的预算计划或决策挂钩，评价结果好或坏都不会对相关利益者造成过多损失或者使其受到任何奖励，由于激励和惩罚机制的不完善，使得项目负责人以及评价人员将预算绩效评价结果应用作为本职工作的额外任务，在形式上完成此项工作以应付差事，将影响科学真实有效的预算绩效评价结果的获取和应用。第四，不同利益相关者之间的博弈。毕鹏志（2007）认为预算绩效信息提供者和使用者双方的博弈会影响预算绩效信息的客观性[5]；魏四海（2011）认为官员的晋升环境是导致地方政府虚报绩效信息的因素之一[6]。

第三节　国外相关研究

西方的公共支出绩效评价源于政府审计。1907 年纽约市政研究局首次把以效率为核心的绩效评估技术应用到纽约市政府，建立了评价政府活动的成本/投入、产出、政府活动的结果三种类型的绩效评价，开创了公共部门绩效评价的先河。20 世纪六七十年代行政权力的膨胀以及经济衰退加剧了政府的财政危机，PPBS、"日落法""雷纳评审"等改革措施促使政府部门开始关注政府的产出和结果，初步树立起政府绩效和成本意识。进入 20 世纪 80 年代，新公共管理运动兴起，政府财政支出绩效评价进入新的高潮，政府管理开始借鉴私营企业的做法。1982 年，撒切尔政府公布了"财务管理新方案"，美国 OPB（Office of Personnel Management，美国人事管理局）全面推进标杆管理法，并将评价的焦点逐渐转向顾客满意和质量。进入 20 世纪 90 年代，绩效预算开始成为西方国家新的预算工具，平衡计分卡得到广泛运用。欧文·E. 休斯（Owen E. Hughes，1994）提出政府公共绩效管理的"3E"目标，其中 3E 是指经济性（economy）、效率性（efficiency）、有效性（effectiveness），彻底改变了传统政府强调的以效率为主的

① 孙欣. 财政支出绩效评价结果应用于问责的困境与出路 [J]. 财政监督，2018（13）.
② 朱静. 夯实绩效评价结果应用 [J]. 新理财：政府理财，2014（1）.
③ 赵丹. 我国财政支出绩效评价结果应用的问题与对策建议 [J]. 时代金融，2015（2）.
④ 孙欣. 财政支出绩效评价结果应用于问责的困境与出路 [J]. 财政监督，2018（13）.
⑤ 毕鹏志. 绩效信息失真的博弈分析 [J]. 科技情报开发与经济，2007（7）.
⑥ 魏四海，郭立宏. 晋升激励下地方政府虚假绩效信息产生与治理 [J]. 科技管理与研究，2011（6）.

评价目标价值取向[①]。哈里特（Hatry，1978）提出在对政府进行绩效评估时应在"3E"目标的基础上，树立以顾客为导向的绩效评估原则，提升和改善公共产品与服务的质量，注重顾客的满意度[②]。总体来看，西方国家对于绩效评价相关方面的研究起步较早，相关的文献资料也很丰富，现将有关文献归纳为以下五个方面。

一、绩效信息在绩效预算中的作用

希克（Shick，1990）认为一个国家的预算能力决定了该国的治理能力，如果一个国家的预算能力缺失，中央政府不可能强大，也无法行使其权力，更好地服务人民[③]。构建以结果为导向的预算制度使欧洲国家成功跨越行政管理效率不高和政治问责程度较低的"前预算模式"阶段，进入为实现经济、效率和效益目标，行使国家权力，发挥预算能力治理国家的新时期。科思伦（Cothran，1993）[④]、王小虎（Wang，1999）[⑤]、马丁（Martin，2003）[⑥]、迈克塞尔（Mikesell，2007）[⑦] 等的研究表明，20 世纪 70 年代末和 80 年代初，在财政危机、消减支出的社会压力以及公民对政府的信任下降等压力之下，英国、新西兰及澳大利亚等国家率先启动了为结果而预算的改革。根据肖（Key，1940）[⑧] 和马丁（Martin，2003）[⑨] 的观点，为结果而预算的改革是区别于新旧绩效预算的一个基本特征，它是一种将配置的公共资金与可衡量的数据结果相联系的新型预算模式，旨在开展以绩效评价结果为核心的评价活动，在预算资金与绩效之间建立某种联系，依据绩效评价结果将财政资金分配给评价结果较好的部门或计划项目，实现政府的职能，使公共财政资金发挥最大货币价值（Robinson，2007）[⑩]。进入

---

① Qwen E. Hughes. Public Management and Administration [M]. United Kingdom, 1994.

② Hatry Harry P. The Statue of Productivity Measurement in the Public Sector [J]. Public Administration Review, 1978, 38 (1): 11.

③ Shick, Allen. Budgeting for results: Recent development in five industrialized countries [J]. Public Administration Review, 1990, 50 (1): 26 – 34.

④ Cothran, D. Entrepreneurial budgeting: An emerging reform? [J]. Public Administration Review, 1993, 53 (5): 445 – 454.

⑤ Wang, X. H. Conditions to implement outcome-oriented performance budgeting [J]. Journal of public budgeting, Accounting & Financial Management, 1999, 11 (4): 544 – 552.

⑥ Martin, L. Budgeting for outcomes. In Aman Khan & Bartley Hildreth. Eds. Budget theory in the public sector [M]. Westport: Quorum Books, 2003.

⑦ Mikesell, John. Fiscal administration [M]. New York: Harcourt Brace College Publishers, 2007.

⑧ Key, O. The lack of budgetary theory [J]. American Political Science Review, 1940, 34 (12): 1137 – 1144.

⑨ Martin, L. Budgeting for outcomes. In Aman Khan & Bartley Hildreth. Eds. Budget theory in the public sector [M]. Westport: Quorum Books, 2003.

⑩ Robinson, Marc. Performance budgeting models and mechanisms. In Marc Robinson Eds. Performance budgeting: Linking funding and results [M]. New York: Palgrave Macmillan, 2007.

20 世纪 90 年代，美国等发达国家以及一些发展中国家陆续实施为结果而预算的改革，如《联邦政府绩效和结果法案》包括一个完整的绩效评价周期，项目评价结果的成败成为影响下一年度绩效计划的重要因素。莫伊尼汉和郎迪（Moynihan, Landuyt, 2009）认为通过绩效评价而表现出来的结构发展良好、绩效信息有效以及有预算用途的绩效信息更像是一种文化变量[1]，利用绩效信息决定公共资源的分配是必然发生的事情[2]。新绩效预算的推行给 OECD 国家以及其他国家带来了公共治理的新变化，取得了各种明显的效果，提供了更加精确和详细的绩效目标以及政府财政信息——政府的活动和项目在多大程度上有助于实现这些目标，以及在实现这些绩效目标方面取得了哪些进展和实际效果等重要的财政信息（Wang, 2000）[3]。

二、绩效评价与预算编制

布鲁姆（Broom, 1995）[4]，贝尔曼和王小虎（Berman and Wan, 2000）[5]，乔纳森和卡尔（Jonathan and Carl, 2007）[6] 认为将预算绩效评价结果与预算资金相联系，可以增加预算决策的科学性与合理性。约瑟夫（Joseph, 1999）通过对预算和校园绩效挂钩的问题进行调查，结果显示绩效与资源的分配相关[7]。吉尔摩和刘易斯（Gilmour and Lewis, 2006a）在对美国地方政府预算实践的研究中发现，在预算编制过程中，绩效信息对决策者最有用[8]。在接下来的研究中，他们分析了美国绩效评价数据对 2005 财年预算的影响，得出了相同的结论[9]。因此，

---

① Donald P. Moynihan, Noel Landuyt. How do public organization learn? Bridging structural and cultural divides [J]. Public Administration Review, 2009, 69 (6): 1097-1105.

② 乔伊斯著. 苟燕楠译. 基于绩效的预算, 公共预算经典——面向绩效的新发展 [M]. 上海财经大学出版社, 2005.

③ Wang X. Performance Measurement in Budgeting: A Study of County Governments [J]. Public Budgeting & Finance, 2000, 20 (3): 102-118.

④ Broom, C.. Performance-based Government Models: Building A Track Record [M]. Public Budgeting & Finance, 1995.

⑤ Berman, E. &Wang, X. H.. Performance Measurement in U. S. Counties: Capacity for Reform [M]. Public Administration Review, 2000.

⑥ Jonathan, D. B. & Carl, M.. Integrating Performance and Budgets: The Budget Office of Tomorrow [M]. Rowan & Littlefield Publishers, Inc, 2007.

⑦ Joseph, C. B. & Shahpar, M.. Performance Funding and Budgeting: Popularity and Volatility-The Third Annual Survey [M]. Accountability, 1999.

⑧ Gilmour J. B. & Lewis D. E. Political Appointees and the Competence of Federal Program Management [J]. American Politics Research, 2006, 34 (1): 22-50.

⑨ Gilmour J. B. & Lewis D. E.. Does Performance Budgeting Work? An Examination of the Office of Management and Budget's PART Scores [J]. Public Administration Review, 2006, 66 (5): 742-752.

将绩效信息间接应用于项目拨款的决策是很重要的（Currristine et al.，2010）[①]。吉尔摩和刘易斯（Gilmour and Lewis，2006a）分析美国 2004 财年预算中的绩效评价数据，发现美国的绩效评价结果对执行的预算变化有统计上的显著影响[②]。吉尔摩和刘易斯（Gilmour and Lewis，2006b），通过对 2006 财年的绩效评价结果的分析，发现可以通过分析绩效评价结果与立法预算增减之间的相关性，来分析国会使用 PART 的研究成果[③]。弗里斯科和斯塔莱（Frisco & Stalebrink，2008）调查了近 7000 名国会委员会成员的报告，重点是分析随着时间的推移委员会成员是否在预算审议中使用绩效评价的信息。他们的结论是，绩效评价信息很少用于预算决定的立法[④]。黄丽程和陈玲敏（Huang、Chen，2010）利用对游戏的缓和效果来探讨在预算强调绩效评估与预算过程的态度之间的关系。通过采用分层回归分析方法，对上市公司 216 名中国台湾经理的数据进行分析。研究结果表明，在预算过程中，为了获得额外的预算要求而进行迂回的游戏，可以缓和预算重点对预算过程的影响。研究的局限性是过于依赖于经理的问卷回答，因此情绪反应的变化是一个值得关注的问题。此外，在决定如何分配预算资源之前，上级应该与这些经理沟通，以便更好地理解预算提案的目的。在理解管理博弈行为如何影响预算强调绩效评估与预算过程的态度之间的关系时，这些发现对上级非常有用[⑤]。海因里希（Heinrich，2011）研究了 2002~2007 财政年度美国卫生和人类服务部管理的 95 个项目的绩效评价过程，并声称，国会没有在制定预算决策中使用绩效信息[⑥]。

然而，2005 年在 OECD 国家开展的问卷调查中，2/3 的答卷者都认为绩效结果与拨款没有必然联系[⑦]。劳特（Lauth，1985）[⑧]、海因里希（Heinrich，2002）[⑨]认为"拥有绩效信息"和"使用绩效信息制定决策"是两个概念，如美国最终

① Currristine，T.，Linti，Z. & Joumard，I.. Improving Public Sector Efficiency：Challenges and Opportunities ［M］. Oecd Journal on Budgeting，2010.

② Gilmour J. B. & Lewis D. E. Political Appointees and the Competence of Federal Program Management ［J］. American Politics Research，2006，34（1）：22 - 50.

③ Gilmour J. B. & Lewis D. E. Does Performance Budgeting Work? An Examination of the Office of Management and Budget's PART Scores ［J］. Public Administration Review，2006，66（5）：742 - 752.

④ Frisco，V. & Stale Brink，O. J. Congressional Use of the Program Assessment Rating Tool ［J］. Public Budgeting & Finance，2008，28（2）：1 - 19.

⑤ Chuang，M Chen. Playing Devious Games，Budget-Emphasis in Performance Evaluation，and Attitude Towards the Budgetary Process ［J］. Management Decision，2010，48（6）：940 - 951.

⑥ Heinrich，C. J. How Credible is the Evidence，and Does It Matter? An Analysis of the Program Assessment Rating Tool ［J］. Public Administration Review，2011，172（1）：123 - 134.

⑦ OECD. Performance budgeting in OECD countries ［M］. Paris：OECD Publishing，2007.

⑧ Lauth，T. P.. Performance Evaluation in the Georgia Budgetary Process ［J］. Public Budgeting & Finance，1985（1）：67 - 82.

⑨ Heinrich，C.. Outcomes-Based Performance Management in the Public Sector：Implications for Government Accountability and Effectiveness ［M］. Public Administration Review，2002.

由国会批准的预算分配方案不可能仅仅由 PART 分值衡量的项目绩效来决定。不少学者认为多重因素制约了绩效评价结果与预算决策的联系，如乔伊斯（Joyce，1993）①，黄丽程和陈玲敏（Cheng and Mien，2010）②，海因里希（Heinrich，2010）③ 认为主要因素表现在预算绩效信息的质量，伯恩斯坦（Bernstein，2000）也强调数据可信度对于地方政府绩效信息使用的重要性④。由于预算绩效信息结果的难以测量性，需要一种与产出和源头控制不同的方式，这就意味着需要改变现有的责任方式和奖励机制。麦克纳布和梅莱斯（Mcnab and Melese，2003）进一步认为，由于信息质量因素，以目前的形式执行 GPRA 不能够成功地改变联邦预算程序。因为 GPRA 缺乏一种改变预算过程、激励成本节约和提高效率行为的机制⑤。此外，收集预算绩效信息的成本付出也是影响绩效评价结果与预算决策的关键因素之一，这也被一些学者提及。

因此，将预算绩效信息作为项目拨款的决策因素之一，虽然系统性结合绩效信息和预算决策的目标尚未实现，但是这场关于以绩效结果为导向的预算管理制度改进增强了管理者的"责任"思考方式，提升了项目运行效率，将项目资源的分配关注点从以产出为重点转移到以结果为重点上，更重要的是加强了政府与公众之间、执行部门和立法部门之间、执行部门与管理部门之间、执行部门与执行部门之间的沟通与交流⑥。

三、绩效评价与问责

问责是现代西方民主治理和公共管理的核心，它是一个随社会发展变化而变化的概念，这决定了它含义和形式的多样化（Dubnick，2005⑦；Glynn，1996⑧）。如此，在新公共管理与绩效预算改革背景下，管理者和相关负责人将得到更大

① Joyce, P. G.. Using Performance Measures for Federal Budgeting: Proposals and Prospects [M]. Public Budgeting & Finance, 1993.

② Cheng, L. H. & Mien, L. C.. Playing Devious Games, Budget-Emphasis in Performance Evaluation, and Attitude Towards the Budgetary Process [J]. Management Decision, 2010, 48 (6): 940 –951.

③ Heinrich, C. J.. How Credible is the Evidence, and Does It Matter? An Analysis of the Program Assessment Rating Tool [J]. Public Administration Review, 2010, 72 (1): 123 –134.

④ Bernstein, D. J.. Local Government Performance Measurement Use: Assessing System Quality and Effects [D]. Ph. D. diss. , George Washington University, UMI Dissertation Services, 2000.

⑤ Mcnab, R. M. & Melese, F.. Implementing the GPRA: Examining the Prospects for Performance Budgeting in the Federal Government [J]. Public Budgeting & Finance, 2003, 23 (2): 73 –95.

⑥ Curristine, T. , Linti, Z. & Joumard, I.. Improving Public Sector Efficiency: Challenges and Opportunities [M]. Oecd Journal on Budgeting, 2010.

⑦ Dubnick, M. J.. Accountability and the Promise of Performance: In Search of the Mechanism [J]. Public Performance & Management Review, 2005, 28 (3): 376 –417.

⑧ Glynn, J. J. & Murphy, M. P.. Public Management: Failing Accountabilities and Failing Performance Review [J]. International Journal of Public Sector Management, 1996, 19 (5): 125 –137.

的分配资源的自主权，并对他们工作结果承担更大的责任。凯特尔（Kettl，1997）[①]、克洛特（Kloot，1999）[②]、克鲁威尔斯（Kluvers，2003）[③]、杜布尼克（Dubnick，2002）[④]、英格拉姆（Ingraham，2008）[⑤]、埃卡夫特（Eckarft，2008）[⑥]以及陈巍和盛明科（Chen and Sheng，2012）[⑦] 认为建立政府绩效考核与问责功能的融合机制，可以加强地方和中央的问责强度，推进预算绩效评价和行政问责一体化，促使利益相关者接受政府组织及其成员对绩效结果做出说明和交代的制度安排。格林和墨菲（Glynn and Murphy，1996）[⑧]、海因里希（Heinrich，2002）[⑨]、吉尔摩和刘易斯（Gilmour and Lewis，2006）[⑩] 以及奎利凡等（Quinlivan et al.，2014）[⑪] 通过建立预算绩效评估结果和问责的联系，发现绩效评估的使用水平的提高程度、政府对该部门的问责以及对组织改革的关注程度。因此，在绩效管理热潮下，里昂（Leon，1970）[⑫]、里维拉和海蒂（Rivera and Heady，2006）[⑬]、蒂尔伯里（Tilbury，2010）[⑭] 认为基于预算绩效评价结果进行问责，建立统一问责制并公开相关预算绩效信息是非常重要的。贾马尔等（Jamal et al.，2014）认为建立基于预算绩效评价结果的问责制需要：第一，通过建立相应任务

---

① Kettl, D. F.. The Global Revolution in Public Management：Driving Themes, Missing Links［J］. Journal of Policy Analysis and Management, 1997, 16（3）：446－462.

② Kloot, L.. Performance Measurement and Accountability in Victorian Local Government［J］. International Journal of Public Sector Management, 1999, 12（7）：565－584.

③ Kluvers, R.. Accountability for Performance in Local Government［J］. Australian Journal of Public Administration, 2003, 62（1）：57－69.

④ Dubnick, M. J.. Seeking Salvation for Accountability［M］. Conference Paper Presented at the Annual Meeting of the American Political Science Association. Boston, 2002.

⑤ Ingraham, P. W.. You Talking to Me? Accountability and the Modern Public Service［J］. Political Management Research, 2008, 38（1）：17－21.

⑥ Eckardt, S.. Political Accountability, Fiscal Conditions and Local Government Performance-Cross-Sectional Evidence from Indonesia［J］. Public Administration and Development, 2008, 28（1）：1－17.

⑦ Chen, W. & Sheng, M. K.. On the Integration of the Performance Evaluation of Government and theAdministration Accountability［J］. Journal of Social Science of Hunan Normal University, 2012, 26（3）：139－145.

⑧ Glynn, J. J. & Murphy, M. P.. Public Management：Failing Accountabilities and Failing Performance Review［J］. International Journal of Public Sector Management, 1996, 9（5）：125－137.

⑨ Heinrich, C. J.. Outcomes-Based Performance Management in the Public Sector：Implications for Government Accountability and Effectiveness［J］. Public Administration Review, 2002, 62（6）：712－725.

⑩ Gilmour, J. B. & Lewis, D. E.. Does Performance Budgeting Work? An Examination of the Office of Management and Budget's PART Scores［J］. Public Administration Review, 2006, 66（5）：742－752.

⑪ Quinlivan, D.. Nowak M, Klass D. From Accountability to Assurance-Stakeholder Perspectives in Local Government［J］. Institute of Public Administration Australia, 2014, 73（2）：206－217.

⑫ Leon, J.. Rosenberg. Project Evaluation and The Project Appraisal Reporting System［M］. Agency for International Development, 1970.

⑬ Rivera, M. & Heady, F.. Comparative Program-performance Evaluation and Government Accountability in New Mexico：Some Applied Lessons for Intergovernmental Relations［J］. Journal of Public Affairs Education, 2006, 12（4）：557－562.

⑭ Tilbury, C.. Accountability via Performance Measurement：The Case of Child Protection Services［J］. Australian Journal of Public Administration, 2010, 65（3）：48－61.

之间的相互关系，通过对顺序动作的详细阐述，形成实现组织目标的结果结构；第二，建立一种问责制结构，结合问责制，对执行任务的结果负责，以及明确与每项任务相关的技能；第三，在组织中宣布对任务绩效承担责任的责任结构和奖励条件；第四，通过选拔确定条件合适的员工作为完成工作的协调者或者执行者；第五，在组织中建立基于绩效结果的问责制度，该环节需通过员工的灵活奖励来完成①。

然而，一些学者却认为预算绩效评价结果与问责之间的相互作用是难以明确认定的。有学者认为，通过探讨中国语境下预算绩效评价结果与问责之间的关系，利用案例分析发现问责并不能促进政府绩效的提升，反而会导致政府重视短期问责而忽视政府的长期能力建设问题②。达布尼克（Dubnick，2005）认为在预算绩效评价结果与问责之间建立联系是不现实的，因为它们并没有在理论上或是实证上得到严格的审查和判定，从而预算绩效评价结果与问责之间的关系只是一种假定的、不受挑战的假设③。安吉拉和德慢特（Angelat and Dwight，2017）认为建立问责制是非常重要的，但同时它又是一个复杂的体系，既有优势，也有"阴暗面"，也就是说，建立绩效问责，并不能激励负责人员更好的工作，反而会使他们产生抵触心理④。

四、绩效信息公开与大众参与

财政信息的公开与大众参与是外部绩效问责的必然要求。罗南基汀（Keating，2001）相信更好的透明度和问责机制可以为改善决策质量提供支持⑤。博朗德尔（Blondal，2003）认为透明度有三个基本要素：一是预算数据的公开（系统、及时地公开所有相关财政信息）；二是立法机构的有效作用（审查预算报告、影响预算政策、保障政府问责）；三是公民社会通过媒体或非政府机构发挥有效作用（影响预算政策、保障政府问责）⑥。但是，加西亚（Garcia，2004）认为预

---

① Jamal, A. H., Essawi, M. & Tilchin, O.. Building Result-Based Accountability in an Organization [J]. Open Journal of Business & Management, 2014, 2 (3): 195 – 203.

② Chan, H. S. & Gao, J.. Putting the Cart before the Horse: Accountability or Performance? [J]. Australian Journal of Public Administration, 2009, 68 (1): S51 – S61.

③ Dubnick, M.. Accountability and the Promises of Performance: in Search of the Mechanisms [J]. Public Administration Performance & Management Review, 2005, 28 (3): 376 – 417.

④ Angelat, H. & Dwight, D.. Frink. An accountability account: A review and synthesis of the theoretical and empirical research on felt accountability [J]. Journal of Organizational Behavior, 2017, 38 (2): 204 – 224.

⑤ Keating M. Public Management Reform and Economic and Social Development [J]. OECD Journal on Budgeting, 2001, 1 (2): 141 – 212.

⑥ Blondal J R. Budget Reform in OECD Member Countries: Common Trends [J]. OECD Journal on Budgeting, 2003, 2 (4): 7 – 26.

算透明度的实现取决于对管理者和政治家公开精确、完整政府信息的激励机制①。斯坦因等（Stein et al.，1998）②，以及詹姆斯和拉森（James and Lassen，2006）③发现更加透明的预算过程与宏观数据有关，即低赤字与低债务。冯哈根和哈登（Von Hagen and Harden，1995）的实证数据表明，通过制度规则（特别是与透明度有关的制度规则）监管预算过程，对12个欧盟国家的财政绩效有显著影响④。姚凤民（2006）研究发现西方各国财政支出绩效评价的管理主体部门几乎都将评价报告中的建议和意见论证向社会公众公开。如美国会计总署中除了涉及国家安全机密之外的所有评价报告，都要被提供给新闻界和社会公众；澳大利亚、英国等国无论是政府部门、监督机构还是社会公众，都是评价信息的使用者，使社会公众能够在一定程度上参与公共支出决策过程，从而提高了财政支出的分配和使用效率⑤。马国贤（2016）认为英国政府绩效管理信息主要通过信息公开的途径来加以应用。信息透明既是英国政府的承诺，也是推动公共服务质量提高的动力。英国《信息自由法》规定，公众有权访问除敏感或保密级别外的任何由公关部门记录的信息⑥。

杰拉尔德等（Gerald et al.，2002）认为公民的参与会对地方预算规划造成很大的影响⑦。但是富兰克林（Franklin，2009）通过分析发现公民的参与也是极其复杂的。其中，公民的参与包含许多动态部分，如政治与社会环境、参与的途径、不同机构和部门对参与的认知程度、预期及实现的结果的类型⑧。陆毅（Lu，2011）认为在预算过程中，所有相关利益者的积极参与是实现绩效信息与预算过程融合的关键问题。通过聚类分析法对佐治亚州的数据进行分析表明，构建参与模式与增加个人参与不同，更多的个人参与并不一定会带来更好的性能集成，构建参与模式很重要，开放的、交互式的、具有共同责任的模式以及为各种目的量身定制的模式更有可能有效地将绩效信息与管理和预算结合起来。在群体过程中，利益相关者的建设性参与似乎是一个可行的选择，可以启发思维习惯，

① Garcia E，López G. The Effects of Poor Financial Information Systems on the Long Term Sustainability of Local Public Services [J]. Empirical Evidence from the Catalan Municipalities，2004（2）：11–32.
② Stein E，Talvi E，Grisanti A. Institutional Arrangements and Fiscal Performance：The Latin American Experience [R]. National Bureau of Economic Research，1998.
③ James E Alt，Lassen D D. Transparency，Political Polarization，and Political Budget Cycles in OECD Countries [J]. American Journal of Political Science，2006，50（3）：530–550.
④ Von Hagen J，Harden I J. Budget Processes and Commitment to Fiscal Discipline [J]. European Economic Review，1995，39（3）：771–779.
⑤ 姚凤民. 财政支出绩效评价——国际比较与借鉴 [J]. 财政研究，2006（8）.
⑥ 马国贤. 2016中国财政发展报告 [M]. 北京大学出版社，2016：325.
⑦ Gerald J. Miller，Lyn Evers. Budgeting Structures and Citizen Participation [J]. Journal of Public Budgeting，Accounting & Financial Management，2002，14（2）：233–272.
⑧ Franklin A L，Ho A T，Ebdon C. Participatory Budgeting in Midwestern States：Democratic Connection or Citizen Disconnection? [J]. Public Budgeting & Finance，2009，29（3）：52–73.

传达相互的期望。根据不同的目的，向外界专家、公民、负有共同责任的部门和机构、行政办公室和立法机关公开相关信息，可能是融合绩效信息、管理与预算过程的有效模式①。赫里安（Herian，2011）通过设定变量、建立模型、回归分析的方法，探讨了政治、经济以及制度变量，与要求公民参与地方预算的法律法规之间的联系。他认为尽管地方政府也主动采取相关措施来提供预算的公民参与度，但只有在法律中明确地规定和要求公民的参与，才能够在预算的制定过程中更加系统有效地落实公民参与②。

五、影响绩效信息获取和应用的原因

西方学者利用问卷调查、文献搜集或对已有数据进行分析，对影响绩效信息的原因进行探索，大概分为以下几个原因：一是领导因素，克里斯汀（Curristine，2005）通过问卷调查的形式对2005年OECD国家进行绩效信息使用情况进行调查，发现领导力和政治压力是影响绩效信息获取以及使用的主要因素③；吉尔摩和刘易斯（Gilmour and Lewis，2006）认为管理者的政治偏好会对绩效测量中的评估值有所影响④。二是组织、环境因素，希克（Schick，1966）⑤、莫伊尼汉和潘迪（Moynihan and Pandey，2005）⑥认为政府绩效评价是绩效预算的基础环节。三是管理能力，贝思（Behn，2003）认为公共管理人员可以依据自身绩效经验使用绩效评价方法来评价项目绩效，以学习和改进预算管理⑦；侯赛因·努里和拉里萨·乔治（Hossein Nouri and Larissa Kyj，2008）⑧、安德鲁·斯利斯和波因·乔治（Andrews Rhys and Boyne George，2010）认为政府的管理能力与组织能力会对获取绩效信息的个人产生影响，且会影响预算绩效评价过程以及人

① Lu Y. Individual Engagement to Collective Participation：The Dynamics of Participation Pattern in Performance Budgeting［J］. Public Budgeting & Finance，2011，31（2）：79–98.

② Micheln N. Herian. Local Budgeting and Participation：Contextual Predictors of State Laws Mandating Public Input［J］. State and Local Government Review，2011，43（2）：95–110.

③ Teresa Curristine. Performance information in the budget process：Results of the OECD 2005 Questionnaire［J］. OECD Journal on Budgeting，2005，5（2）：87–131.

④ Gilmour J B，Lewis D E. Does Performance Budgeting Work？An Examination of the Office of Management and Budget's PART scores［J］. Public Administration Review，2006，66（5）：742–752.

⑤ Schick，A. The Road to PBB：The Stages of Budget Reform［J］. Public Administration Review，1966，26（4）：243–258.

⑥ Moynihan D P，Pandey S K. Testing How Management Matters in An Era of Government by Performance Management［J］. Journal of Public Administration Research and Theory，2005，15（3）：421–439.

⑦ Behn R D. Why Measure Performance？Different Purposes Require Different Measures［J］. Public Administration Review，2003，63（5）：586–606.

⑧ Hossein Nouri，Larissa Kyj. The effect of performance feedback on prior budgetary participative research using survey methodology：An empirical study［J］. Critical Perspectives on Accounting，2008，19（8）：1431–1453.

员的参与情况①。

第四节　文 献 述 评

从上述的国内外文献研究中不难发现，国内外学者对于绩效评价及结果的应用研究已初成体系。从评价结果应用的实践情况来看，国外学者研究的内容主要侧重于分析绩效信息与预算编制、绩效问责、信息公开及大众参与的整合过程，这些研究融合了财政学、管理学、社会学、经济学、法学、政治学等学科，不仅有科学、公正、客观的理论支撑，同时也具备科学的实证研究论证。国内研究主要侧重于对国外结果应用经验的介绍，以及对国内开展绩效评价结果应用与预算编制、问责以及信息公开的必要性和可行性分析。

尽管国内开展公共财政绩效评价应用的背景和实践与西方国家具有较大差异，对于预算绩效管理和财政支出绩效评价的研究重点和研究结论也各具特色。但是，综观现有文献，国内外研究仍然存在的不足有：

首先，对绩效评价结果应用缺乏系统性研究。一方面，国外文献缺少系统分析绩效评价应用于预算、问责或改进等功能方面的研究；另一方面，国内文献对财政支出绩效评价各部分之间的研究不平衡，对绩效评价的目标设置、对象设定以及指标设计部分关注较多，而对绩效评价结果应用部分的研究较少。

其次，国内文献缺乏对财政支出绩效评价含义更为深刻、全面的理解。我国大部分研究仍立足于国外学者的分析，适应中国国情的绩效评价结果应用分析不足，在研究绩效评价结果应用时并未将其置于预算绩效管理改革大环境中分析，不利于形成对财政支出绩效评价的系统认识，其适应能力明显不足。

最后，国内对于绩效评价结果应用的重视程度不够。推广绩效评价结果应用工作不仅需要党政领导的支持，也需要通过绩效理念的增强来抵消支出部门对于评价工作的消极应付和反对。从现有的文献来看，绩效评价结果无论是与预算编制的结合，还是将其视为问责工具或财政信息公开都缺少相关法律法规的明确规定，对绩效评价结果怎么与下一年度的预算编制相结合、如何基于绩效信息进行问责以及问责程度的确定、绩效评价结果应该以何种形式进行公开以及公开力度的确定等研究也涉及较少。

---

① Rhys Andrews, George A. Boyne. Capacity, Leadership, and Organizational Performance: Testing the Black Box Model of Public Management [J]. Public Administration Review, 2010, 70 (3): 443-454.

第二章

财政支出绩效评价结果应用的理论分析

　　财政支出绩效评价结果的应用是多方面的，很多西方国家把绩效评价结果的应用看作绩效评价工作最重要的一个环节，不仅在预算安排环节上，甚至在政府发展规划上也将绩效评价结果作为重要参考。可见，"评价结果有反馈，反馈结果有应用"才能使绩效评价真正促进绩效水平的提高。本章分为两节，从理论出发，第一节由"公共选择理论"和"委托代理理论"引出财政支出绩效评价结果的功能，并就每个功能进行分析：绩效评价结果可以提高财政资金的使用效益，可以提高政府的管理水平，可以作为下一年度编制预算的参考，同时为政府制定长期发展规划提供依据；第二节从我国制定的各种法令条文入手，分析财政支出绩效评价结果应用的政策依据。

第一节　财政支出绩效评价结果的功能分析

一、财政支出绩效评价功能的理论基础

（一）公共选择理论

　　公共选择理论在 20 世纪 30 年代兴起，将经济学的方法引入了政治学范畴，重点研究怎样利用经济学的理论和分析来优化政府的政策制定和决策方式。公共选择理论按照市场交易过程，把公众看作公共产品的需求方，将政府官员体系看作公共产品的供给方。政府作为"经济人"，在政策决定过程中，会出于自身利益的考虑做出有利于自身的决策，从而造成政府的决策效率低下甚至出现政策失灵，使得政府提供的公共物品不能够有效地符合公众需要。为了解决这个问题，

需要对政府提供公共产品的整个过程进行绩效评价。在财政支出绩效评价过程中运用的可衡量、有代表性的指标能够对政治市场交易双方的契约关系进行有效的约束，有助于克服"政府失灵"问题。

公共选择理论指出，为了减少政治领域供求双方之间的信息不对称，必须要提高财政支出的透明度，只有这样才能使支出符合社会公众的利益。从这个意义上来说，首先，财政支出绩效评价结果的合理应用可以促进财政支出更加公开透明，充分发挥社会公众在预算支出中的监督作用。其次，官僚系统为了维护自身的部门利益，只注重财政资金的投入，而忽视财政支出的效益和产出结果，所以对财政支出进行严格的绩效评价的同时将评价结果纳入官员的考核体系中，建立奖惩机制，能够对官员的行为产生一定的激励和约束，可以充分调动官员工作的积极性，真正按照社会的需求提供公共产品和服务。

（二）"委托—代理"理论

"委托—代理"理论是要考虑如何解决信息不对称的问题，合理控制代理成本，进而设计出委托人与代理人之间的最优契约关系。由于非对称信息情况的存在，即委托代理双方在信息利益等方面的不均衡，道德风险、逆向选择（两者合称非效率损失）及代理成本随之产生。在这种信息不对称的关系中，管理者（即代理人）掌握较多的信息，而所有者（即委托人）掌握较少的信息，在以"经济人"假设为前提的情况下，代理人往往出于私利，损害委托人的利益，为自己争取更多的利益，这就是"委托—代理"问题。在利用财政资金为社会提供产品和服务时，财政部门为委托人，财政资金使用部门，即政府各职能部门为代理人。在这层"委托—代理"关系中重点是如何有效地监督和评价资金使用单位，提高财政资金的使用效益。

一方面，财政支出绩效评价能够进一步促进财政支出的公开透明，实现支出透明后，财政管理部门和政府职能部门之间的信息不对称问题就能够得到一定程度的解决；另一方面，通过对各职能部门财政支出绩效评价结果的分析，财政管理部门可以发现财政资金使用部门在资金使用和管理中违反国家财经纪律的行为，并及时向有关部门提出处理意见，以确保国家财政资金的安全和有效使用。可见，绩效评价结果的反馈可以提高财政资金的使用效益①。

（三）新公共服务理论

20 世纪 80 年代，美国学者在对新公共管理理论加以批判的情况下提出了新

---

① 张伟. 完善预算支出评价体系研究［D］. 财政部财政科学研究所，2015.

公共服务理论。作为一种新的行政管理理论，新公共服务理论强调"服务""以人为本"的理念。

新公共服务理论认为，政府作为财政资金的分配者、使用者，其作用就是为纳税人（即公众）提供公共服务，根据纳税人的需求，来帮助他们表述需求并运用公众赋予的权利来提供他们所需要的服务。重视政府的服务意识，强调提高政府提供服务的能力，而且政府需要重新定位自己在管理中的地位，应当将社会公众放到首要位置，从公共品的供给者转变为公众利益的合作者，从公众的角度出发，获取共同利益。

新公共服务理论强调"以人为本"的理念，关注人的作用。贯彻科学发展观，其根本就是重视人的发展。政府在提供服务的过程中，要清楚提供服务不是根本目的，人的发展才是一切的本源。新公共服务理论注重公众在预算管理中的作用，认为只有充分发挥公众的积极主动作用，只有公众与公务人员共同参与进来，政府的预算分配才能更好地满足公众的需求，还要坚持"以人为本"的理念，改变之前以经济增长这个单一指标来考评政府部门或者项目绩效情况的状况，预算管理的目标及其评价标准都应是在考虑公众需求后再设定的，即政府执行执政为民的理念，社会公众是预算绩效评价结果重要的使用者之一，也只有公众才是预算绩效评价的参考标准，因此，贯彻"以人为本"的理念有利于预算绩效评价的顺利展开及其评价结果的有效利用①。

二、财政支出绩效评价结果的功能

（一）加强资金的监控，提高财政资金的使用效益

我国财政支出绩效评价工作可以分为项目、单位、部门和综合四个层次来进行，因此我们分别从这四个方面来分析其对财政资金使用效益的影响。

1. 项目绩效评价结果。

通过项目绩效评价结果可以加强项目中期的资金监控。从资金拨付过程来看，对于一些项目的资金不能一次全额拨付，尤其是一些大额资金项目，资金的拨付更是需要分批进行。所以，在资金的分批拨付数额、拨付次数上，项目绩效评价结果起着重要的控制作用。通过项目进行过程的评价结果，可以再次审查项目本身的可行性与其所带来的成本与效益。如果评价结果不理想，无法达到项目立项时所预测的效果，甚至继续实施该项目可能会造成损失，此时正确的做法就

---

① 赵文芳. 论政府预算绩效信息的利用［D］. 山东财经大学，2016.

是停止对该项目的资金拨付，避免造成更大的资金浪费；若评价结果良好或合格，就应该督促项目单位对存在的问题进行整改后，按照正常从紧的原则拨付资金；如果评价结果优秀且绩效突出，可以加快资金的拨付，使得该项目提前完成，尽早地发挥其社会效益。

2. 单位绩效评价结果。

单位绩效评价结果可以将该单位整体的效率情况反映出来，还可以反映资金使用单位的基本管理状况。财政管理部门可以通过该绩效评价结果对单位管理中存在的问题进行分析，向资金使用单位提出提高资金使用效率的合理建议；资金使用单位利用评价结果分析造成该结果的原因，可以发现在资金使用和管理中存在的问题以及单位管理中存在的制度性缺陷，由此制定合理的措施提高财政资金的管理水平，从而进一步提高财政资金的使用效率。

3. 部门绩效评价结果。

部门绩效评价结果可以真实地反应部门的政绩水平。一个部门的绩效评价结果好，表明该部门有效率地利用了财政资金，事业发展状况良好。一方面，通过对部门绩效评价结果的分析，财政管理部门可以发现财政资金使用部门在资金使用和管理中违反国家财经纪律的行为，并及时向有关部门提出处理意见，以确保国家财政资金的安全和有效使用。另一方面，从审计部门来看，主要工作就是对政府部门财政资金使用进行审计，其可以利用绩效评价结果，重点审计绩效结果不好的部门，为审计方向提供客观指导，使审计部门更好地实施审计行为，提高审计部门的威慑力，对财政资金的使用形成更好的外部监督。

4. 综合绩效评价结果。

利用财政支出绩效评价体系，对财政支出情况进行综合绩效评价，将效率原则和公平原则更好地结合起来，让综合绩效评价结果更为准确地衡量财政资金分配的合理性。一是通过绩效评价结果让财政资金在效率领域和公平领域中的配置结构更加合理。优化财政资源的配置，要同时满足社会公平和效率的需要。在财政支出领域，由于资源配置主体对效率和公平的偏好并不一定符合社会的需要，使得财政分配的结果并不符合财政支出的原则，损害财政支出的整体绩效。通过考察和分析一定时期的财政支出绩效评价结果，可以及时找出资源配置中的缺陷，压缩资金过多领域中的金额，增加资金不足领域中的投入，使有限的财政资金在促进社会经济发展，维护国家稳定方面发挥作用。此外还可利用信息技术，形成绩效评价结果数据库，通过对比分析各个年度的数据，总结经验和规律，更好地提高财政资金的使用效率，促进社会公平。二是通过绩效评价结果可以看出财政资金在高效领域和其他领域的分配结构是否合理。高效领域是指与社会的经济发展具有直接的联系，这些领域的快速发展可以加快社会的经济增长，例如加大教育、卫生等领域的资金投入，会使社会具有强大的长期增长潜力。其他领域虽然与社会经济增长没有直接的关系，例如军费支出、行政管理费支出，但是只有拥有强大的军队和良好的机构管理，才能为经济发展提供良好的环境。通过对绩效评价结果的分析，可以让财政资金在使用领域和方向之间找到更好的分配模式。三是利用绩效评价结果可以让财政支出更好地促进社会公平。财政资金参与国民收入再分配的目的就是促进社会公平，但财政资金毕竟是有限的，为了更大地发挥有限财政资金的社会效益，通过对这部分财政支出绩效的评价，进一步改善支出的方式，调整财政支出面向的人群，有效地发挥财政资金的吸附功能，吸引更多的社会资本，帮助更多的贫穷人群，使财政支出的社会效益最大化①。

在国外，也有很多国家利用绩效评价结果来合理分配资金在各个项目上的使用。例如，在加拿大，财政部门利用支出和结果信息进行竞争性预算资源分配。具体做法是，绩效评分处于最低5%以内的项目将面临资金压缩或取消的危险。内阁有权决定将处在"危险"中的资金重新分配给其他项目或部门，或开展新的项目。在韩国，被认定为"无效"项目的次年预算拨款将最少削减10%。在澳大利亚，财政支出绩效评价的结果主要运用于项目资金管理方面，提高支出项目资金使用效益。具体做法是将产出结果与原先设立的目标相比较，由此形成的评价结果被运用到后续项目的资金投入与管理中。通过绩效评价，将评价结果作为同类或类似项目规划、审批的依据之一，合理确定项目资金预算，减少资金浪费，提高资金使用效益。

（二）推进政府管理体制改革，提升政府的管理水平

财政支出绩效评价结果可以作为考核部门和单位领导的重要依据，从而推进政府管理体制改革，实现组织优化，提升政府的管理水平。

财政支出绩效评价制度，核心就是强调公共支出管理中的目标与结果及其结果有效性的关系，本质是对政府行为进行内部控制，并通过这种内控，保障政府目标的实现，提高政府运行效率，促进政府职能转变，这也是增强党的执政能力的一个重要方面。首先，单位绩效评价结果可以用来考核单位领导人的努力程度。在单位人事管理中，因为缺乏完善的官员业绩考核体系，在人事任命上还存在着一些腐败风气。因为一个单位的工作人员的素质高低是这个单位绩效评价结果好坏的决定性因素，因此利用单位绩效评价结果，可以纠正官员任命中的不正之风，为选拔清正廉明、德才兼备的领导者提供客观参考依据，这也提高了人员任命的透明度和公开度，减少了腐败行为的发生。其次，运用部门绩效评价结果

---

① 侯效国，李云庆. 试论财政支出绩效评价结果的应用［J］. 中国财政，2003（10）.

可以建立奖惩机制。上级主管部门的主要职责就是协调下级各职能部门，保证各部门可以正确履行其职能。如果某个部门的绩效评价结果较差，通过对其评价结果进行认真分析，可发现该部门在具体的行为过程中存在的问题，对由于故意或者过失导致绩效未达到相关要求，财政资金配置和执行绩效未能达到预期目标或者规定标准的部门，实行绩效问责，对绩效优的部门给予表彰或奖励，并建立评价结果与下一年度本部门同类项目宽松检查或免检的关联机制；对于连续绩效评价结果不理想的单位，考虑削减其部门预算经费，从而追究部门或责任人的责任，弥补部门管理中存在的不足。由此可见，财政支出绩效评价结果对政府人员的行为起到了很好的约束作用，并为惩罚违法人员提供依据，从而提高政府的管理水平。

此外，随着预算绩效理念的不断深入，财政效益问题已逐渐成为公共财政改革的基本要求，贯穿于整个财政资金活动的全过程。第一，西方绩效预算是基于社会公众委托的民主预算机制的"升级版"，借鉴西方绩效预算模式，我国预算支出和安排应当有效地表达公众对公共产品和服务的偏好及需求，体现对公众负责的公共服务取向，有助于转变政府职能，推动建立现代财政制度。第二，绩效评价结果可以促使政府转变管理方式，建立服务型政府，把"执政为民"的理念贯彻到实际工作中。加强支出绩效管理、严格绩效考核，可以监督政府主动接受公众的意见，更加有效地提供公共服务。第三，预算绩效管理的最初任务就是根据部门职能和项目内容确定绩效目标，部门申请资金必须明确自己的目标任务。这说明各个政府部门在预算绩效管理过程中要准确地知晓本部门的职能，做到准确定位。而绩效评价结果可以形成一种有效的约束机制，促使相关部门主动转变政府职能，改善政府管理绩效。如美国政府上级部门可依据绩效情况决定是否继续对该部门放松控制，下放权力。这样的做法是在重新审视绩效评价结果中凸显问题的基础上，简化冗余的政府机构及部门人员，限制并削弱官僚机构的权力，提高政府的办事效率；英国政府会根据绩效等级给予地方政府相应的自主权和灵活性，绩效评价结果越好的地方政府就会拥有越大的管理自主权。对于那些被评为弱、差等级的地方政府，如有必要中央政府会对地方政府表现差的职能实行中央接管，由中央派员接管地方政府的某职能。

（三）用于预算编审，平衡部门预算

推行财政支出绩效评价，可以推动"绩效预算"模式的建立，增强预算资源分配与政府部门绩效之间的联系，从而提高财政支出的科学性和规范性。首先，绩效预算核心特征就是在财政支出绩效评价结果与预算之间建立起某种联系，运用结果建立起一个密闭的、涵盖财政资金全过程的"绩效预算分配—资金使用—

结果评价—运用结果安排下年预算"的绩效预算约束环。其次，利用绩效评价结果不仅可以推动"绩效预算"模式的建立，而且是平衡部门预算的重要依据。按照"效率优先，兼顾公平"的分配原则，财政部门在平衡各部门预算时，确定今年预算水平的依据之一就是往年各部门的绩效评价结果。若某个部门的绩效评价结果理想，则在下年度安排预算资金时，考虑到效率优先，可以给该部门拨付较多的财政资金，这样既提高了预算的综合性，又提高了预算的透明度，使预算分配更加公平与科学。最后，在将绩效评价结果运用于部门预算编审时，可以依据项目类型，如常年性项目和延续性项目、一次性项目等规定不同的应用方案。对于常年性项目支出和延续性项目支出，绩效评价结果为优或良的，下一预算年度应优先保障该项目资金预算；绩效评价结果为中的，在下一年度预算安排时应控制新增项目资金预算；绩效评价结果为差的，在下一年度预算安排时应采取调整支出方向或支出结构、适当减少项目资金预算、取消该项目等方式进行调整。对于一次性项目资金，绩效评价结果为差的，下一预算年度原则上不安排同类（绩效目标相近或雷同的）新增项目资金。

在国外，将评价结果应用于预算制定和修改，从而实现公共支出的效益最大化，也已经成为政府绩效评价的一个重要目的。例如，在新西兰，审计署的评价结果直接反馈到国会，供其在审核下一年预算拨款时参考；在美国布什政府时期，一个工作重点就在于要把各个政府部门工作的绩效与其部门的预算紧密联系起来，从而充分运用绩效评价结果。布什政府开发的"项目评级工具"（PART）旨在对联邦政府行为和机构项目是否成功实现其最初制定的目标进行绩效评价，为了更好地应用评价结果，PART 过程必须先于预算的提交，每年春季，各部门完成 PART 评价表并提交给管理与预算局（OMB）审查。每年 7 月，OMB 给出反馈结果，部门如果有所质疑可以提起申诉。由于 PART 结果先于来年总统预算草案的提交，因此其评价结果将会作为来年预算分配的重要参考信息。

（四）准确把握政策效应，为政府制定长期发展规划提供依据

对过去绩效评价所得的结果，可以作为未来同类项目规划或类似财政政策实施的依据，因为任何领域的发生发展都有规律性的趋势，比如公共财政涉及的经济增长、就业、基础设施等需求规律，除突发性事件引致的需求外，很难想象一个社会的公共需求会出现非线性增加或戛然而止。所以绩效评价的历史结果数据是未来制定长期发展规划，决定财政支出成本和效率的重要依据。财政支出绩效评价结果可以衡量扩张性财政政策效应。政策制定者在运用扩张性财政政策引导经济走向景气时，应当将财政支出绩效结果作为一个重要的政策变量来考虑，由结果确定财政支出总量，保证财政政策扩张适度，不会造成严重的通货膨胀，使政策效应最佳。此外，通过绩效评价结果与本地政治、经济、社会发展目标相对照，可以发现政府制定的各项政策中的薄弱环节以及与原先制定政策的执行效果的差距，从而督促政府不断改进相关政策或者加强有关政策的执行力度，以实现本地区的持续发展。比如英国政府将绩效评估作为政府长期经济目标和计划调整的依据，要求政府各管理部门根据其秋季报告对其三年滚动计划进行相应调整；同时也将绩效评估作为财政部对各政府部门制定以后年度预算、国会和内阁对各政府的行政责任制落实的重要依据，促进了政府责任制的落实和加强，提高了政府工作效率。

（五）　与绩效审计业务相结合，加大对财政支出的监督力度

财政支出绩效评价的目的是规范和加强财政支出管理工作，建立以结果为导向的财政支出绩效管理机制，强化支出责任，合理配置资源，优化支出结构，规范财政资金的分配，提高财政资金使用的经济性、效率性和有效性。其与绩效审计业务在出发点和关注点上有所不同，但落脚点是基本一致的，即都在着眼于使用财政资金的经济性、效率性和有效性。因此财政支出绩效评价结果如果能与绩效审计联动，必将起到事半功倍的作用。财政支出绩效评价结果可以作为审计部门的参考，审计部门在选择审计项目时可优先考虑绩效评价结果显示问题较多的单位，这样有三个方面的溢出：首先，审计部门可以在财政部门已经评价过的重点项目、重点问题上进行延伸审计，既关注财政预算绩效，又关注财政资金使用的合规性，形成横向拓宽、纵向到底的绩效管理结构；其次，可以减少预算单位接受多重的绩效评价或绩效审计的工作量，同时也减少公共资源的重复使用甚至是浪费；最后，绩效审计不同于财政绩效评价，其属于依法审计的范畴，但两者同属于政府绩效的一部分，也是政府绩效的两个关键点。建立财政支出绩效和绩效审计融合的长效机制，可以加大对财政支出的监督力度，对政府绩效预算模式的形成产生重大影响①。

（六）　推动全过程预算绩效管理机制的初步形成

在全过程预算绩效管理中，预算绩效评价结果的反馈与利用始终贯穿着"事前编制预算—事中监控预算—事后评价预算"这条逻辑主线。在事前预算编制环节，预算绩效评价结果作为设置预算绩效目标以及分配预算资金的依据；在事中预算监控环节，根据预算绩效评价结果来控制预算进度的执行；在事后评价环节，预算管理效果究竟如何，可将预算绩效评价结果作为参考。评价结束后，由

---

① 祁化森. 预算绩效评价结果之应用价值［J］. 新理财，2016（4）.

第三方机构对预算评价结果的运用再次评价，接受监督，使得反馈结果切切实实落到实处，促进全过程预算绩效管理的良性循环。推动全过程预算绩效管理机制的初步形成。

综上所述，财政支出绩效评价结果的应用是多层次的，贯穿于财政支出事前、事中和事后的全过程，建立健全科学的财政支出绩效评价结果应用机制，对提升财政科学化、精细化管理水平具有积极意义。

第二节　财政支出绩效评价结果应用的政策依据

一、我国财政支出绩效评价的法制化进程

当前，政府绩效评价法治化、制度化已经成为世界发达国家政府绩效评价领域的发展趋势之一。

我国也陆续出台了一系列针对预算支出绩效评价工作的有关规范性文件和管理办法。2003年，财政部印发《中央级行政经费支出绩效评价管理办法（试行）》和《教科文部门绩效评价管理试行办法》，这标志着我国预算绩效评价工作进入试点阶段，也意味着我国开始着手研究新的管理模式来提高预算资金的使用效率。2005年是非常重要的一年，财政部印发了《中央部门预算支出绩效考评管理办法（试行）》，这是第一个比较规范的绩效评价工作管理办法，为相关工作的开展提供了制度依据，正式提出了预算绩效管理的理念，增强了预算部门的支出责任。2009年6月，财政部颁布了《财政支出绩效评价管理暂行办法》，并于2011年4月重新作了修订，它是专门针对财政支出绩效评价的法规，对财政支出绩效评价的对象和内容、绩效目标、评价指标、评价标准和方法、组织管理和工作程序、绩效报告和绩效评价报告、绩效评价结果及其应用做出了规定，这标志着我国财政支出绩效评价工作正逐步步入规范化、制度化的轨道[①]。2012年，财政部根据党中央、国务院有关加强预算绩效管理的指示精神和提升政府绩效的总体要求，制订了《预算绩效管理工作规划（2012—2015年)》。2013年4月财政部出台了《预算绩效评价共性指标体系框架》，其中设立了三个共性指标体系框架，一是项目支出；二是部门整体支出；三是财政预算绩效评价，这三个共性指标体系对全国的绩效评价工作具有重要的指导意义。

---

①　郑永生，廖立云．我国财政预算支出绩效考评存在的问题与对策［J］．财会月刊，2011（1）．

二、我国财政支出绩效评价法制化的立法原则

（一）多元主体参与原则

多元主体参与原则，是现代民主政府精神的体现，它要求政府绩效评估不再是以政府为单一主体的自我评价，转而成为政府、公民、专业第三方机构等多方参与的评价过程。多方参与政府绩效评价，使政府之外的其他主体也参与政府绩效评价中，可以更加全面地评价政府绩效。因为不同的主体在评价时关注的角度会有差异，如政府会更多地从内部效率、效益出发评价政府产出；公民作为政府公共服务的对象，关注公共服务和公共产品的提供，因此公民成为公共服务满意度评价的重要主体[①]。

《中华人民共和国宪法》第二条规定，人民依照法律规定，通过各种途径和形式，管理国家事务，管理经济和文化事业，管理社会事务。这肯定了公民参与权，因此公民对政府行为的评价意见必须被纳入财政支出绩效评价制度当中，通过立法形式保障人民合法权利，使人民有权参与政府绩效评估工作，充分享有民主权利，人民有权对绩效评价方法进行选择，有权参与确定评价主体，参与监督评价过程。

保障公民参与、监督绩效评价的前提是建立透明的评估制度，这也是现代阳光政府的本质要求。只有公开绩效评价环节，公众才有可能全面了解和监督绩效评价。

（二）公正立法原则

法律作为法治社会中的有效调节器，在调整不同利益关系时必须恪守公正公平原则，社会成员才能真正遵守法律制度，否则将损害法律的至上性。随着经济社会的发展，社会大生产以及社会分工的冲突加剧，导致不同利益主体之间形成了更加密切的联系，与此同时，利益冲突在所难免。只有通过公平公正的法律制度才能缓和这种由于资源短缺而形成的需求矛盾[②]，财政支出绩效评价领域也不例外。

（三）协调统一原则

法律体系内部应当协调统一，政府绩效评估立法也应当与其他相关法律和法

---

①　冉敏，李爱萍等．中国政府绩效评估法制化立法宗旨和立法原则研究［J］．青海社会科学，2012（3）.

②　杨佳妮．财政支出绩效评价法制化初探［J］．法治与社会，2013（1）.

规协调，才能更好地发挥作用。政府绩效评估应与政府公共财政管理制度对接，将绩效评估结果运用于财政支出管理，提高对政府行政成本与效益的控制；政府绩效评估也应成为行政问责制度的问责依据之一，成为政府问责和行政领导问责制度建设的重要依托。因此，政府绩效评估立法协调统一原则要求和其他相关法律法规协调，例如《审计法》中有关法律责任，《公务员法》中公务员的考核、职务升降，财政部制定的投资项目预算绩效评价规章等，在政府绩效立法中都需要注意协调，使政府绩效评估活动最大限度地发挥作用①。

三、财政支出绩效评价结果应用的政策依据

（一）中央政府财政支出绩效评价结果相关法律

在我国已经颁布的多个有关政府绩效评价的法律文件中，涉及绩效评价结果及其应用的主要有以下几个文件。

1. 《财政支出绩效评价管理暂行办法》。

最早专门针对绩效评价结果及其应用做出规定的，是 2011 年 4 月财政部发布重新修订的《财政支出绩效评价管理暂行办法》。其中第七章绩效评价结果及其应用中做出了如下规定：

第三十二条　绩效评价结果应当采取评分与评级相结合的形式，具体分值和等级可根据不同评价内容设定。

第三十三条　财政部门和预算部门应当及时整理、归纳、分析、反馈绩效评价结果，并将其作为改进预算管理和安排以后年度预算的重要依据。

对绩效评价结果较好的，财政部门和预算部门可予以表扬或继续支持。

对绩效评价发现问题、达不到绩效目标或评价结果较差的，财政部门和预算部门可予以通报批评，并责令其限期整改。不进行整改或整改不到位的，应当根据情况调整项目或相应调减项目预算，直至取消该项财政支出。

第三十四条　绩效评价结果应当按照政府信息公开有关规定在一定范围内公开。

第三十五条　在财政支出绩效评价工作中发现的财政违法行为，依照《财政违法行为处罚处分条例》（国务院令第 427 号）等国家有关规定追究责任。

相比较修订前的《财政支出绩效评价管理暂行办法》，修订后的增加了第三

---

① 冉敏，李爱萍等．中国政府绩效评估法制化立法宗旨和立法原则研究［J］．青海社会科学，2012（3）．

十五条，可见规定更为严格。

2.《关于推进预算绩效管理的指导意见》。

2011 年颁布的《关于推进预算绩效管理的指导意见》规定：建立预算支出绩效评价结果反馈和应用制度，将绩效评价结果及时反馈给预算具体执行单位，要求其根据绩效评价结果，完善管理制度，改进管理措施，提高管理水平，降低支出成本，增强支出责任；将绩效评价结果作为安排以后年度预算的重要依据，优化资源配置；将绩效评价结果向同级人民政府报告，为政府决策提供参考，并作为实施行政问责的重要依据。逐步提高绩效评价结果的透明度，将绩效评价结果，尤其是一些社会关注度高、影响力大的民生项目和重点项目支出绩效情况，依法向社会公开，接受社会监督。

3.《国务院关于深化预算管理制度改革的决定》。

《国务院关于深化预算管理制度改革的决定》中指出，"加强绩效评价结果应用，将评价结果作为调整支出结构、完善财政政策和科学安排预算的重要依据"；2015 年开始实施的新《预算法》的第三十二条提及，"各级预算应当根据年度经济社会发展目标、国家宏观调控总体要求和跨年度预算平衡的需要，参考上一年预算执行情况、有关支出绩效评价结果和本年度收支预测，按照规定程序征求各方面意见后，进行编制"。由此可见，将绩效评价结果应用于部门预算编审是绩效评价结果的重要应用。

4.《中共中央国务院关于全面实施预算绩效管理的意见》。

2018 年 9 月发布的《中共中央国务院关于全面实施预算绩效管理的意见》中提出，要"加快建成全方位、全过程、全覆盖的预算绩效管理体系"。在"建立全过程预算绩效管理链条"中，特别提出，要"开展绩效评价和结果应用"。通过自评和外部评价相结合的方式，对预算执行情况开展绩效评价。各部门各单位对预算执行情况以及政策、项目实施效果开展绩效自评，评价结果报送本级财政部门。各级财政部门建立重大政策、项目预算绩效评价机制，逐步开展部门整体绩效评价，对下级政府财政运行情况实施综合绩效评价，必要时可以引入第三方机构参与绩效评价。健全绩效评价结果反馈制度和绩效问题整改责任制，加强绩效评价结果应用。

5.《关于贯彻落实〈中共中央国务院关于全面实施预算绩效管理的意见〉的通知》。

2018 年 11 月，财政部发布了《关于贯彻落实〈中共中央国务院关于全面实施预算绩效管理的意见〉的通知》，其中，将"强化绩效评价结果刚性约束"作为抓好预算绩效管理的重点环节之一。对于如何强化绩效评价结果刚性约束，该通知中也作了明确要求。即"健全绩效评价结果反馈制度和绩效问题整改责任制，形成反馈、整改、提升绩效的良性循环。各级财政部门要会同有关部门抓紧建立绩效评价结果与预算安排和政策调整挂钩机制，按照奖优罚劣的原则，对绩效好的政策和项目原则上优先保障，对绩效一般的政策和项目要督促改进，对低效无效资金一律削减或取消，对长期沉淀的资金一律收回，并按照有关规定统筹用于亟需支持的领域"。

可见，虽然从2003年起我国就开启了绩效预算改革，但是重视绩效评价结果的应用则始于2011年，而且，随着改革的深入，政府越来越重视绩效评价结果的应用。

（二）地方政府财政支出绩效评价结果相关规定

随着我国政府对绩效评价结果应用的重视，为了进一步深化预算绩效管理体制改革，加大和规范预算绩效评价结果应用，切实提高财政资金使用效益和管理水平，各地方政府也相应制定财政支出绩效评价结果应用暂行办法，对绩效评价结果的具体应用做出了规定。例如湖北省2016年10月发布《湖北省省级财政支出绩效评价结果应用暂行办法》，西藏自治区2017年7月发布《西藏自治区财政支出预算绩效评价结果应用管理暂行办法》等。本书以湖北省和上海市为例，分析地方政府财政支出绩效评价结果应用的相关规定。

1. 湖北省绩效评价结果应用的政策规定。

2012年7月，湖北省政府办公厅发布了《省人民政府办公厅关于开展政府绩效管理试点工作的通知》，该项通知对开展政府绩效管理试点工作的原则、目标、试点单位和内容，以及方法和步骤做出了具体规定，同时也提出要强化绩效考评结果运用：要高度重视绩效考评结果的综合运用，发挥绩效考评的导向和激励约束作用。考评结果要及时反馈同级纪检监察、组织、人事等部门，作为考核领导班子和领导干部、干部选拔任用、公务员评优评奖的重要依据，加大奖优罚劣、治庸治懒力度；把绩效考评与行政问责有机结合，对违背科学发展观要求搞"形象工程"和"政绩工程"，以及作风漂浮、敷衍塞责、行政不作为乱作为慢作为等，要严肃追究相关人员责任。

2013年2月，为了实现深化行政管理体制改革，促进政府职能转变、提升行政效能、强化部门责任意识，提高政府资金使用效益，优化公共资源配置，提升政府理财和公共服务水平，推进建设"责任政府""阳光政府"和"服务型政府"的目标，湖北省政府发布《湖北省人民政府关于推进预算绩效管理的意见》，将绩效评价结果的应用单独作为一部分进行说明，政策规定：（1）要建立绩效报告制度。部门预算单位要定期向同级财政部门、下级财政部门要定期向上级财政部门提交预算绩效管理报告。财政部门要对部门预算单位报送的预算绩效管理报告进行分析汇总，提出进一步改进预算管理、提高预算支出绩效的意见和建议报同级政府，为政府决策提供依据。（2）建立反馈与整改机制。各级财政部门和部门预算单位要将绩效评价结果及时反馈预算具体执行单位，督促其整改评价中发现的问题，改进管理措施，提高预算管理水平。（3）建立评价结果和预算安排有机结合机制。将上一年度绩效评价结果作为安排下一年度预算的基本依据，绩效评价结果差的，调减该项目预算，直至取消；绩效评价结果好的，优先安排，并予以适当激励。（4）建立评价信息公开制度。部门预算单位要将绩效报告、评价结果等绩效管理信息依法向社会公开；财政部门要将重点项目绩效评价和管理绩效综合评价结果向社会公布，接受社会监督。（5）建立绩效问责制度。各级政府要成立预算绩效管理问责审核委员会，制定预算绩效管理问责办法，不断完善绩效问责制度。

2016 年 10 月，在《湖北省人民政府关于推进预算绩效管理的意见》的基础之上，湖北省财政厅发布了《湖北省省级财政支出绩效评价结果应用暂行办法》，对评价结果反馈与整改日期、结果报告与公开日期以及结果与预算安排相结合的具体做法进行了规定。其中，

第七条规定：省财政厅和省直预算部门应在绩效评价结果确定后二十日内，以正式文件或函件等形式将绩效评价结果和整改要求反馈给被评价部门或单位，并督促其整改。

第八条规定：被评价部门或单位自收到绩效评价结果反馈文件之日起三十日内，根据评价结论及整改要求，制定整改措施，报送省财政厅或主管部门。

第十一条规定：被评价部门或单位应在收到绩效评价结果反馈文件之日起九十日内落实整改，并于整改落实后十五日内，将整改落实情况报送省财政厅或主管部门。

第十三条规定：省财政厅和省直预算部门应在绩效评价结果确定后三十日内向省政府专题报告。省属高校应在绩效评价结果确定后三十日内向省财政厅和省教育厅报告。

第十七条规定：省财政厅和省直预算部门应将绩效评价结果作为以后年度编制预算和安排财政资金的重要依据。

第十八条规定：省财政厅和省直预算部门应针对不同的评价对象和不同的评价结果，在预算安排中相应进行应用。

（1）对项目支出绩效评价结果的应用。对于省级常年性项目支出和省级延续性项目支出，绩效评价结果为优或良的，在下一预算年度应优先保障该项目资金预算；绩效评价结果为中的，在下一年度预算安排时应控制新增项目资金预算；绩效评价结果为差的，在下一年度预算安排时应采取调整支出方向或支出结构、

适当减少项目资金预算、取消该项目等方式进行应用。对于省级一次性项目资金，绩效评价结果为差的，在下一预算年度原则上不安排同类新增项目资金。对于中央对地方专项转移支付资金，应将绩效评价结果作为专项资金预算申请、安排、分配的重要因素。

（2）对部门（单位）整体支出，绩效评价结果为优或良的，下一预算年度应优先保障该部门（单位）资金总预算；绩效评价结果为中的，下一预算年度应严格控制新增项目支出总预算，原则上不增加预算；绩效评价结果为差的，下一预算年度应适当减少该预算部门（单位）项目支出总预算。

（3）对财政资金支出政策绩效评价结果，应作为政策延续、调整、撤销等的重要依据。

2. 上海市绩效评价结果应用的政策规定。

《上海市财政支出绩效评价管理暂行办法》第三十七条和第三十八条规定，上海市对预算绩效评价结果的应用主要采取三种方式：一是评价工作完成后，财政部门和预算部门（单位）应当及时整理、归纳、分析绩效评价结果，将评价结果及时反馈被评价部门（单位），作为改进预算管理和安排以后年度预算的重要依据。评价结果较好的，可以采取适当方式在一定范围内予以表扬；评价结果未达到规定标准的，可以在一定范围内予以通报并责令其限期整改，也可以相应核减其以后年度预算。二是预算部门（单位）应当根据绩效评价结果，改进管理措施，完善管理办法，调整和优化本部门预算支出结构，合理配置资源，对绩效评价中发现的问题应及时制定整改措施，并报财政部门备案。三是绩效评价结果应当按照政府信息公开的有关规定，在一定范围内公开。

《关于贯彻落实〈上海市财政支出绩效评价管理暂行办法〉的实施意见》对于评价结果运用于预算管理，规定财政部门和预算主管部门应当及时整理、归纳、分析绩效评价结果，并将其作为改进预算管理和安排以后年度预算的重要依据。对绩效评价结果较好的，财政部门和预算主管部门应采取予以表扬、推广其成功的做法和经验，加大对该实施单位或同类项目的支持力度等激励措施；对因决策失误、管理不善等自身原因导致达不到绩效目标，或评价结果较差的，财政部门和预算主管部门应予以批评，责令其限期整改，并根据整改情况调整预算。

《上海市人民政府办公厅转发市财政局关于全面推进预算绩效管理意见的通知》中规定，绩效评价结果应用是预算绩效管理的落脚点。要以促进预算管理、推进绩效信息公开、实施结果奖惩为突破口，强化绩效评价结果的有效应用。具体做法体现在五项机制的建立：反馈整改机制，预算结合机制，绩效报告机制，信息公开机制，绩效问责机制。

《上海市预算绩效管理实施办法》第四十七条至第五十一条规定，绩效评价结果应用采取五种方式：一是评价工作完成后，评价组织方应就绩效评价报告的有关内容，听取各相关方面意见，及时整理、分析、归纳并反馈给被评价方，作为改进预算管理和项目管理，落实问题整改的重要依据。二是被评价方应根据评价组织方反馈的评价结果和整改建议，及时研究制定整改措施，积极落实结果应用的各项要求，切实改进预算管理和项目管理。三是被评价方应在评价组织方规定的时间内，将整改情况向评价组织方行文报告。四是按照政府信息公开有关规定，预算绩效管理主体应将各自组织的绩效评价的结果信息进行公开。内容主要包括：项目名称、预算金额、主管部门、评价分值、评价等级、主要绩效、主要问题、整改建议、整改情况、评价机构等方面。五是各级财政部门要建立绩效评价结果与加强财政预算管理相结合的机制，将绩效评价结果作为科学安排预算、调整支出结构、完善财政政策、加强制度建设、实施绩效监督的重要依据。

《虹口区预算绩效管理实施意见》第二十二条规定，虹口区对于预算绩效评价结果的应用，建立了预算绩效问责机制和激励约束机制。实施对绩效评价相应等级项目结果分值考核管理机制：对等级评定为 A 级的项目，区财政局将优先安排预算。对等级评定为 B 级的项目，区财政局将按财力所能安排预算。对等级评定为 C 级的项目，区财政局将根据项目需求相应调整预算。对等级评定为 D 级的项目，原则上区财政局不予安排预算。对一次性项目的绩效评价，区财政局应按照评价结果，实施项目责任问责制。

第三章

我国财政支出绩效评价结果
应用的现状分析

　　我国的财政支出绩效管理从 2003 年开始布局，2011 年财政部颁布《财政支出绩效评价管理暂行办法》，从立法层面规范财政支出绩效评价行为，建立科学、合理的绩效评价管理体系，提高财政资金使用效益。近几年从中央到地方都逐渐开始重视绩效评价结果的应用，争取从闭环角度将财政绩效评价的一环扣入整个绩效管理中。本章通过选取九个省市的政策规定，介绍我国财政支出绩效评价结果应用的现状，总结各个地方政府在绩效结果运用中的典型经验，剖析目前存在的问题，为未来绩效评价工作的深入开展提供经验借鉴。

第一节　绩效评价结果应用总体情况

　　财政支出绩效管理是指根据设定的绩效目标运用科学的评价方法对财政支出的经济性、效率性和效益性进行客观公正评价而开展的一系列管理活动，它强调资源配置与运用效率，其目标是利用可支配的有限资源增进社会福利①。而财政支出绩效评价及其应用是在绩效管理闭环中的关键环节，起着承前启后的作用。《财政支出绩效评价管理暂行办法》总则第二条规定：财政支出绩效评价是指财政部门和预算部门（单位）根据设定的绩效目标，运用科学、合理的绩效评价指标、评价标准和评价方法，对财政支出的经济性、效率性和效益性进行客观、公正的评价。

　　我国开展财政支出绩效管理活动较晚，最初是在党的十六届三中全会通过的《中共中央关于完善社会主义市场经济体制若干问题的决定》中提出"建立预算绩效评价体系"的主张。随着财政支出绩效管理提上议事日程，我国在借鉴国外

---

① 胡伟. 我国财政支出绩效管理法律规制：体系、模式与功能［J］. 经济与管理评论，2017（2）.

成功经验的基础之上，逐步构建具有中国特色的财政支出绩效管理法律规制体系，形成了以"过程＋结果"为导向的规制模式，对维护财政支出绩效管理的秩序、保障财政支出绩效管理的公平，以及提高财政支出绩效管理的效率发挥着重要的作用。

我国财政支出绩效评价工作的法制化发展由 2005 年中央部门预算支出牵头试点实施《中央部门预算支出绩效考评管理办法（试行）》开始。2009 年财政部颁发《财政支出绩效评价管理暂行办法》，全国范围内的绩效评价正式兴起。2011 年，财政部重新规范了《财政支出绩效评价管理暂行办法》，至此我国财政支出绩效评价工作开展越发如火如荼。当前国内的绩效评价主要分为项目绩效评价和部门绩效评价，其中以项目绩效评价占主体地位，但也不乏由点及线地拓展到部门绩效评价的实践中。在世界银行的支持下，财政部预算评审中心于 2015 年 12 月启动了世界银行"中国经济改革促进与能力加强"项目（TCC6）——"中国财政支出政策绩效评价框架体系研究"和"财政支出政策绩效评价操作指南"子项目的研究，为财政支出政策绩效评价提供"量尺"。

近几年来我国开始重视绩效评价结果的应用，一些地方政府还专门制定了财政支出绩效评价结果应用的管理办法，力争将绩效评价结果运用到整改反馈、行政问责、预算安排、资金赏罚等多个维度。而绩效评价作为绩效预算闭环中的重要一环，绩效评价结果并不完全是为预算编审做出借鉴和指导的，而是通过影响其他方面直接或间接地在绩效预算中发挥作用。

国内各省市在开展绩效评价方面的做法有不同地区特色，涉及目标设计、专家库建设、第三方评价机制、信息化建设、预算单位自评抽查等不同环节。本章第二节选取了国内九个省、直辖市发布的政策文件和实务案例，综合来看，可以将绩效评价的结果应用分为以下两类。

第一，针对项目的绩效评价结果应用。主要包括：（1）整改反馈与行政问责；（2）政策调整与预算安排；（3）评价信息的公开通报；（4）给予表彰与资金奖励。

第二，针对部门整体支出的绩效评价结果应用。主要体现在以下四点：（1）给予部门更多权力，最大限度地调动其积极性；（2）深层次的行政追责，将绩效评价的结果运用于公共部门人事改革；（3）奖惩分明，集中体现在对部门整体的预算调整中；（4）将绩效评价结果与本地社会经济长期规划相挂钩。

只有通过对部门预算绩效的评价，才能更加有效地看出预算资金和资源分配的合理性、合规性和有效性，才能更好地将绩效评价结果运用于预算编审。而从我国实践现状来看，对部门整体支出的绩效评价尚难开展，即便开展了评价，评价的结果也只是书面文字，难以切切实实反映到预算安排上，本章第三节也正是剖析了当前的不足和未来有待改进之处。

第二节　绩效评价结果应用的典型经验

一、国内各代表地区开展绩效评价及结果运用的情况①

（一）北京市——"五位一体"的绩效评价网格化管理体系

北京市财政局自 2006 年开始探索开展绩效评价以来，目标逐步从"增量扩面"向"提质增效"转变，观念逐步从"事后评价"向"事前评估"转化，重点逐步从"项目评价"向"综合性评价"转移，指标体系逐步从"业务、财务指标"向"决策、管理、绩效指标"转型，逐步实现预算部门全过程绩效管理。近年来，北京市财政局全面构建"纵向—横向—重点—内生动力—外部合力""五位一体"的绩效评价网格化管理体系。

北京市绩效评价网格化管理体系在"纵向"上构建"参与式预算评估"与"第三方绩效评价"相衔接的预算绩效评价体系。邀请人大代表、政协委员和绩效管理专家作为"纳税人代表"分别从预算监督、民主监督和专业角度提出预算资金使用建议，对项目的必要性、可行性、绩效目标、预算和资金风险进行评估，将"绩效"由事后评价引入事前申报环节，为预算决策提供科学参考依据。2013 年，又对评估内容进行了新的探索，从项目的相关性、预期绩效的可实现性、实施方案的有效性、预期绩效的可持续性和资金投入的可行性及风险五个方面评估，做到与事中绩效监控和事后绩效评价有效衔接，形成全过程预算绩效管理的闭环机制。在不断深化第三方绩效评价方面，委托社会中介机构参与绩效评价工作，采用抽样调查、现场勘察等方法，加强对反映"绩效"的资料的收集和核实，扩展对资金使用利益相关者的访谈和满意度调查，综合认定资金的评价得分及绩效等级。

北京市绩效评价网格化管理体系在"横向"上实现"财政组织评价"与"部门自行评价"相结合的预算绩效管理全覆盖。目前，北京市开展的绩效评价，按照评价主体分为财政绩效评价和部门自行组织绩效评价。同时，财政部门对部门自行评价工作质量进行监督，开展财政再评价。其中，财政绩效评价分为项目支出绩效评价、部门整体支出绩效评价和财政再评价，其中项目支出评价包括一

---

① 本部分各地资料一部分通过相关资料查找获取，另一部分通过调研访谈获取。

般项目评价和大额专项资金评价。部门自行组织绩效评价根据北京市财政局印发的《北京市市级预算部门自行组织绩效评价工作规范》明确权责与工作流程。财政部门的财政再评价包括对预算部门组织绩效评价质量的评价和对被评价项目的再次绩效评价，用以规范预算部门自评工作，提高预算部门组织绩效评价质量。

北京市绩效评价网格化管理体系在"重点"上突出"大额专项资金评价"与"部门整体支出评价"相呼应的绩效综合评价。一是实现大额专项资金评价的全覆盖。在工作实践中，明确了"整体建构，绩效优先"的工作思路，确定评价重点；建立高素质的专家队伍，为评价工作做好技术支撑；制定科学合理的评价指标体系；开展"点面结合"的评价调研工作；健全和完善沟通反馈机制。二是通过试点推进部门整体支出综合性评价。北京市财政局在评价对象上逐步由项目支出绩效评价拓展到涵盖项目支出和基本支出的部门支出综合性评价，形成了以部门决策、部门管理、部门绩效为主体的四级评价指标体系。

北京市绩效评价网格化管理体系的"内生动力"为"目标—分层次指标—评价—结果应用"四点联动的绩效评价管理模式，其中以审核绩效目标为前提，以实施绩效评价为手段，以强化结果应用为目的。北京市财政局依据部门预算支出方向和重点、部门职能及事业发展规划等，对申报的绩效目标进行形式性审核。符合相关要求的，可进入下一步预算编审流程；不符合相关要求的，财政部门要求其调整、修改。以建立分层次、分类别的评价指标体系为核心。从 2012年开始，评价指标体系将原来的财务指标和业务指标，变更为决策、管理和绩效三个一级指标，并对权重进行了调整，使绩效在整体指标体系中所占的比重超过50%。财政局每年向北京市人大和市政府专题报告全年绩效评价情况，将绩效评价结果在全市预算部门范围内公开。同时下达整改通知，要求被评价单位按照报告要求认真进行限期整改落实，并将整改情况作为监督的重要内容。对于绩效评价级别为"一般"及以下的项目单位，在市政府绩效考核中扣分，并适当核减下年预算。以 2016 年为例，北京市财政局要求将 2016 年度开展的绩效评估结果作为安排 2017 年度部门预算的重要依据。预算部门将被评价项目得分为"60（含）~75 分"的部门下年度项目预算控制数扣减 5%；得分为"60 分（不含）以下"的部门下年度项目预算控制数扣减 10%[①]。

北京市绩效评价网格化管理体系的"外部合力"为建立"人大代表、政协委员"与"评价管理专家"双管齐下的预算绩效监督机制。一是建立人大代表、政协委员参与机制。在评价过程中，人大代表和政协委员参与项目资料查阅、现场调研和专题质询，在评估报告中，人大代表和政协委员的意见单独列示，以区

---

① 来源于《北京市财政局关于编制 2017 年市级部门预算的通知》。

别于其他参与事前评估的专家意见。二是建立绩效评价管理专家"全过程"参与机制。专家意见的深度和客观性直接影响着绩效评价和评估结论的科学合理程度。要求每名绩效评价管理专家前期介入，全程参与，接触第一手信息，并参与到制定工作方案、构建指标体系、现场调研、专家评价会和撰写绩效评价报告等五个关键环节。建立"北京市绩效管理专家库"，制定了《绩效管理专家全程参与绩效评价评估工作规范》，对专家库实施动态和分类分级管理①。

北京市财政局财政支出绩效评价工作的具体流程如图 3－1 所示②。

在《2017 年北京市级部门预算编报指南》中的绩效管理部分规定，关于财政支出绩效应用于预算编审包括以下几点要求：第一，财政部门、主管部门、预算单位要将绩效评价结果作为以后年度编制部门预算和安排资金的重要依据。第二，建立整改机制。财政部门要根据绩效评价中发现的问题，及时提出改进和加强部门预算支出管理的意见，督促部门整改。主管部门、预算单位要及时提出整改措施，并积极落实整改，提高绩效管理水平。第三，评价结果要逐步公布，以加强社会公众对财政资金使用效益的监督。第四，建立预算绩效问责机制，具体按照《北京市预算绩效管理问责办法》的有关规定执行。第五，绩效评价结果应当采取评分与评级相结合的形式，具体分值和等级可根据不同评价内容设定。第六，财政部门和预算部门应当及时整理、归纳、分析、反馈绩效评价结果，并将其作为改进预算管理和安排以后年度预算的重要依据。对绩效评价结果较好的，财政部门和预算部门可予以表扬、优先支持或继续支持。对绩效评价发现问题、达不到绩效目标或评价结果较差的，财政部门和预算部门可予以通报批评，并责令其限期整改。不进行整改或整改不到位的，应当根据具体情况调整项目或相应调减项目预算，直至取消该项财政支出。第七，预算部门应对绩效评价中发现的问题及时制定整改措施，并报财政部门备案。同时，应根据绩效评价结果，改进管理工作，完善管理办法，调整和优化本部门预算支出结构，合理配置资源。第八，建立绩效评价信息公开制度，将绩效评价结果在一定范围内公布。

（二）上海市——"信息化"支持全过程预算绩效管理

上海市预算绩效管理方法相对具有前瞻性，预算绩效管理信息化建设为推进真正意义上的全过程预算绩效管理打下了基础。上海市财政预算绩效管理信息系统借助现有财政预算管理信息化平台，经过 2012 年"绩效评价管理信息系统"、

---

① 《中国财经报》2014 年 2 月 25 日第 5 版
② 来源于 2017 年北京市市级部门预算编报指南。

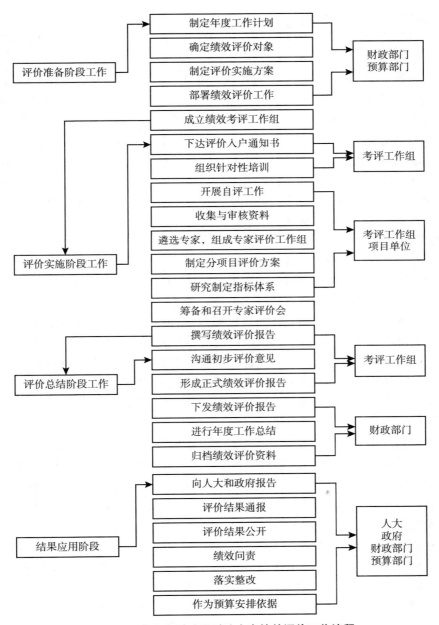

图 3-1 北京市财政局财政支出绩效评价工作流程

2013 年"绩效管理数据采集分析和绩效目标管理智能化系统"、2014 年"财政资金项目绩效运行信息支持系统（在建）"三期开发，基本实现了财政预算绩效管理的信息化①。

　　在绩效评价方面，2013 年，市财政在重点完善"绩效跟踪""绩效评价"等功能模块的同时，进一步开发了"数据采集分析"模块，初步实现绩效目标编报的半智能化，再加上指标库、档案库管理等支撑模块已初步成型，全过程预算绩效管理信息化初步实现。在绩效评价方面，预算主管部门通过已实施的绩效目标评审、绩效跟踪和绩效评价情况，分析研究并逐步建立符合本部门、本行业特点的分类项目绩效评价指标体系，经财政部门确认后纳入预算绩效管理信息系统进行管理。系统在按照绩效评价工作程序进行管理的同时，还根据资金用途分类推荐设定权重，提供多种指标评分公式，避免自评过程中的主观判断，增强评价结果的科学性。财政部门委托第三方通过系统对部门自评项目进行抽查管理，同时对重要项目和重大专项支出开展绩效评价，提高了评价信息管理的有效性。在评价结果应用方面，系统提供对与结果应用相关的信息的汇总管理，并将所有环节的评价结果提供给财政及预算部门（单位）参考，为应用于下一年预算安排及完善项目管理打好基础，从而真正实现以绩效促管理、以管理提绩效的良性循环。另外，上海市财政局还将评价结果应用通过 OA 系统进行操作，完整反映评价项目存在的问题和整改情况，并以此将项目绩效评价结果通过上海财政网公开，接受社会各界的监督。与此同时，为提高绩效管理的质量，上海市财政局在信息化系统应用中还重视与系统相配套的绩效指标库、文献库、专家库和第三方机构库的建设②。

　　除"信息化"的应用较为完善外，上海市预算绩效管理还体现出"先评审、后预算"的绩效理念。《上海市预算绩效管理实施办法》明确了项目绩效目标评审要求，如预算主管部门应在部门预算"一上"前，依据项目绩效目标编报要求，对拟纳入财政预算的项目实施绩效目标评审，将经评审通过的项目纳入预算项目库管理。未纳入预算项目库的项目，财政部门原则上不安排该项目预算。根据上海市财政局公布的数据，2015 年，部门预算中编报项目绩效目标的资金比例达到60%③。2016 年，所有市级预算部门均按要求在编报项目预算时同步编报项目绩效目标，纳入 2017 年部门预算管理的项目有 85% 以上（104 家主管部门，5996 个项目，涉及财政资金 581.29 亿元）均按要求编报了绩效目标，其中重点

　　①② 刘国永. 预算绩效管理制度建设与信息化——对话上海市财政局绩效评价管理处处长张林［J］. 财政监督，2015（1）.
　　③ 上海市财政局. 上海市 2015 年开展预算绩效管理工作总体情况［OL］. 上海市财政局门户网，ht-tps：//www.czj.sh.gov.cn/zys_8908/zt/rmzt/ysjxgl/gzkzqk/201709/t20170914_175969.shtml.

支出项目编报绩效目标的比例达到100%①。

以浦东新区为例，根据《浦东新区预算绩效管理实施办法》第二十九条规定，绩效预算编制评审主要包括分类评审、日常评审和集中评审。

分类评审具体分为区重点项目、部门重点项目、部门一般项目三类。区重点项目主要包括履行部门核心职能的项目、贯彻区委区政府战略方针的项目、涉及民生社会关注度高的项目、落实市区两级政府重点工作的项目等。部门重点项目主要包括对本部门事业发展起到重要作用的项目、体现本部门主要职能的项目等。部门一般项目主要包括部门自身关注的项目、计划财务部门绩效跟踪的项目、履行本部门职能的其他项目等。区重点项目主要采用第三方评价机构评审方式，部门重点项目和部门一般项目主要采用专家评审方式和第三方评价机构评审方式。

日常评审是指针对纳入中期预算试点的项目，鼓励预算部门（单位）开展日常评审，扩大项目绩效预算编制覆盖面。日常评审分四阶段开展，第一阶段，预算单位根据新区中期财政规划和本单位事业发展计划，结合年度工作需要，提出日常评审项目申请，填报项目绩效预算编制报告并提交主管部门。第二阶段，主管部门对预算单位提交的项目绩效预算编制报告进行初审后，报送财政部门对口业务处室。第三阶段，财政部门业务处室根据主管部门报送的项目，会同预算处和财政专项资金评审中心商研后，签报局长室，确定评审项目分类以及开展评审的时间、方式等。第四阶段，根据确定的评审方式，由相应的评审组织者分类开展项目日常评审。对评审通过的项目，优先考虑纳入下一年预算。同时，根据评审结果，财政部门按照规定的文本格式和程序进行备案。

集中评审是指根据部门预算"二上二下"的工作流程，项目绩效预算编制集中评审分五阶段开展，具体内容如表3-1所示。

表3-1　　　　　　　上海市浦东新区项目绩效预算编制集中评审流程

时间	要点	具体内容
"一上"时	明确要求做好准备	预算部门（单位）在上报项目预算"一上"时，应同时报送"项目绩效目标编报表"以及拟开展项目绩效预算编制的项目情况
"一下"时	确定名单下达计划	根据预算部门（单位）上报的项目情况，财政部门审核后确定其他项目名单，并下达项目评审计划。同时，确定参与评审的第三方评价机构名单

① 上海市财政局.上海市2016年开展预算绩效管理工作总体情况［OL］.上海市财政局门户网，https：//www.czj.sh.gov.cn/zys_8908/zt/rmzt/ysjxgl/gzkzqk/201709/t20170914_175971.shtml.

续表

时间	要点	具体内容
"二上"前	填报报告完成自评	各预算单位根据财政部门要求,按照规定的文本格式和程序,对相关项目实施自评,并将项目绩效预算编制报告经主管部门审核后报送财政部门
"二下"时	选择方式分类评审	财政部门和主管部门根据项目实际情况,分别选择专家评审或第三方评价机构评审的方式开展评审
上海市人民代表大会召开前	结果应用资料备案	根据评审结果,财政部门的业务处室调整项目预算,并按照规定的文本格式和程序进行备案

资料来源:根据《浦东新区预算绩效管理实施办法》第二十九条规定整理。

在完善预算绩效管理制度和机制方面,上海市财政局要求各级财政部门要成立预算绩效管理工作领导小组,明确本部门各相关单位预算绩效管理工作职责,上一级财政部门要对本级预算主管部门和下一级财政部门实施预算绩效管理工作的情况进行考核。将考核结果在一定范围内予以通报,并纳入政府绩效考核范围,为有关部门实施行政问责提供依据。截至 2016 年 10 月 9 日,上海市财政局网站预算绩效管理专栏公布了共计 91 份财政项目支出绩效评价结果的信息公开表,经整理如表 3 - 2 所示,通过分析发现,上海市财政支出绩效评价较多是停留在反映情况、找出问题、完善管理制度方面,缺乏建立激励与约束机制、跟踪问效机制等,尚未真正与财政支出科学化、精细化管理有效衔接,把评价结果与部门预算联系起来。从公布的信息中并不能看出是否将评价结果作为安排以后年度预算的重要依据,是否优先考虑和重点支持评价结果好的项目,减少评价结果差的项目资金安排,取消无绩效或低绩效项目。此外,绩效评价结果反馈给预算单位后,预算单位虽然再反馈了整改措施,但对于整改措施的效果并没有进行评价,可能会存在问题没有得到实际有效解决的情况。

表 3 - 2 部分上海市财政项目支出绩效评价结果公开信息

序号	项目名称	主要问题	整改建议	整改措施
1	文教结合项目	部分项目的预算申报计划内容和实际实施项目的相符性欠缺,部分子项目中的计划工作内容未在预算申报中得到体现	进一步理顺和完善项目预算编制和项目实施内容编制间的衔接,完善项目管理	着重加强了对项目实施过程的监督与管理。一是建立文教结合项目年中集中督察制度。二是建立文教结合第三方跟踪评估检查制度

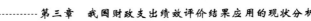

续表

序号	项目名称	主要问题	整改建议	整改措施
2	科研项目经费——社会科学研究	项目预算不够细化	编制详细且依据充分的项目预算	严格项目预算编制。加强项目前期立项及评审工作，对科研项目预算尽量做到细化，对于国家、市交办临时性研究任务及时进行预算调整
3	药品抽验费	药品抽验工作计划的制定滞后于预算编制，导致预算内容与计划内容不能完全匹配	加强年度工作计划与预算编制的契合度，促进预算申报准确性	2016年6月提前启动部门预算编制工作，延长局系统处室、直属单位2017年部门预算编制时间，扩大、加深财务处室参与预算编制的覆盖面和深度。同时要求业务处室严格依据工作计划制定经费预算，从源头上抓好预算质量，减少预算编制与实际执行"两张皮"现象，有效提高预算质量
4	上海市小学生"爱心暑托班"项目	预算编制不够精确，实际执行与预算偏差较大	提高预算编制准确性，在预算执行过程中发生变动情况要及时申请调整预算，同时要建立绩效跟踪机制，加强跟踪，做好指导和监督工作	2015年，团市委牵头与市财政局等单位进行沟通，按照市财政局的要求，每年对预算进行编制，并对各项费用提出了执行的参考标准，在项目的运营过程中我们还对预算进行了及时调整。自2016年起，团市委严格按照两级财政分级负责的要求，市区两级分别筹措办班经费。并由第三方审计机构、评价机构进行监督
5	上海市第一次地理国情普查和监测	预算编制不够细化，与财政资金实际支出对应性不强	按照现有规定完善预算编制，提高预算编制和财政资金使用的匹配性	2016年上海地理国情监测项目的预算得到市财政局批准后，上海市测绘院在项目实施前，进一步细化了财政资金的支出内容，做到与财政资金的实际支出相对应，在项目执行中将按照细化内容实施
6	社会保险经办业务费	预算编制不够准确，采购商品的利用率有待提高	加强存货管理，合理制定采购计划，提高预算编制的准确性	按照新的《事业单位会计制度》(2013)的有关要求，我们于2013年开始实行存货管理，并在2014年3月制定了《存货出入库操作试行办法》，以加强存货管理，明确管理责任，确保了存货资产核算的真实、准确，提高预算编制的准确性
7	示范性家政服务站建设	预算执行有待规范，项目执行中出现调整情况后未及时到财政部门办理预算调整手续	加强预算管理，预算调整需及时报财政部门审批，体现预算执行规范性	进一步完善项目绩效管理机制，将预算编制、预算调整、资金拨付、资产管理等环节的管理要求与项目绩效管理有机结合，同时加强预算管理，规范预算执行，并根据预算项目的变更，及时进行预算调整，并报财政部门审批同意后方可实施

续表

序号	项目名称	主要问题	整改建议	整改措施
8	上海市文教结合三年行动计划（2013~2015）	项目预算管理制度有待进一步细化和完善，部分项目配套资金预算安排情况不详细	建议项目主管部门在预算编制时，进一步完善项目预算细化情况，主要是在预算编制时，完善各子项目配套资金及来源情况	强化项目单位（尤其是教育和文化部门）之间的沟通合作。同时，结合前一年项目进展情况，淘汰一批文化和教育两方面结合度低的项目，建议将相关职能部门纳入本领域预算内
9	"两基两辅"建设经费	主管部门对"两基两辅"建设经费预算支出范围不够明确，项目申报、审核管理制度建设尚不完善	预算主管部门进一步明确"两基两辅"建设经费的预算支出范围，建立并完善项目申报、审核管理制度	通过一系列制度建设，加强经费预算的精细化管理，实现项目申报的流程化、规范化运行，强化学校对项目实施的审核管理力度
10	科普建设专项资金	预算编制评审有待进一步完善	进一步完善本项目预算编制评审的有关办法	规范项目立项申报及预算审核，规范和创新项目立项方式，加强项目预算管理
11	结核病检测诊断网络	预算编制不正确，项目申报指南指导性不强	提高申报指南的针对性，正确编制部门预算。主管预算单位应对项目申报指南进行修改，细化相关内容，突出不同项目的针对性，以提高项目单位预算编制的正确性	因上海市政府的批准文件于2011年11月正式发出，2011年的经费于2012年到账，因此项目实施周期缩短，影响了项目实施和经费执行进度。今后，在编制项目预算时，将严格按照项目实际要求及实施进度，及时调整编制当年预算
12	12345市民服务热线建设运行服务外包经费	部分建设运行经费论证流程不健全	规范服务费用的审计，完善费用标准的论证工作，将新增信息化建设内容纳入相关审批流程，提升项目资金管理水平	市热线办主动协调市经信委等职能部门，就政府外包服务项目立项、审核和经费管理等工作争取支持和指导。针对新增信息化项目论证流程不健全的问题，经市信访办主任办公会议讨论决定，今后新增项目必须报市财政局经市经信委审核后方可纳入当年预算项目组织实施
13	上海市食品药品检验所专用设备购置	项目绩效目标不够明确和量化。2011年专项没有按照项目绩效目标的编报要求，做到绩效目标清晰、量化和可衡量	在编制项目预算时，规范和明确相关绩效目标，对于可量化的，应具体量化	正在着手制定系统预算绩效管理工作制度；通过加强对基层单位的专业培训、强化绩效评价工作的联系机制、定期开展整改情况落实检查等措施，进一步加强预算绩效管理工作

续表

序号	项目名称	主要问题	整改建议	整改措施
14	免疫规划项目经费	项目预算编制数量预测依据不够准确；采购预测需求配送量与实际采购配送量偏差大于正常范围	建议按照国家有关规定，测算各种疫苗在本市的需求量，并进行询价，在此基础上，编制当年的预算，力求保证预算编制的科学性	对照制度、提高履约意识，加强对合同执行情况的监督，结合疫苗使用情况，完善合同内容，提高预算编制的准确性
15	海塘维修养护管理	部分预算编制依据的充分性有待提高	建议在编制预算时，按照项目的实际工作量，并在按一定标准测算的基础上，按实编制年度预算	要求项目单位根据《上海市海塘维修养护定额（试行）》编制项目计划的工程量，人工和材料价格做进一步测算后按照统一标准编制预算

资料来源：根据上海市财政局网站整理，http://www.czj.sh.gov.cn/zss/zt/ysjxgl_9716/pjjg_9721/。

（三）重庆市——"三个同步"与"二八原则"

1. 高位推动预算绩效管理工作。

一是推进将预算绩效管理纳入法治化轨道。2017年3月1日施行的《重庆市预算审查监督条例》，是在《预算法》基础上，进一步明确细化预算绩效管理要求。在预算和决算审查中，要对重点支出预算及绩效情况、重大投资项目预算及绩效情况进行说明。市、区县（自治县）财政部门要将年度绩效目标编制、执行及评价情况向同级人大报告。市、区县（自治县）人大财经委、人大常委会预算工委可以委托第三方对重点支出资金、重大投资项目资金、政府债务资金的使用绩效进行评估，并形成评估结果报告。

二是推进将预算绩效管理作为财政改革的重要内容。2017年财政报告要求，全面推行市级部门预算和区县财政管理综合评价，扩大绩效目标重点审核范围，推动重点项目过程跟踪和绩效评价，增强花钱责任意识和效率意识。

2. 坚持"三个拓展"，深入推进预算绩效管理改革。

一是拓展管理维度。通过建立区县综合评价制度，推动绩效管理从独立项目向综合评价转变，从市级部门向区县延伸，从专项资金向财政政策转变，初步实现绩效管理维度从微观向中观拓展。评价结果分区域排名，一方面用于通报和约谈各区域最后一名，另一方面与转移支付分配挂钩。与此同时，还将开展市级部门预算管理评价。通过对市级和区县综合评价的同时发力，与审计、监督检查共同构建长效机制，持续传递改革动力和管理压力，充分发挥财政改革的"倒逼"

作用。

二是拓展管理对象。通过绩效目标编审从部分项目向重点部门延伸，初步实现绩效管理对象由点及线的拓展。2017年部门预算编制，在部门年初预算项目绩效目标全覆盖的基础上，选取6个市级部门，开展绩效目标重点审核，通过"预审、初审、会审"三步工作流程，并广泛听取市人大、市人大代表和相关专家意见，累计反馈部门修改意见300余条，绩效目标编制质量得以较大提升，为绩效跟踪与评价打下基础。以部门为抓手，逐年扩大范围，探索实现绩效管理范围覆盖所有预算资金的路径①。

三是拓展管理环节。将绩效评价报告上报市政府、市人大，并通报部门和区县整改，从"有结果"向"用结果"转变，初步实现绩效管理从目标、评价到应用全过程、全环节的拓展。牵头完成财政专项扶贫资金、基本公共卫生服务补贴资金、少数民族发展资金、主城区文化室建设专项资金等4个重点评价项目，实地检查26个区县、近200个镇街、240余个项目点，侧重从产出和结果角度重构评价指标体系，结合财政转移支付改革、涉农资金整合等相关改革举措，形成了简洁明晰的评价报告，上报市领导，为决策提供参考；发文部门和区县，督促整改；反馈处室，为资金分配和政策调整提供依据。通过强化绩效结果应用，完善绩效管理环节，促进管理水平不断提高。

3. 创新工作方式提升预算绩效管理水平。

一是在工作时间上创新"三个同步"机制，着力提升预算绩效管理的及时性。为推进绩效与预算各管理环节的深度融合，将绩效嵌入预算管理全过程，提出了"目标与预算同步，追踪与执行同步，评价与决算同步"的"三个同步"原则。在具体工作时间安排上，6月至9月布置目标编审，9月至12月开展过程跟踪，次年1月至6月组织绩效评价。

二是运用"二八重要性"原则确定工作重点，实现"抓大放小、提高效率"。经过对市级170多个部门的7000多个项目进行梳理分析，发现20%的项目数量足以覆盖80%的项目资金，也能够体现部门的主要职能。由此，将"20%项目数量和80%项目资金"同时满足的"二八重要性"原则，作为选择重点项目的标准。在2017年部门预算编制中，对6个试点部门的45个重点项目开展了审核，占总项目数的36%，占总项目支出预算的81%②。

三是创新"公开监督"举措，初步建立涵盖人大监督、公众监督、舆论监督多方位、多渠道的公开监督机制。在三方机构独立开展项目绩效评价的基础上，

①② 重庆市财政预算绩效管理中心2016年度报告书 ［EB/OL］. http：//www.cq.gov.cn/subject/syd-wnb/2017/12/22/1544973.shtml.

引入市人大及人大代表、专家等参加绩效目标集中审核，参与审核工作的人员累计达 70 人次，其中人大代表 11 人次，推动人大代表进一步清楚预算编制过程，了解财政工作。同时，将 6 个项目绩效目标和 4 个项目绩效评价报告编入 2017 年人代会参阅材料，进一步向人代会公开预算绩效工作情况①。

（四）广东省——预算绩效管理"四三二一"建设

广东省财政厅根据新《预算法》等规定，围绕"深化预算绩效管理改革"这一个中心，扎实推进全过程预算绩效管理体系建设，重点实施预算绩效管理的"四三二"（四个环节、三大体系、两项要件）建设，预算绩效管理工作效果、影响力和公信力不断提升。

1. 把握四个环节，推动预算绩效全过程管理。

（1）目标先行，全面推行预算绩效目标管理。广东省财政厅制订印发了《广东省省级部门预算项目支出绩效目标管理规程》，明确将所有纳入省级项目库管理的事业发展性支出和部门整体支出列入绩效目标申报范围。绩效目标作为编制部门预算的前置条件，未通过审核的项目不能通过预算，并将核准的绩效目标作为开展绩效监控、绩效评价的依据。通过全面推行绩效目标管理，将绩效理念和手段延伸到预算管理源头。

（2）过程监督，积极推动预算绩效目标运行监控。一是积极拓展绩效目标监控工作覆盖面，广东省目前已将绩效目标监控实施范围覆盖到全体省直单位，并建立了根据绩效目标进行项目实施阶段性反馈的工作方法，积极推动各单位开展绩效目标运行监控工作。二是对绩效监控工作流程进行完善，简化填报流程，精简填报内容。三是根据各单位反馈的绩效目标运行监控材料，分析项目的实施情况，针对在实施过程中偏离绩效目标的项目进行修正，及时督促整改。

（3）改革创新，不断拓展绩效评价覆盖面。一是积极开展绩效自评。2017 年，计划将所有省级财政专项资金和部门整体支出增列入 2017 年度及以后年度的绩效自评范围；同时，各部门要将自评报告按政府信息公开有关规定在财政专项资金管理平台和门户网站上公开。二是认真做好重点评价。2016 年广东省财政厅组织开展了对一般性转移支付、创新驱动资金、住房保障资金、中小河流整治资金、农村饮水安全资金、新增地方政府债务资金、到期专项资金等 22 类资金的绩效评价工作，涉及资金约 6000 亿元。三是推进评价机制创新。除对有关项目资金的评价外，广东省绩效评价的范围也逐步实现向"部门整体支出、专项

---

① 重庆市财政预算绩效管理中心 2016 年度报告书［EB/OL］. http：//www.cq.gov.cn/subject/sydwnb/2017/12/22/1544973.shtml.

资金、财政政策和财政管理"的横向覆盖。近年来对基本公共服务均等化、省直部门厉行节约执行情况、"十件民生实事"、一般性转移支付、省级税收分成返还优惠政策，以及资源枯竭型城市转移支付、边境地区转移支付、扶贫资金等进行了绩效评价，对各项财政政策的执行情况及绩效表现进行综合考评，并将评价结果作为下一年度相关财政资金分配的参考依据。2016年还在部分省级部门中进行部门整体支出绩效评价试点，综合考核省直部门资金使用情况及履职情况。

（4）提高效益，逐步推进预算绩效评价结果应用。一是将评价结果作为下一年度预算安排的重要依据，评价结果较差的项目不再安排预算。二是建立报告反馈和报送制度。对省委、省政府部署的重点项目及社会关注度高、涉及民生保障类项目的绩效评价结果专题呈报省政府，为实施经济社会发展重大决策提供绩效参考。同时，将评价结果反馈主管部门，落实部门的绩效管理责任，增强绩效意识；并同时反馈人大、审计等有关部门，加大外部监督力度，从源头上防止腐败发生。三是将评价报告在省财政厅门户网站上向社会公开，并探索部门单位绩效自评报告公开，建立绩效责任约束。四是逐步建立和完善绩效评价问责制度，按照"谁主管，谁负责"的原则，针对绩效评价结果反映的问题，对相关责任单位和责任人进行问责，并督促整改。

2. 构建三大体系，提高预算绩效管理规范化水平。

（1）强化制度管理，构建规范的预算绩效管理制度体系。一是针对预算绩效管理的原则、范围、方法、机制，制定综合性制度，如《广东省省级部门预算项目支出绩效目标管理规程》，目前正在研究制订的《广东省预算绩效管理办法》。二是针对各类财政资金不同特点和绩效管理要求制定专项办法，如《省级财政到期资金使用绩效评价暂行办法》《广东省财政一般性转移支付资金使用绩效评价暂行办法》等。三是针对绩效管理不同层面的业务程序、工作规程、协调机制等，制定一系列业务规范，如《省级部门预算项目支出绩效目标管理内部工作规范》和2016年制订的《预算绩效管理委托第三方实施工作规程（试行）》等。争取逐步形成层级配套、功能协调、覆盖到位的绩效管理制度体系。

（2）加强引导培育，构建科学的第三方管理体系。按照"科学谋划、建立机制，客观公正、独立规范，整体委托、注重质量"的工作思路，积极规范和培育第三方市场。一是在工作方式上，实行第三方专家全程参与机制。除组织专门的第三方评价工作外，在绩效目标审核、绩效自评、重点评价等重点工作中，充分借助第三方机构的力量。二是在工作程序上，严格按照《预算绩效管理委托第三方实施工作规程（试行）》等规定，规范引入第三方工作程序以及第三方实施独立评价工作程序。三是在质量控制和监督考核上，建立第三方评价的监督和考核机制，对第三方评价工作的组织实施情况、质量和工作纪律执行情况进行考

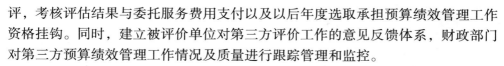

评，考核评估结果与委托服务费用支付以及以后年度选取承担预算绩效管理工作资格挂钩。同时，建立被评价单位对第三方评价工作的意见反馈体系，财政部门对第三方预算绩效管理工作情况及质量进行跟踪管理和监控。

（3）优化指标控制，构建完备的绩效评价指标体系。一方面，在现行"经济性、效率性、效果性和公平性统筹结合"的通用指标体系的基础上，结合各年度重点评价项目的不同特点和个性要求，在三级共性指标下分别设置具体、可量化的个性指标，体现差异性，确保评价的正确导向和评价结果的质量。另一方面，注意指标信息的积累。目前，广东省财政厅正向省直有关部门和市县财政部门统一收集绩效评价指标，并与有关市县财政部门合作，对评价指标体系作进一步补充完善，拟抓紧建立一套覆盖范围广、适用性强的指标体系。

3. 完善两项要件，夯实预算绩效管理工作基础。

（1）完善预算绩效信息化管理。在"金财工程"的总体框架下，广东省财政厅创建涵盖专家评审、部门预算、财政专项资金、财政综合支出绩效管理，以及评价指标和标准库、项目库、专家库、资料档案库在内的财政绩效管理信息系统，着力加强对信息数据的整理维护及分析利用，充分应用信息系统支撑绩效管理各项业务，并根据实际需求不断完善系统功能，真正实现预算绩效工作的信息化管理。

（2）建立专业的绩效管理机构和队伍。近年来，广东省预算绩效管理机构和队伍不断健全，一是各省级部门均在内部固定了相关职能处室、单位并指定专人负责绩效管理的相关工作。二是市县财政系统整体推进。截至2016年底，全省21个地级以上市、61个市辖区、21个县级市、34个县和3个自治县的财政部门均已开展预算绩效管理工作。三是专家队伍和第三方机构蓬勃发展。广东省建立了涵盖教科文卫、农林牧渔、信息化、食品药品管理等多个方面的绩效评价专家库，入库专家约1287人；通过公开招标建立了省级第三方机构库，目前共有86家第三方机构入库，为预算绩效管理工作提供服务①。

（五）浙江省——"红、黄、绿"灯的自评抽查机制

面对经济增长放缓、财政收支呈现紧张平衡的新常态，浙江省委省政府以绩效为抓手，高度重视预算绩效管理工作，提出了"划清边界、厘清事权、做好蛋糕、集中财力办大事"的理财新思路，要求健全"绩效评价结果与预算安排的有机结合机制"，最大化地用好有限财力，积极推动预算绩效全过程管理机制落到

---

① 广东省财政加强创新完善管理　推动预算绩效管理工作再上新台阶［EB/OL］. 央视网, http://news. cctv. com/2017/05/02/ARTINhgzItysocNfbU9EovtI170502. shtml.

实处，努力提升财政管理水平。

1. 建立新常态下绩效管理新机制。

一是完善预算绩效管理各项制度。2012年浙江省省政府出台了《关于全面推进预算绩效管理的意见》，2013年，省财政厅制定了《浙江省省级预算绩效目标管理暂行办法》，细化了省级部门的预算绩效目标的编制、审核、应用等要求。自新《预算法》实施以来，根据省政府"四张清单一张网"的建设要求，创新专项资金绩效预算管理模式，在专项资金管理办法中设定绩效管理要求，构建专项资金定期评价和退出机制。

二是建立预算绩效管理考核机制。建立省级部门财政管理绩效综合评价机制，从预算编制、预算执行、预算绩效等方面对部门财政管理绩效进行综合评价，并将评价结果纳入省政府对直属部门的工作目标责任制考核内容中。建立市县预算绩效管理考核机制，有效推动市县绩效管理工作的开展。

三是健全绩效评价的第三方机制。深化社会中介和大专院校、研究机构等第三方参与绩效评价机制，采用公开招标等方式强化与第三方的合作，完善绩效评价项目内部管理办法，规范第三方绩效评价行为，进一步提升第三方绩效评价的独立性和公允度。

四是建立绩效人才培养机制。建立浙江省财政绩效人才库，并实施考核机制，动态更新。多次开展专题研讨班，促进全省绩效队伍的专业能力提升。

2. 谋求新常态下绩效管理新高度。

一是广覆盖。从2010年开始推行绩效目标管理以来，立足源头管控，强化预算绩效前置作用，逐步实现项目绩效目标管理"全覆盖"。2017年在省本级预算编制中，涉及127个一级预算单位、553个二级预算单位中的780个一级项目和4040个二级项目，全部纳入绩效目标管理。积极推进绩效目标管理纵向覆盖，全部市县都按规定将绩效目标纳入常态化管理①。

二是重融合。将绩效目标作为细化预算编制的重要手段，强化预算绩效目标审核，推动绩效管理与预算管理工作高度融合。对于未设置绩效目标或设置不规范、不合理的预算项目，不得纳入项目库管理，不得进入下一预算环节，使预算绩效由"软约束"变为"硬要求"。（2016年省本级重点对394个项目实施绩效监审，涉及财政资金60.97亿元，净核减财政资金8.08亿元②。）

三是全过程。明确"预算编制有目标，预算执行有监控，预算完成有评价，评价结果有应用"的总体要求，建立和完善覆盖预算管理事前、事中、事后全过程的预算绩效管理机制，提高财政资金安排和执行的科学性、规范性、

---

①② 根据财政部调研资料整理。

合理性。在规范绩效目标管理的基础上，推动省级部门绩效监控管理，2014~2016年共选择45个部门的57个项目实施绩效监控试点。2016年实现绩效自评覆盖所有部门，自2017年起，将绩效自评纳入预算编制系统，明确要求省级部门在年度预算终了后均要对项目支出实施绩效自评；财政部门抽取一定比例的自评项目进行检查，并按抽查结果建立红、黄、绿灯机制，对绩效差的项目予以红灯警示。

3. 推动新常态下结果应用的实效。

一是将绩效评价结果作为政策调整和预算安排的依据。将专项资金评价结果作为资金分配和政策制定的重要依据；每年将重点绩效评价结果专报省政府，部分报告直接作为专项政策调整的依据。如浙江省将2018年度省级部门绩效自评及抽评结果作为2019年度预算编制的重要参考依据，对绩效抽评结果为"一般"的部门（单位）及项目，预算审核从严、资金安排从紧；对绩效抽评结果为"差"的项目，原则上削减或取消资金安排①。

二是强化问题通报、公开和整改落实机制。每年将部门绩效自评的相关情况在一定范围内通报，对在绩效自评及抽查中发现的问题进行反馈，提出整改意见，督促、指导部门及时纠正，切实提升预算管理水平。鼓励并推动绩效自评和部门绩效评价结果内部公示和对外公开。对于涉及全省性的财政评价项目，将评价结果在全省各级财政部门和有关省级部门范围内通报。探索与第三方机构的绩效评价合作机制，更加注重对政策受益者等群体的调研，增强绩效评价的客观性和公正性。2014年公开印发《公共支出政策绩效研究白皮书》，主动接受社会监督，社会反响较好。

三是预算绩效公开促使预算绩效落实。浙江省财政厅印发了《浙江省预决算公开操作规程实施细则》，明确要求各部门各单位应当结合工作进展推进预算绩效信息公开，逐步在部门预算中公开部门和单位重点项目预算的绩效目标，在部门决算中公开主要民生项目和重点支出项目的绩效评价结果。

（六）海南省——建立"绩效运行跟踪监控机制"

海南省预算绩效评价工作于2009年6月正式启动，同年11月，海南省财政厅制定《海南省财政支出绩效评价实施意见》（下称《实施意见》），要求建立健全财政支出绩效评价工作制度体系。2014年，纳入绩效目标管理范围的有120个预算单位，共计413个发展建设类项目，涉及金额162.72亿元，较上年增长超

---

① 浙江省财政厅关于2018年省级部门项目支出绩效自评及抽评情况的通报［EB/OL］.http：//www.zjczt.gov.cn/art/2018/11/20/art_1164164_25410084.html.

出 70%①。从 2015 年起，各市县财政部门要将绩效目标管理纳入预算编制项目申报过程，选择一定资金规模的项目实施绩效目标管理，范围应覆盖本地区全部预算部门②。

1. 建立项目评价具体指标库。

为了更好地指导市县等下级单位开展评价工作，海南省财政厅在《实施意见》里建立了项目评价具体指标一览表，表中包括了项目绩效评价的共性指标和个性指标如表 3 - 3 所示。同时，为推动财政支出绩效评价工作的开展，提高绩效评价的质量和专业化程度，建立了绩效专家库、开展了多种培训以及中介机构评比。

表 3 - 3　　　　　　　　　　项目评价具体指标一览表

基本指标		具体指标	分值	评价标准	实际得分
共性指标	项目管理	目标的明确度			
		目标修正率			
		完成的可能性			
		支撑条件保障			
		项目文档完整性			
		资金到位率			
		资金使用率			
		支出的相符性			
		固定资产管理情况			
		验收的有效性			
	目标完成程度	目标完成率			
		目标完成质量			
		完成的及时性			
个性指标	经济效益				
	社会效益				
	生态环境效益				
	可持续性影响				

①　海南省财政厅. 海南省财政厅关于开展 2014 年项目执行绩效分析通知 ［OL］. 2015.
②　海南省财政厅. 海南省财政厅关于开展 2015 年项目执行绩效分析通知 ［OL］. 2016.

2. 注重立项评审。

海南省注重立项评审，从源头把控财政资金的有效性，监督绩效评价的全过程。海南省财政厅"预算绩效"专栏公布的示例项目如表3-4所示，要求项目在开展前认真回答这些问题，从源头上厘清各部门之间的职责，编制部门活动。

表3-4　　　　　　　中医中药海南行项目立项评级表

中医中药海南行项目立项评级表

评级内容	关键评级问题	评级标准	说明及依据	得分
项目定位（35分）	（1）项目是否具有较强的相关性（15分）	项目是否符合省委、省政府的发展规划、优先发展重点或部门的职能分工（5分）	符合。依据《国家中医药管理局关于做好2009年中医中药中国行活动有关工作通知》核定	
		项目是否聚焦某一具体的问题（5分）	是。项目聚焦于提高群众对中医的认知度	
		项目的产出是否能满足需求（5分）	可以。依据是：中医中药中国行活动于2007年起在全国大多数省份陆续开展，受到群众的热烈欢迎，取得良好的社会反响	
	（2）项目是否避免了影响项目效果或效率的重大缺陷（7分）	是否存在技术上的瓶颈（4分）	不存在。详见项目活动	
		是否有更好地实现项目目标的方法（3分）	没有。该项目所列活动为国家中医药管理局指定	
	（3）项目是否避免了与其他项目的重复（7分）	项目是否与已实施的项目重复（3分）	不重复。该项目第一次在海南开展。依据是《国家中医药管理局关于做好2009年中医中药中国行活动有关工作的通知》	
		项目是否与本部门或其他部门待实施的项目重复（2分）	不重复。本部门第一次实施此类项目，其他部门不会实施此类项目	
		项目是否与私人部门或非营利组织的项目重复（2分）	不重复。该项目为宣传中医中药的公益性项目，应有政府组织实施	
	（4）项目支出能否有效用于项目目标和项目受益人（6分）	是否避免了在无关活动上的支出（3分）	是。详见项目活动支出明细表	
		项目受益人是否明确（3分）	明确。受益人是接受诊治的群众，同时对中医药行业的发展也有益处	

续表

中医中药海南行项目立项评级表

评级内容	关键评级问题	评级标准	说明及依据	得分
项目计划 （40分）	（5）项目的前期准备是否充分（10分）	项目是否有充分的前期调研和论证（5分）	充分。国家相关文件已经规定了项目活动，有相关文件证明	
		项目实施所需的物质、技术、制度条件是否具备（5分）	完全具备。与项目实施相关的专家、宣传资料和手册等均具备	
	（6）项目是否有明确的实施计划（13分）	项目的实施主体是否明确（4分）	明确。实施主体为卫生和中医药管理部门	
		项目的实施时间是否明确（4分）	明确。实施时间为2009年1～12月	
		各级管理者在项目成本控制、进度、结果上的责任是否明确（5分）	明确。成立活动组委会，由卫生厅领导任主任，开展活动的市县卫生局、医疗单位、省中医类各学会为成员单位，负责组织实施各项工作；专项经费严格管理，专款专用，资金使用责任明确	
	（7）项目的绩效指标体系是否完整（12分）	是否有充分反映项目目标的绩效指标（4分）	有。详见绩效指标表	
		绩效目标是否具体、量化（5分）	具体、量化。详见绩效指标表	
		项目的绩效目标是否具有挑战性（3分）	具有挑战性。将群众满意度和认知度提高××个百分点，为××个群众实行义诊（需要历史数据或全国数据支撑）	
	（8）项目预算申请是否全面、规范（5分）	项目预算是否有漏项（2分）	无。提出的预算申请数额确保能完成预算，无需追加	
		项目预算的测算是否有规范的支出标准依据（3分）	大部分有。详见支出明细表	

续表

中医中药海南行项目立项评级表

评级内容	关键评级问题	评级标准	说明及依据	得分
项目管理 （10分）	（9）部门项目管理水平是否得到一定程度的提高（4分）	前三年部门财政支出执行情况是否持续改进（2分）	有所改进。（列出具体数据）	
		同类项目支出进度同比是否加快（2分）	有所加快。（列出类似项目和具体数据）	
	（10）部门是否运用项目绩效信息加强项目管理（6分）	是否按要求选择一个2009年度项目进行了绩效自评（2分）	是。（列出具体数据和文件）	
		是否对其他项目实施了绩效评价（2分）	否	
		是否运用评价结果改进了项目管理（2分）	是。（列出具体事例）	
项目结果 （15分）	（11）项目预期结果能否实现（15分）	能否按时完成项目（7分）	确保完成	
		能否实现承诺的绩效目标（8分）	确保实现	
项目总得分				
项目等级				

资料来源：海南省财政厅预算绩效专栏。

3. 建立绩效运行跟踪监控机制。

（1）项目自查。在预算执行过程中建立绩效运行跟踪监控机制是预算绩效全过程管理不可或缺的一个重要环节，海南省在绩效管理实践中采取由项目管理人员根据《项目绩效目标跟踪分析表》确定的16个绩效分析要点，围绕"是否存在绩效问题"展开自查，逐项分析填列，于每个季度结束后二十日内由主管部门汇总并通过项目库绩效管理模块上报。但为了更好地开展工作，采取部分项目进行重点检查工作，根据2015年的通知规定："在2015年预算安排的项目中，至少选择15个部门30个项目开展绩效运行监控工作。"

（2）财政检查。在每季度结束后，省财政厅围绕项目绩效的关键点，对纳入跟踪监控项目绩效目标的实现情况以及为实现目标采取的工作程序、方式方法等进行检查分析，对未按时报送《项目绩效目标跟踪分析表》或者存在绩效问题的项目，组织进行重点检查，提出整改落实意见，纠正项目绩效偏差。

（3）情况通报。省财政厅把各部门及各项目单位的分析工作情况汇总呈报省政府进行通报。

4. 评价结果应用。

根据《实施意见》，海南省财政厅将预算绩效评价结果主要应用在以下几个方面：（1）项目单位逾期不报纳入自评范围的项目绩效自评报告，视同该项目没有达到预期绩效目标，财政部门应从项目库中剔除该项目。（2）项目单位、主管部门应将项目评价结果作为编报年度部门预算的依据，并根据项目评价结果进行认真分析，对于管理中存在的问题，提出改进措施，不断提高管理水平。（3）对于跨年度项目，财政部门依据项目评价结果提出后续资金安排或拨付的意见；在项目单位报送自评报告之前，财政部门可暂不拨付资金。（4）财政部门应将项目评价结果作为核定部门预算的依据。对于绩效优良的项目单位，在安排预算时给予优先考虑；对于无正当理由却没有达到预期绩效目标或绩效差劣的项目单位，在安排预算时应从紧考虑或不予安排同类项目。

（七）山东省——"领导重视"保障绩效管理的推进

山东省各级财政部门认真贯彻落实财政部、山东省委省政府关于加快建立现代财政制度的部署要求，不断深化预算绩效管理改革，健全预算绩效管理机制，16个市均成立了预算绩效管理机构，明确管理职能，全省预算绩效管理改革由点及面，全面推进，促使财政管理水平全面提升。

1. 领导重视是推进绩效管理的重要基础和保障。

山东省领导在听取财政工作汇报时明确要求：财政支出要讲究效果，要引入第三方进行评价，对使用效果不好的、绩效评价分低的专项资金要减少。并多次在全省财税工作会议上明确提出：绩效管理与公开透明一样，是现代财政制度发展的重要方向之一。财政绩效、预算绩效的管理，是一个非常复杂的问题，要大胆探索，科学实践。2017年山东省还将《关于2016年预算绩效第三方独立评价有关情况的报告》批转各省领导和省发改委、经信委等部门参阅。省财政厅党组将预算绩效管理工作作为深化财税改革重点推进的十项工作之一，建立台账，定期督办，有力推动了此项工作的开展。

2. 绩效目标实现"三本预算"全覆盖。

山东省财政厅把实现绩效目标全覆盖作为工作重点之一，补短板、扩范围、提质量。"补短板"就是补上专项转移支付绩效目标管理这块短板。"扩范围"就是不断扩大绩效目标编报范围。在2016年预算编制中，将所有经费拨款安排的投资发展类项目，以及政府性基金等财政拨款安排的1000万元及以上的投资发展类项目全部纳入绩效目标管理，涉及78个预算部门，金额达752亿元，比

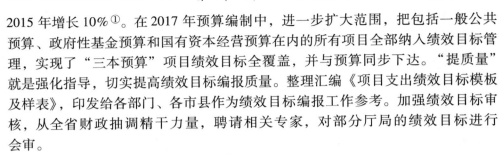

2015 年增长 10%[①]。在 2017 年预算编制中，进一步扩大范围，把包括一般公共预算、政府性基金预算和国有资本经营预算在内的所有项目全部纳入绩效目标管理，实现了"三本预算"项目绩效目标全覆盖，并与预算同步下达。"提质量"就是强化指导，切实提高绩效目标编报质量。整理汇编《项目支出绩效目标模板及样表》，印发给各部门、各市县作为绩效目标编报工作参考。加强绩效目标审核，从全省财政抽调精干力量，聘请相关专家，对部分厅局的绩效目标进行会审。

3. 绩效评价机制进一步健全完善。

建立健全了"三大绩效评价体系"：重点项目支出绩效评价、各市财政管理绩效综合评价和厅内各处室预算管理绩效综合评价。一是重点支出项目评价规模不断扩大。在强化财政重点评价的同时，进一步落实主管部门绩效评价主体责任，形成了资金使用单位自评、主管部门重点评价与财政部门重点评价相互补充、各有侧重的项目支出绩效评价工作机制。（2016 年，省级共评价 107 个重点项目，资金规模达 377.22 亿元。其中财政重点评价项目 61 个，资金规模达 228.12 亿元；主管部门评价项目 46 个，资金规模达 149.1 亿元[②]。）二是组织开展各市财政管理绩效综合评价。自 2014 年起对全省 16 个市（不含青岛市）开展了财政管理绩效综合评价。三是组织开展厅内处室预算管理绩效评价。对厅内相关业务处室的预算管理绩效进行考评和通报，促进提高财政管理的规范化、科学化。

全省各市都以项目支出绩效评价为突破口，逐年扩大绩效评价规模，并探索各种绩效评价模式，日照、潍坊等市开展了部门整体支出绩效评价，济南将教育资金的拨款进度、盘活存量、结转结余和"零存量"等设定为项目绩效目标，委托第三方中介机构进行跟踪评估，实施全过程绩效动态监督管理。

4. 全力推进第三方独立评价。

近年来，山东省财政全力推进第三方独立评价工作，财政重点评价项目按不少于 2/3 的比例委托第三方机构开展绩效评价。山东省财政 2016 年委托第三方机构独立评价项目 52 个，比 2015 年增加 31 个；资金规模达 155.55 亿元，比 2015 年增长 82.59%[③]。同时，完善第三方机构评价管理规程，提高第三方独立评价质量。与山东财经大学共同搭建了"山东省预算绩效研究与评价中心"，作为第三方机构服务的工作平台，聘请专家学者组成专业团队，参与绩效评价全过

① 根据赴财政部调研资料整理。
② 山东省财政厅. 山东省财政厅深化预算绩效管理改革，全面提升财政管理水平［OL］. 山东省财政厅网，http：//CIt. shanclong. gov. cn/art/2017/2/28/art_10604_4252904. html.
③ 山东省财政厅. 关于 2016 年省财政重点支出项目第三方绩效评价情况的报告［OL］. 山东省财政厅网，http：//CIt. shandong. gov. cn/art/2016/12/28/art_10604_4252903. html.

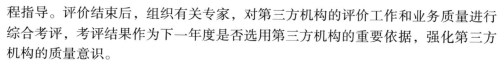

程指导。评价结束后，组织有关专家，对第三方机构的评价工作和业务质量进行综合考评，考评结果作为下一年度是否选用第三方机构的重要依据，强化第三方机构的质量意识。

5. 强化评价结果应用。

根据财政重点项目评价情况，进一步完善以信息公开、结果通报与预算挂钩、完善管理为主要内容的结果应用机制。一是推进绩效评价信息公开。将省级财政重点项目第三方独立评价工作的总体情况，以公告形式对社会公开，并选择部分重点项目公开评价结果。二是将评价情况以专报形式上报省政府。对财政第三方独立评价情况进行分析梳理，突出存在的问题，以专报形式上报省政府，得到省领导的高度重视和关注。三是强化问题通报和整改落实。会同业务主管部门，对重点项目绩效评价情况进行通报，提出整改建议，并督促指导项目单位及时纠正存在的问题。四是将评价结果与预算挂钩。结合 2017 年预算编制，对评价得分较低且问题比较突出的市县，适当压减竞争性申报项目预算，对绩效较好的适当提高；对长期未实施，且已不符合实施条件的项目，取消立项，收回财政资金；对采取因素法分配的资金，将评价结果作为资金分配的重要因素。滨州市2016 年依据绩效评价结果核减项目预算资金 2400 万元，向社会公开了 100 万元以上所有非涉密项目资金绩效目标信息和所有市级绩效评价项目的绩效评价报告①。

6. 积极推进分部门评价指标体系建设。

2016 年，山东省财政厅与省水利厅、省卫生计生委密切合作，开展了"分部门项目支出绩效评价指标体系建设"试点，研究并制定了《山东省水利部门项目支出绩效评价指标体系框架》和《山东省卫生计生部门项目支出绩效评价指标体系框架》，其中水利部门共涉及 25 大类 195 个指标，卫生计生部门共涉及 24大类 207 个指标，对提高部门绩效管理工作质量和效率，扩大部门绩效评价体系覆盖面发挥重要推动作用。

（八）湖北省——健全对绩效优良部门的表彰/资金激励机制

1. 进一步完善预算绩效管理制度体系。

为建立多层次、多渠道的绩效评价结果应用机制提供坚实的制度依据，印发《湖北省省级财政支出绩效评价结果应用暂行办法》，规定了省财政厅和省直部门各自绩效评价结果应用的职责，明确了结果应用的主要方式和工作要求。

---

① 滨州市审计局. 关于滨州市 2016 年度市级预算执行和其他财政收支的审计工作报告［OL］. 中国滨州政府网，http：//www. binzhou. gov. cn/zwgk/news/detail？tcode = nb59ca33a18952332a918d8b523efd617＆code =｛73318459 － 7ba8 － 4fe8 － 9c73 － d962f4543b6d｝.

此外，修订《湖北省省直预算单位预算绩效管理考核办法》《湖北省财政部门预算绩效管理工作考核办法》，调整考核方向和重点，不断探索预算绩效管理工作方式。

2. 全面加强绩效目标管理。

不断扩大绩效目标编审范围。在省级项目支出绩效目标编制全覆盖的基础上，首次要求所有省直部门报送整体支出绩效目标，并组织专家对整体支出绩效目标进行了集中审核，实现省直部门整体支出绩效目标管理全覆盖。

构建参与式绩效目标评审机制。引入人大预工委、高校专家、中介机构广泛参与绩效目标评审，提高绩效目标审核的科学性和权威性。

促进绩效目标编审结果与预算编制有机结合。（2017 年省级预算申报新增项目 223 个，绩效目标初审通过 148 个，凡未通过绩效目标初审的项目均不纳入新增范围，为部门预算编审提供依据[①]。）

3. 着力提高绩效评价管理水平。

不断扩大绩效评价范围。（2016 年，139 个省直部门共对 622 个项目开展了绩效评价，资金总额达 317 亿元，同比增长 52%；省财政厅对 17 个部门 24 个专项开展了重点绩效评价，资金总额达 116 亿元，同比增长 100%[②]。）

不断完善绩效评价方式，拓展评价对象。进一步推进财政重点评价和部门自评相结合、绩效评价报告和绩效报告相结合的绩效评价方式，不断提高绩效评价效率。不断探索绩效评价对象，从开展项目支出绩效评价逐步拓展到部门整体支出绩效评价。（2016 年有 22 个单位开展了整体支出绩效评价，评价对象更加丰富多元[③]。）

不断提升绩效评价质量。加强对中介机构的培训，修订绩效评价共性指标体系、评价报告参考格式及报告撰写工作要求，提高绩效评价的科学性和规范性。加强绩效评价报告专家评审，并将评审结果向省直部门通报，不断提高省直部门争先创优的积极性。（2016 年省直部门提交的绩效评价报告评级为良以上的占 63%[④]。）对于省财政厅组织的重点绩效评价，通过规范评价机构遴选，建立绩效评价工作质量、报告质量与付费挂钩的机制，进一步提高绩效评价报告质量。

4. 大力推动评价结果应用。

推动绩效评价结果反馈整改。要求在绩效评价结束后 20 日内，省财政厅和省直部门以正式文件或函件的形式，将评价项目绩效情况、存在的问题及相关建议反馈给被评价部门和单位。（2016 年省直部门和省财政厅开展的绩效评价，基

---

①②③④　李经峰，何功华. 湖北预算绩效管理"提质增效"［OL］. 中国财经报，http：//www. cfen. com. cn/dzb/dzb/page_1/201703/t20170302_2545106. html.

本按照要求将评价结果向部门或实施单位进行了反馈，有 60 个部门将项目整改情况抄送了省财政厅。）

推进强化整改真正落到实处。省财政要求被评价部门或单位自收到绩效评价反馈文件之日起 90 日内落实整改，并要求省财政厅和省直部门建立整改跟踪机制。2016 年，很多部门通过绩效评价发现问题，形成问题清单，下发到有问题的项目单位并进行跟踪落实；有些部门约谈问题地区的政府领导，促进将整改真正落到实处；有些部门通过绩效评价进一步加强项目规划管理、完善项目分配办法等。

推进绩效评价报告公开。2016 年，省财政厅选取了 10 个专项资金重点绩效评价结果和报告摘要报送省政府。同时，省财政厅选取了 5 个专项资金重点绩效评价结果和报告摘要，首次报送省人大常委会参阅。推动预算部门依法将绩效评价结果和报告在部门公众网上公开，使公开成为常态。（2016 年，117 个省直部门在公众网或部门内部网络上公开了绩效自评报告，其中 5 份优秀的绩效自评报告在湖北省财政厅门户网站上同步公开，进一步提高社会各界对绩效管理的关注度，促使资金使用部门和单位接受社会的监督①。）

推动评价结果与预算安排相结合。《湖北省省级财政支出绩效评价结果应用暂行办法》中明确规定，省财政厅和省直部门应将绩效评价结果作为以后年度编制预算和安排财政资金的重要依据，并对常年性项目、连续性项目、一次性项目及部门整体支出评价结果的应用均作了详细规定。2016 年有些部门通过绩效评价将部分专项资金进行了整合，有些部门优化了专项资金使用方式，有些部门将绩效评价结果与专项资金分配挂钩，促使财政资金使用绩效进一步提高。

5. 继续完善财政专项资金竞争性分配机制。

加强专项资金的绩效目标管理。"绩效优先"是竞争性分配的原则之一，对参与竞争性分配的专项资金，严格实行绩效目标管理。由省直部门在预算编制阶段，编制专项资金的绩效目标，省财政厅组织专家对专项资金的绩效目标进行评审，并对部门修改完善后重新报送的专项资金绩效目标进行审核批复。省财政厅批复的绩效目标，由省直部门作为项目申报、评审和执行完成后绩效评价的重要依据。

严格竞争性分配程序。对通过公开招投标、专家评审的形式进行分配的专项资金，要求公开组织项目申报，严格组织专家评审。由省直部门在门户网站上公开发布招投标公告，所有符合条件的项目单位都可以进行投标。各部门根据专项资

---

① 李经峰，何功华．湖北预算绩效管理"提质增效"［OL］．中国财经报，http：//www.cfen.com.cn/dzb/dzb/page_1/201703/t20170302_2545106. html.

金性质和行业特点，制定科学合理的评审标准，严格组织专家评审，评审专家从专家库中随机抽取。同时加强评审现场监督，严肃评审纪律，保障评审的客观、公正。评审完成后，由省直部门在门户网站上公开评审结果，接受社会公众监督。

加强督办和考核。省财政厅定期对竞争性分配专项资金进度进行通报，督促省直部门加快办理，增强专项资金竞争性分配的时效性。为鼓励各部门进一步完善竞争性分配工作机制，提高专项资金使用效益，省财政厅根据《省级财政部分专项资金竞争性分配工作考核暂行办法》，对省直有关部门2016年竞争性分配工作进行考核，考核结果将作为预算绩效管理激励性资金分配的重要依据。2016年，参与竞争性分配的省级专项资金共23项，涉及17个省直部门，资金总额达60.8亿元①。

6. 完善预算绩效管理考核监督机制和支撑体系。

进一步完善预算绩效管理工作考核机制。继续推进将预算绩效管理工作纳入省政府目标责任制考核范畴，督促省直部门提高资金使用效益；健全表彰激励机制，对省直部门和市县财政部门预算绩效管理工作考核结果进行通报，并对绩效管理优良的部门和地区给予资金激励。

初步构建了省直部门绩效指标库。为进一步推动指标体系建设，省财政厅推动以省直部门为主体构建全省预算支出指标体系，包括部门整体支出绩效指标体系和所有项目支出绩效指标体系。2016年各部门指标体系基本完成。

大力开展预算绩效管理宣传培训。省财政厅先后对省直部门、财政局长和业务骨干、专家、中介机构等进行多层次的预算绩效管理培训，不断强化绩效理念，提高绩效管理水平；编印《湖北财政信息预算绩效管理专辑》，建立湖北省预算绩效管理信息交流平台，宣传预算绩效管理工作信息和相关制度办法，广泛接受社会公众的监督。

（九）河北省——创新"部门职责—工作活动—预算项目"三层级部门绩效预算管理结构

河北省2014年印发《关于深化绩效预算管理改革的意见》，率先在省级全面推行绩效预算管理改革，2015年，又进一步将改革推广到全省各市县，目前已在全省初步建立起"预算编制有目标、预算执行有监控、预算完成有评价、评价结果有应用"的全过程绩效预算管理新机制，实现了财政资金配置优化和使用绩效提高，整体提升了全省预算管理水平。

---

① 李经峰，何功华. 湖北预算绩效管理"提质增效"［OL］. 中国财经报，http：//www.cfen.com.cn/dzb/dzb/page_1/201703/t20170302_2545106.html.

1. 建立规范的绩效预算管理结构。

按照河北省"部门职责—工作活动—预算项目"三个层级规范构建的部门绩效预算管理结构，一是建立了"部门职责—工作活动"目录，确定省级部门职责412项、工作活动973项，市级部门职责352项、工作活动875项，县级部门职责306项、工作活动818项①，省市县三级绩效预算管理结构基本定型，并实现了与其他预算管理业务的全面融合。二是要求所有预算项目均在部门职责和工作活动框架下编列，与部门职责无关的工作活动、与工作活动无关的项目，不得列入部门预算，以此确保预算编制与管理全面系统、归类科学、脉络清晰、层次分明，可实行逐级预算信息检索。三是按照三级结构分领域、分层级审核绩效目标指标并进行科学调整，有效解决了支出基数固化、资金难以统筹、项目安排零碎、项目绩效不高等在预算安排中存在的老大难问题，全面提升了预算编制质量和水平。

2. 全面建成绩效预算指标体系。

建设"部门职责—工作活动—预算项目"三个层级绩效目标指标体系既是河北省绩效预算管理改革的核心内容，也是预算项目审核入库、预算编制和监督评价的重要依据。在2015年制定印发的《省级部门预算绩效目标管理办法（试行）》和《省级预算指标库建设与管理办法》基础上，2016年，通过专题攻关，研究建立了省市县三级通用的，涵盖部门职责、工作活动、预算项目三个层级的《部门职责—工作活动绩效目标指标体系》和《项目支出绩效指标框架体系》，共包括4644个绩效指标、12660个评价标准，该套指标体系兼顾完整性、系统性、科学性、规范性和实用性，实现了资金使用绩效的横向纵向可比，为绩效预算编制、监控、评价提供了标准。

3. 改进预算审核方式。

一是将绩效目标指标审核作为安排预算的前提，各部门申报预算项目时必须按照"部门职责—工作活动—预算项目"填报三级绩效信息。二是财政预算审核的重点由过去直接审项目，转为先审部门职责绩效目标与政府工作部署的匹配性（特别是各级党委、政府重大决策部署的落实情况），再审各项工作活动绩效目标指标的科学性、预算项目与职责活动的关联性、立项的必要性，最终确定合理的项目预算额度。三是对于偏离政府战略目标、部门绩效目标或绩效目标不明确的项目不予安排资金，绩效偏低的少安排或不安排资金，保证预算安排统筹兼顾、重点突出、科学高效。四是在预算编制系统和部门预算文本中明确各部门三级绩效信息内容，便于人大代表对照审核。在2014～2016年间，通过对列入下一年

---

① 打造全过程绩效管理新机制——来自河北省的探索与实践（上）[EB/OL]. 河北省人民政府网，http：//www.hebei.gov.cn/hebei/11937442/10757006/10757086/14049288/index.html.

度预算的所有预算项目进行绩效审核，累计审减项目 300 多个，涉及资金近 10 亿元，有效提高了财政资金配置效率①。

4. 实行全周期预算项目管理。

一是按照绩效预算管理的需要构建了一体化预算管理信息系统，打通了整个绩效预算管理链条，形成了贯穿项目申报、预算编审、预算执行、决策编制、绩效监督等预算管理全过程的项目全周期管理机制，形成了功能完善的预算管理支撑平台，并联通到省市县三级各部门（单位），实现了财政部门、预算部门（单位）在同一系统平台上的业务协同处理。二是项目申报按"部门职责—工作活动"目录分类分层归集，部门设定项目绩效指标时可以从嵌入项目库的绩效预算指标体系中直接提取，做到"项目入库，绩效随行"。三是在一体化预算管理信息系统中录入资金指标时，同步将执行的资金指标与对应的绩效目标、绩效指标科学衔接，一并审核下达。在分解预算项目资金指标时，同步分解和审核相关绩效目标、绩效指标，实现了项目流和资金指标流有效融合和同类专项资金在省市县三级的检索及纵向比较分析。

5. 建立全新的绩效评价体系和评价工作机制。

一是将绩效评价界定为部门整体支出综合绩效评价、部门职责绩效评价、工作活动绩效评价、预算项目绩效评价四个层次。预算部门主要负责"预算项目"层面的绩效评价；财政部门主要负责"工作活动"层面和部门整体支出的绩效评价；并对重大政策、重点项目进行再评价；对部分社会关注度高的项目引入第三方评价。二是 2016 年首次组织开展了工作活动绩效评价，实现了绩效评价重点由预算项目向工作活动的转移。三是 2017 年进一步突出各类专项资金和相应财政支出政策效果的评价，对财政重点评价实行"一评评三年、三年评一轮"的指导思想，通过对评价项目近三年的资金支出绩效进行整体连续评价，一方面规避资金支出绩效短期内难以完全显效的问题，另一方面有利于评价的连续性和检验绩效持续改善情况。

二、国内各代表地区开展绩效评价及结果运用的经验特色

（一）国内省市开展绩效评价方面的经验特色

1. 建立参与式绩效目标评审机制。

无论是北京市、上海市、重庆市、浙江省、湖北省还是海南省等地，都要求

---

① 打造全过程绩效管理新机制——来自河北省的探索与实践（上）［EB/OL］. 河北省人民政府网，http://www.hebei.gov.cn/hebei/11937442/10757006/10757086/14049288/index.html.

延伸绩效评价的过程，并将重心从事后评审向事前评审倾斜，建立"先评审，后预算"的理念。而进行事前评审的重点就在于绩效目标的审核。以往绩效目标的确定往往由预算单位自己上报，容易造成目标过低、不够细化等问题，引入参与式绩效目标评审机制，能够在一定程度上加强绩效目标的科学性与完整性。

其中，北京市一方面全力推进参与式预算评估，将"绩效"由事后评价引入事前申报环节，由人大代表、政协委员和绩效管理专家分别从预算监督、民主监督和专业角度提出预算资金使用建议，对项目的相关性、预期绩效的可实现性、实施方案的有效性、预期绩效的可持续性和资金投入的可行性及风险五个方面评估，做好全过程预算绩效管理闭环机制的前端工作。另一方面要求每名绩效评价管理专家前期介入，全程参与，接触第一手信息。

上海市预算绩效管理明显体现出"先评审、后预算"的绩效理念。预算主管部门应在部门预算"一上"前，依据项目绩效目标编报要求，对拟纳入财政预算的项目实施绩效目标评审，将经评审通过的项目纳入预算项目库管理。未纳入预算项目库的项目，财政部门原则上不安排该项目预算。

重庆市通过"预审、初审、会审"三步工作流程开展绩效目标重点审核，并广泛听取市人大、市人大代表和相关专家意见，累计反馈部门修改意见300余条，绩效目标编制质量得以较大提升，为绩效跟踪与评价打下基础。

浙江省将绩效目标作为细化预算编制的重要手段，强化预算绩效目标审核，对于未设置绩效目标或设置不规范、不合理的预算项目，不得纳入项目库管理，不得进入下一预算环节，使预算绩效由"软约束"变为"硬要求"。

湖北省为加强绩效目标管理，构建参与式绩效目标评审机制。引入人大预工委、高校专家、中介机构广泛参与绩效目标评审，要求所有省直部门报送整体支出绩效目标，并组织专家对整体支出绩效目标进行了集中审核，提高绩效目标审核的科学性和权威性。

海南省注重立项评审，从源头把控财政资金的有效性，海南省财政厅在"预算绩效"专栏公布了立项所需回答的多个问题，只有认真回答了这些问题的项目，才能继续立项审核。

2. 全过程预算绩效管理。

全过程预算绩效管理指的是完善覆盖预算管理事前、事中、事后全过程的预算绩效管理机制，满足"预算编制有目标，预算执行有监控，预算完成有评价，评价结果有应用"的总体要求，提高财政资金安排和执行的科学性、规范性、合理性。只可惜，当前我国大部分省市都是通过事后评价开始发展绩效评价的，对全过程预算绩效管理的认识尚浅，且没有良好的借鉴，各省市还只停留在文件叙述层面，并未实际实施开展。

全过程还体现在连续性重点项目评价上，河北省 2017 年对财政重点评价实行"一评评三年、三年评一轮"指导思想，通过对评价项目近三年的资金支出绩效进行整体连续评价，一方面规避资金支出绩效短期内难以完全显效的问题，另一方面有利于评价的连续性和检验绩效持续改善情况。

3. 引入第三方绩效评价机制。

近年来，第三方机构参与绩效评价机制越来越广泛，除了选择社会中介机构，高等院校、研究机构等的参与也逐渐频繁，并且，第三方评价的形式和影响力越来越大，但与第三方的沟通和管理仍需深入磨合。

北京市委托社会中介机构参与绩效评价工作，采用抽样调查、现场勘察等方法，扩展对资金使用利益相关者的访谈和满意度调查，加强对反映"绩效"资料的收集和核实。

上海市浦东区对划分为区重点项目的部分主要采用第三方评价机构评审方式，部门重点项目和部门一般项目主要采用专家评审方式和第三方评价机构评审方式。

广东省同样积极规范和培育第三方市场。在工作方式上，实行第三方专家全程参与机制。在工作程序上，规范引入第三方工作程序以及第三方实施独立评价工作程序。在质量控制和监督考核上，建立第三方评价的监督和考核机制，对第三方评价的工作组织实施情况、质量和工作纪律执行情况进行考评，考核评估结果与委托服务费用支付以及以后年度选取承担预算绩效管理工作资格挂钩。同时，建立被评价单位对第三方评价工作的意见反馈体系，财政部门对第三方预算绩效管理工作情况及质量进行跟踪管理和监控。

浙江省将第三方的选择范围扩大到社会中介、大专院校和研究机构等，采用公开招标等方式强化与第三方的合作，完善内部管理，进一步提升第三方绩效评价的独立性和公允度。

山东省财政厅与山东财经大学共同搭建了"山东省预算绩效研究与评价中心"，作为第三方机构服务的工作平台，聘请专家学者组成专业团队，参与绩效评价全过程指导。评价结束后，组织有关专家对第三方机构的评价工作和业务质量进行综合考评，考评结果作为下一年度是否选用第三方机构的重要依据，强化第三方机构的质量意识。

4. 加快人才库/专家队伍建设。

对口人才的缺乏是当前绩效评价工作开展的另一困境。随着各地政府逐渐重视绩效工作，绩效评价结果也成为衡量政绩不可或缺的因素。在此背景下，由于对口人才严重不足，形成心有余而力不足的状况，因此，各省市也十分注重人才库的建立。

北京市通过建立"北京市绩效管理专家库",制定了《绩效管理专家全程参与绩效评价评估工作规范》,对专家库实施动态和分类分级管理。

广东省一方面在各省级部门内部固定了相关职能处室、单位并指定专人负责绩效管理的相关工作,建立专业的绩效管理机构和队伍,同时推进市县财政系统整体完善;另一方面不断健全专家队伍,广东省建立了涵盖教科文卫、农林牧渔、信息化、食品药品管理等多个方面的绩效评价专家库。并通过公开招标建立了省级第三方机构库。

浙江省建立了财政绩效人才库,并实施考核机制,动态更新。多次开展专题研讨班,促进全省绩效队伍的专业能力提升。

湖北省财政厅先后对省直部门、财政局长和业务骨干、专家、中介机构等进行多层次的预算绩效管理培训,不断强化绩效理念,提高绩效管理水平;编印《湖北财政信息预算绩效管理专辑》,建立湖北省预算绩效管理信息交流平台,宣传预算绩效管理工作信息和相关制度办法。

5. 信息化建设。

信息技术的进步以及大数据时代的到来使得信息化建设在财政工作中同样意义重大。要想形成完善的绩效闭环管理,必须有技术支撑。上海市、广东省等地已在信息化建设方面走在前列。

上海市已经经历2012年"绩效评价管理信息系统"、2013年"绩效管理数据采集分析和绩效目标管理智能化系统"、2014年"财政资金项目绩效运行信息支持系统(在建)"三期开发,基本实现了财政预算绩效管理的信息化。主要体现在绩效评价、结果运用上。在绩效评价方面,"数据采集分析"模块,初步实现绩效目标编报的半智能化。在协助单位自评工作上,系统根据资金用途分类推荐设定权重,提供多种指标评分公式,避免自评过程中的主观判断,增强评价结果的科学性。在第三方评价时,财政部门委托第三方通过系统对部门自评项目进行抽查管理,同时对重要项目和重大专项支出开展绩效评价。在评价结果应用方面,系统提供项目所有的相关信息并将所有环节的评价结果提供给财政及预算部门(单位)参考,极大提高了结果运用的效率,减少了多次提交与审核的工作量。另外,上海市财政局还将评价结果与整改情况通过上海财政网公开,接受社会各界的监督。

广东省财政厅在"金财工程"的总体框架下,创建涵盖专家评审、部门预算、财政专项资金、财政综合支出绩效管理,以及评价指标和标准库、项目库、专家库、资料档案库在内的财政绩效管理信息系统,着力加强对信息数据的整理维护及分析利用,充分应用信息系统支撑绩效管理各项业务,并根据实际需求不断完善系统功能,真正实现预算绩效工作的信息化管理。

6. 推进绩效与预算各管理环节深度融合。

重庆市为推进绩效与预算各管理环节的深度融合，提出了"目标与预算同步，追踪与执行同步，评价与决算同步"的"三个同步"原则，调整绩效评价的开展时间，具体为：6 月至 9 月布置目标编审，9 月至 12 月开展过程跟踪，次年 1 月至 6 月组织绩效评价，着力提升预算绩效管理的及时性。

另外，重庆市为了保障绩效评价资金使用的有效性，运用"二八原则"确定工作重点，实现"抓大放小、提高效率"。经过对市级 170 多个部门的 7000 多个项目进行梳理分析，发现 20% 的项目数量足以覆盖 80% 的项目资金，也能够体现部门的主要职能。由此，将"20% 项目数量和 80% 项目资金"同时满足的"二八重要性"原则，作为选择重点项目的标准。

7. 开展预算单位自评抽查。

重点项目的评价数量只占小部分，大多数项目依赖于预算单位的自评结果，对自评结果的抽查可以进一步规范自评工作，提高资金使用效益，并对预算单位或部门起到监督警示作用。

上海市聘请第三方机构对自评结果进行抽查并公开通报。浙江省从 2017 年起，将绩效自评纳入预算编制系统，明确要求省级部门在年度预算终了后均要对项目支出实施绩效自评；财政部门抽取一定比例的自评项目进行检查，并按抽查结果建立红、黄、绿灯机制，对绩效差的项目予以红灯警示。

8. 设立分部门评价指标体系。

预算单位常会面临的问题是不知如何在财政厅提供的宽泛的绩效指标中选择切中要害的指标体系，因此，逐步建立分部门评价指标体系可以提供一种问题解决思路。

2016 年，山东省财政厅与省水利厅、省卫生计生委密切合作，开展了"分部门项目支出绩效评价指标体系建设"试点，研究并制定了《山东省水利部门项目支出绩效评价指标体系框架》和《山东省卫生计生部门项目支出绩效评价指标体系框架》，其中水利部门共涉及 25 大类 195 个指标，卫生计生部门共涉及 24 大类 207 个指标，对提高部门绩效管理工作质量和效率，扩大部门绩效评价体系覆盖面发挥了重要推动作用。

（二）国内省市在绩效评价结果运用方面的经验特色

根据选取的国内几个代表省市在绩效评价结果运用方面的做法来看，主要有整改反馈与行政问责、公开通报、政策调整与预算安排、激励政策四种。

1. 整改反馈与行政问责。

北京市财政部门要求，根据绩效评价中发现的问题，及时提出改进和加强部门预算支出管理的意见，督促部门整改。预算部门应对绩效评价中发现的问题及时制定整改措施，并报财政部门备案。同时，应根据绩效评价结果，改进管理工作，完善管理办法，调整和优化本部门预算支出结构，合理配置资源。同时建立预算绩效问责机制。

上海市财政局要求各级财政部门成立预算绩效管理工作领导小组，明确本部门各相关单位预算绩效管理工作职责，上一级财政部门要对本级预算主管部门和下一级财政部门实施预算绩效管理的工作情况进行考核。将考核结果在一定范围内予以通报，并纳入政府绩效考核范围，为有关部门实施行政问责提供依据。

广东省要求建立报告反馈和报送制度。对省委、省政府部署的重点项目及社会关注度高、涉及民生保障类项目的绩效评价结果专题呈报省政府，同时，将评价结果反馈主管部门，落实部门的绩效管理责任；并同时反馈人大、审计等有关部门，加大外部监督力度，从源头上防止腐败发生。

浙江省鼓励并推动绩效自评和部门绩效评价结果内部公示和对外公开。对于涉及全省性的财政评价项目，将评价结果在全省各级财政部门和有关省级部门范围内通报。

山东省要求将评价情况以专报形式上报省政府，得到省领导的高度重视和关注。强化问题通报和整改落实，会同业务主管部门，对重点项目绩效评价情况进行通报，提出整改建议，并督促指导项目单位及时纠正存在的问题。

湖北省要求在绩效评价结束后 20 日内，省财政厅和省直部门以正式文件或函件的形式，将项目绩效评价情况、存在的问题及相关建议反馈给被评价部门和单位。省财政要求被评价部门或单位自收到绩效评价反馈文件之日起 90 日内落实整改，并要求省财政厅和省直部门建立整改跟踪机制，必要时可约谈问题地区的政府领导。

2. 公开通报。

北京市、广东省、山东省等都要求将评价报告在省财政厅门户网站上向社会公开，并探索部门单位绩效自评报告公开，以加强社会公众对财政资金使用效益的监督。

重庆市对评价结果分区域排名，一方面用于通报和约谈各区域最后一名，另一方面与转移支付分配挂钩。

浙江省逐步在部门预算中公开部门和单位重点项目预算的绩效目标，在部门决算中公开主要民生项目和重点支出项目的绩效评价结果。

湖北省选择部分专项资金重点项目绩效评价结果和报告摘要报送省政府和省人大常委会参阅。2016 年，117 个省直部门在公众网或部门内部网络上公开了绩效自评报告，其中 5 份优秀的绩效自评报告在湖北省财政厅门户网站上同步公开，进一步提高社会各界对绩效管理的关注度，促使资金使用部门和单位接受社会的监督。

3. 政策调整与预算安排。

北京市要求财政部门和预算部门应当及时整理、归纳、分析、反馈绩效评价结果，并将其作为改进预算管理和安排以后年度预算的重要依据。

广东省将评价结果作为下一年度预算安排的重要依据，评价结果较差的项目不再安排预算。

浙江省将专项资金评价结果作为资金分配和政策制定的重要依据。每年将重点绩效评价结果专报省政府，部分报告直接作为专项政策调整的依据。例如2015年对5项支农专项政策实施了绩效评价，提出了2项政策取消、2项政策调整、1项政策改进的评价建议。对绩效自评抽查中红灯警示的项目，原则上不安排下一年度预算，强化绩效自评的硬约束。同时，切实加强绩效管理案例分析，做好项目支出标准体系建设的基础工作，促进项目预算的标准化建设。

海南省对于项目单位逾期不报纳入自评范围的项目绩效自评报告，视同该项目没有达到预期绩效目标，财政部门应从项目库中剔除该项目。对于跨年度项目，财政部门依据项目评价结果提出后续资金安排或拨付的意见；在项目单位报送自评报告之前，财政部门可暂不拨付资金。对于绩效优良的项目单位，在安排预算时给予优先考虑；对于无正当理由没有达到预期绩效目标或绩效差的项目单位，在安排预算时应从紧考虑或不予安排同类项目。

山东省对评价得分较低且问题比较突出的市县，适当压减竞争性申报项目预算，对绩效较好的适当提高；对长期未实施，且已不符合实施条件的项目，取消立项，收回财政资金；对采取因素法分配的资金，将评价结果作为资金分配的重要因素。

湖北省在《湖北省省级财政支出绩效评价结果应用暂行办法》中明确规定，省财政厅和省直部门应将绩效评价结果作为以后年度编制预算和安排财政资金的重要依据，并对常年性项目、连续性项目、一次性项目及部门整体支出评价结果的应用均做出详细规定。

4. 表彰/资金激励（激励政策）。

根据《财政部关于下达财政管理绩效考核奖励资金的通知》相关规定，2017年财政部对绩效排名靠前的省市给予绩效考核奖励资金，财政部预算司下达北京市、江苏省、浙江省、安徽省、厦门市、山东省、湖北省、深圳市、陕西省、新疆维吾尔自治区财政厅（局）的奖励资金总计61500万元。在中央的引领下，北京市、湖北省等地也已开始"优则赏，劣则罚"的试点，对绩效评价结果较好的，财政部门和预算部门予以表扬、优先支持或继续支持。

在北京市，对绩效评价结果较好的，财政部门和预算部门可予以表扬、优先支持或继续支持。对绩效评价发现问题、达不到绩效目标或评价结果较差的，财政部门和预算部门可予以通报批评，并责令其限期整改。不进行整改或整改不到位的，应当根据实际情况调整项目或相应调减项目预算，直至取消该项财政支出。

湖北省为进一步完善预算绩效管理工作考核机制，继续推进将预算绩效管理工作纳入省政府目标责任制考核范畴；健全表彰激励机制，对省直部门和市县财政部门预算绩效管理工作考核结果进行通报，并对绩效管理优良的部门和地区给予资金激励。

第三节　绩效评价结果应用存在的问题

一、对绩效评价的认识不足

绩效评价全面引入我国财政支出管理仅仅十余年，各预算单位对绩效评价的认识明显不足，甚至下意识地认为绩效评价就是审计，因此对每年的绩效评价工作抱有嫌麻烦的抵触心态，且没有从根本上建立绩效评价不同于审计的观念。特别是在三四线城市，绩效评价工作刚刚起步，部分政府部门和项目单位不了解财政支出绩效评价的流程和目的，不知道如何准备和配合该工作，容易导致简单应付，只注重表面形式，而没有认识到根本意义所在①。

例如，在进行 SD 区调研时，不少预算单位的关注点在于材料准备的复杂性，没有认识到这是全过程的管理，因此在评价阶段手忙脚乱。事后再进行信息的收集的话，不免有些受限，而如果一开始就清楚流程的目的，就可随时准备。

认识不足导致的结果就是流程应用的混乱。由于缺乏系统的培训机制，实际工作中的绩效评价人员往往缺乏工作经验，评价工作的专业性和规范性还有待提高。流程混乱最主要体现在自评阶段由结果指导指标的颠倒现象上②。一般来说，自评结果以优、良为主，项目单位先设定一个评价结果，再选择有利于实现既定结果的个性指标，然后再根据这一指标打分。而这种以结果反推评价指标和评价过程的行为既违背了开展绩效评价工作的初衷，也无法以此达到加强支出

---

① 汪菡丹. 财政支出绩效评价在实施中的问题和对策［J］. 商，2016（20）.
② 郭媛嫣. 我国财政支出绩效评价存在问题的研究及启示［J］. 农业科研经济管理，2014（2）.

管理的目的。

二、绩效评价结果透明度不高

预算绩效管理是一种信息活动，讲求过程的透明和信息的公开。但目前，我国绩效评价存在的最大问题就是过程不透明、信息不公开。以上海市的预算绩效评价为例，绩效评价整体缺乏透明度主要体现在以下三个方面①。

一是绩效评价的成本信息不透明。绩效评价工作包含相当的人力、物力和财力，但财政部门从未明确公开其开展预算绩效评价工作中的成本数据。以专家费用为例，上海市 2011 年出台了《上海市财政支出绩效评价聘用第三方评价机构管理暂行办法》，但其中关于专家评审费的表述为"组织评审机构应根据评审专家参与评审的工作量，参照本市相关业务的报酬标准支付评审费"，评审费用信息完全不透明。再如浙江省只规定专家报酬支付原则为"谁委托、谁支付"。江苏省按级别不同划定了最高限额等。由此可见，关于绩效评价的成本信息，仅专家评审费这一项，就无从考证。

二是绩效评价的指标体系不透明。按照《上海市财政支出绩效评价管理暂行办法》的规定，上海市绩效评价指标由财政部门和预算部门（单位）分别或共同制定，分为共性指标和个性指标：（1）共性指标是适用于所有部门的指标，主要包括预算执行情况，财务管理状况，资产配置、使用、处置及其收益管理情况以及社会效益、经济效益等衡量绩效目标完成程度的指标。（2）个性指标是针对部门和行业特点确定的适用于不同部门的指标。但由于上海市并没有公开财政支出绩效评价的整体报告，因此对于各个项目绩效评价的指标体系无从得知。

三是绩效评价的评价报告不公开或不完全公开。以 2014 年为例，全国 31 个省（区、市）仅有上海市、湖北省、湖南省、广东省、云南省和新疆维吾尔自治区 6 个省（区、市）公开预算绩效评价结果，且大多选择部分公开，如公开获得优良以上评价的绩效评价结果，或是公开简略版本的绩效评价结果。《上海市财政支出绩效评价管理暂行办法》并未对绩效评价报告本身的公开做要求，但要求公开绩效评价的结果。其第三十八条规定按照政府信息公开有关规定，预算绩效管理主体应将各自组织的绩效评价的结果信息在一定范围内进行公开。《财政项目支出绩效评价结果信息公开》的内容主要包括：项目名称、预算金额、主管部门、评价分值、评价等级、主要绩效、主要问题、整改建议、整改情况、评价机构等方面。而关于绩效评价的完整报告，仅公开了一个样本说明，并未公开其预算绩效评价的评价报告，采

---

① 卢真. 我国预算绩效评价的问题分析——以上海市为例［J］. 经济研究参考，2016（31）.

取的是部分公开简略版的绩效评价结果的方式，绩效评价结果的透明度不高。

三、尚未明确"第三方评估"的适用限度

目前，国内预算绩效管理大多采取第三方评价的模式，即通过聘请社会中介机构或专家团队等第三方力量对财政支出进行系统性的评价。第三方评估相对于预算单位的自评来说是一种独立的外部监督，就如同审计对内部控制的测试一样，但提高财政资金使用效益的根本在于预算单位的内控，而不能仅依赖于外部监督获得实质性提高。各地的绩效工作尚处于起步阶段，绝大多数的社会机构并未从事过绩效评价工作，参与过的单位也没有对其有充分理解，市场化氛围欠缺，这从源头上就与用市场监督政府的目的相悖。此外，第三方独立承担的能力较弱，内部人员素质也难以保证，况且，以营利为目的的社会第三方需要经过严格的独立性检查来避免舞弊行为。但是目前没有建立对中介机构的质量控制机制①，没有对其工作质量的评估方法，虽然不少省份已经出台针对第三方评价机构和评审专家的管理事项，但多是原则性的条款，在实践中约束力不强。

从美、英、澳等绩效评价先行国家来看，"第三方评价"有其应用的限度和范围，其规律性主要在于：有效把握公共受托责任是"第三方评估"的"物质性基础"，政府绩效评估本质上是为了实现公共财政的受托责任，凡是有利于有效把握政府所花财政经费对人民所负责任的评估模式都可能被纳入其中；由权力机关及其所属机构推行绩效评估需要纳入"第三方"智慧，从先行国家来看，政府绩效评估工作往往由来自国家层面和地方层面的权力机关（立法机关），比如国会、参议院、众议院等，或者由隶属于立法机关的审计署、财政委员会来推动实施，这在表面上看是推行政府绩效评估这种管理工具，但其背后深层的逻辑则是立法权对执法权（行政权）的监督；"自控"性绩效评估中的"第三方评估"并非必要环节，在所有先行国家中，无论中央政府、地方政府，还是政府中的次级部门，它们广泛推行着由内部发起的，每年至少进行一次的"自我评价"式绩效评估，而我国却广泛存在着内部控制是多此一举而第三方评估是必要的想法，为了增强绩效评估客体对评估结果的接受性，"内控性"绩效评估可以采用利益相关者参与的"第三方评估"；任意一项绩效评估都有着"第三方"因素，但纯粹的"第三方评估"只是一种研究视角②。

---

① 刘国艳，刘晓．关于整体支出绩效评价的探索及思考——以 A 省整体支出绩效评价为例［J］．经济研究参考，2016（59）．

② 尚虎平，王春婷．政府绩效评估中"第三方评估"的适用范围与限度——以先行国家为标杆的探索［J］．理论探讨，2016，190（3）．

四、预算绩效问责没有落实到个人

目前，各省市对绩效问责的观念逐渐建立，但问责的对象限于部门而非个人，以北京市为例，从 2010 年起，北京对全市 62 个市级国家行政机关实施绩效考核，建立"三效一创"评价体系。同时，设置 20 分的"行政问责"倒扣分指标，市财政局负责其中的 6 分，通过对各机关预算绩效管理情况进行考核，对绩效较差或存在财政违规违纪的单位进行扣分。从 2012 年开始，机关绩效考核的实施范围扩大到北京市所有区县政府，明确北京市财政局负责对"行政效能"中的预算绩效管理指标进行考核，从基础建设、绩效目标管理、绩效跟踪、绩效评价、结果应用和管理创新六个方面对区县开展预算绩效管理工作的情况进行考核，分值为 4 分。年度绩效结果作为考核领导班子职责绩效的重要依据①。又例如佛山市，南海区从 2008 年开始对财政专项资金的用款效果进行公开问责，问责结果在一定范围内公开并纳入年度机关绩效作风评价范围。三水区从 2007 年起将"财政资金使用情况考核"作为机关作风和效能建设工作考评的重要内容。市级于 2011 年将财政资金支出绩效考核工作纳入机关绩效与作风建设考评范围②。由此我们可以看到，如果仅将其作为部门的责任，会出现"踢皮球"现象，领导班子可以通过其他手段或方式提升整体评分，而不用专注于这一点。若是形成个人的倒扣分机制或一票否决制，会大大加大领导班子的重视程度。

五、绩效评价结果落实与否难以度量和反馈

从本章第二节中我们可以发现，政策对绩效评价结果的应用规范是多方面的，但实际中却没有建立完善的反馈机制，换句话说，对于结果应用的效果难以度量，无法确定是否真的落到实处。例如，要求整改的项目是否得到有效整改，多久完成整改，整改的速度是否影响下一年度的绩效评价；又比如，预算调整是否适当，重新安排的奖励或惩罚资金是否对预算单位形成了激励或约束等。缺乏对结果应用的考量，容易使得预算单位即使拿到了不好的结果也怠于改正，或者，就只是为了争取下一年度的资金或晋升机会而造成短期行为，从而违背了绩效评价的初衷。

---

① 上海市青浦区财政局课题组，马铭，丁爱云. 加强预算绩效管理结果应用的实践与思考 [J]. 预算管理与会计，2016（6）.
② 翁健怡. 探索建立全过程预算绩效管理体系——以广东省佛山市为例 [J]. 行政事业资产与财务，2014（28）.

第四章

阻碍财政支出绩效评价结果
应用的因素分析

　　财政支出绩效评价是指对政府财政支出活动所获取的实际结果的一种包括经济性、效率性、效益性的综合性评价，其所输出的评价信息被称为财政支出绩效评价结果。可见，评价本身不是目的，通过结果的反馈与应用促使预算部门（单位）提升财政资金使用效率才是关键所在，因此，推进财政支出绩效评价结果应用不仅是完善绩效评价工作的基本内涵，更是构成整个预算绩效管理闭环的重要一环。然而我国自开展财政支出绩效评价工作以来已历经十多年，绩效管理工作的各个方面也逐渐从摸索状态走向成熟阶段，但对于结果运用，一直是绩效评价工作中的难点。本章中我们沿着绩效评价工作开展的流程，从大的政策、体制环境到绩效评价工作各个具体环节，依次分析导致评价结果难以应用的原因所在。本章共分为三小节，第一节是评价结果应用缺少制度保障。主要从政策制定、政策执行主体、政策配套措施、预算管理体制四个层面进行阐述。第二节是绩效理念不够深入。主要从绩效评价理念、预算目标管理理念、绩效指标体系设置三个方面进行阐述。第三节是评价结果欠缺权威性。主要从绩效评价结果的法律效率和科学性两个方面进行阐述。

第一节　评价结果应用缺少制度保障

　　预算绩效管理作为构成政府绩效管理的重要组成部分，是财政管理实现现代化、科学化、精细化的重要内容。党的十八届三中全会指出"财政是国家治理的基础与重要支柱"，"改进预算管理制度"作为财税体制改革之首，是建立现代财政制度、推进国家治理体系和治理能力现代化、实现国家长治久安的重要制度保障。2011年，财政部在《关于全面推进预算绩效管理的指导意见》中提出要着力构建"预算编制有目标、预算执行有监控、预算完成有评价、评价结果有反馈、反馈结果有应用"的全过程预算绩效管理机制；随后，进一步制定了《预算绩效管理工作规划（2012～2015 年)》，明确了预算绩效管理各项工作任务、目标、路线。为了推动预算绩效管理工作，财政部还下发了《财政支出绩效评价管理暂行办法》《部门支出管理绩效综合评价方案》和《县级财政支出管理绩效综合评价方案》，对如何实施预算绩效管理提供了基本的行为规范①。2014 年，全国人大对《预算法》进行了修正，明确将"讲求绩效"列入预算应当遵循的基本原则当中，并强调要在预算编制、审批、执行、监督、决算、公开等各个环节体现绩效管理的理念。2017 年，中共十九大胜利召开，会议指出要"加快建立现代财政制度"，要"建立全面规范透明、标准科学、约束有力的预算制度，全面实施绩效管理"，再一次将预算绩效管理提升至新的高度。财政支出绩效评价作为预算绩效管理的重要环节，其结果应用也成为体现预算绩效管理成效的关键性因素。

目前我国涉及财政支出绩效评价结果应用的顶层设计文件主要有两个：一是《预算法》（2014 年修正），其中第三十二条规定："各级预算应当……参考上一年预算执行情况、有关支出绩效评价结果和本年度收支预测，按照规定程序征求各方面意见后，进行编制"。二是《财政支出绩效评价管理暂行办法》，其中第三十三条规定："财政部门和预算部门应当及时整理、归纳、分析、反馈绩效评价结果，并将其作为改进预算管理和安排以后年度预算的重要依据。对绩效评价结果较好的，财政部门和预算部门可予以表扬或继续支持。对绩效评价发现问题、达不到绩效目标或评价结果较差的，财政部门和预算部门可予以通报批评，并责令其限期整改。不进行整改或整改不到位的，应当根据情况调整项目或相应调减项目预算，直至取消该项财政支出"。第三十四条规定："绩效评价结果应当按照政府信息公开有关规定在一定范围内公开"。此后，为进一步规范和加强预算绩效评价工作，又出台了《预算绩效评价共性指标体系框架》以及一些具体的专项资金绩效评价方案，如《中央财政现代农业生产发展资金绩效评价办法》《最低生活保障工作绩效评价办法》《江河湖泊生态环境保护项目资金绩效评价暂行办法》《城镇保障性安居工程财政资金绩效评价暂行办法》《水污染防治专项资金绩效评价办法》《财政专项扶贫资金绩效评价办法》等，都对绩效评价结果的应用进行了直接或间接的规定。

从上述的政策梳理中可以看到，为保障绩效评价结果的有效性与权威性，我国对结果应用建立了较为完善的保障机制。但在实践操作中我们发现，政策仅仅是顶层设计的建设，难以真正落到实处，因而绩效评价结果的应用仍然缺少实质

---

① 卢真．我国预算绩效评价的问题分析——以上海市为例［J］．经济研究参考，2016（31）．

性的制度保障。究其原因，有以下四个因素。

一、政策的制定及落实比较困难

政策制定层面本身存在一定瑕疵是绩效评价结果难以应用一个重要的客观因素，突出体现在以下两个方面。

一是政策缺失利益调整机制。任何政策措施的制定与实施都是一个利益调整的过程，会涉及各方面的利益关系，如果难以平衡各方之间的利益冲突，政策形同虚设将会是必然的结果。财政支出绩效评价牵涉财政部门、预算部门（单位）以及第三方中介机构，财政部门牵头绩效评价工作，希望通过评价结果了解各类财政资金的运作情况，从而对有限的财政资源进行优化配置，但这一举措很大程度上会触动预算部门（单位）的根本利益，尤其是在评价结果差强人意的情况下。因此若顶层设计政策缺乏一定的利益调整机制，部门之间固有的利益冲突将会导致绩效评价结果难以真正应用。

二是政策的操作性较差。从上述政策文件的相关表述中也可以看出，政策设计对如何应用绩效评价结果的具体操作程序表述得较为笼统，部分政策措施只能做"原则性"表述，因此缺乏可落地实践的具体方案，加之对政策效应复杂程度的估计不足、对政策对象的宣传动员不足，导致政策落实难上加难[①]。这样，当面对绩效评价结果时，一些部门会以"绩效评价结果与实际不吻合""财政资金主要涉及社会效益""资金减少会影响公共服务的提供"等为由，想方设法规避因绩效评价结果不佳所面临的"预算缩减"。

二、政策执行主体有所欠缺

在绩效评价结果应用领域，政策执行主体可以分为两个：一个是财政部门，负责制定政策、统领绩效评价工作；另一个是预算部门（单位），是绩效评价工作的执行方，我们所说的绩效评价结果应用主要就是指能够将评价结果应用于各预算部门（单位）的预算编制当中，从而使财政资金使用效益达到最大化。在实地调研中我们发现，各级财政部门在传达上级政策、制定本级政策层面所做的工作比较到位，绩效评价结果难以应用的关键在于预算部门（单位）这一执行主体。

---

① 王锁明，王明生. 改革落地难，到底难在哪——改革举措落实难的症结与出路 [J]. 人民论坛旬刊，2016（11）.

在缺乏利益调整机制的政策环境下，部门保护主义是导致政策难以落到实处的一大障碍，具体来看，有以下几个问题。

首先，执行主体不执行。部分预算部门（单位）大局意识不强，本位主义当头，出于局部或是个人利益的考虑，只想管好自己的"一亩三分地"，想方设法规避较差的绩效评价结果。

其次，执行主体不规范。部分预算部门（单位）为保护自身利益，随意歪曲理解政策精神，在执行环节片面落实、附加落实、歪曲落实政策内容，使政策落实往往呈现"上有政策，下有对策"的现象。在绩效评价结果应用领域，政策执行最为突出的问题反映在片面落实上。在实践操作中，由于预算方案是由预算部门（单位）自行编制的，财政部门在进行审批时由于技术手段无法细致地甄别预算部门（单位）是否对上年度绩效评价结果进行充分应用，因此预算部门（单位）在结果应用时倾向于用足、用活对自己有利的部分，摒弃对自己不利的部分，即将绩效评价结果较好的予以应用，以此得到表扬甚至进一步的资金支持；规避较差的绩效评价结果，以此规避通报批评甚至财政资金被削减。

最后，执行主体不合作。从原则上来讲，完整的预算绩效评价工作通常涉及财政部门、预算部门（单位）、第三方评价机构，三个部门又涉及多个执行人员，需要进行合理分工与通力合作。但在现实中，各部门之间或多或少缺乏合作意识与集体意识，在绩效评价过程中三方欠缺必要的合作与交流，最终使预算部门（单位）对绩效评价结果难以认同与接受①。

三、相应配套措施有所缺失

一项政策的真正落实，仅仅出台仍远远不够，在实施与执行环节，若相关的配套措施缺失，就会产生政策"掉链子"的现象。在绩效评价结果应用领域，这种"不配套"突出体现在同一领域政策相互之间的不衔接。具体可以表述为以下两个问题。

第一，政策具有时滞性。政策的时滞性问题是导致财政支出绩效评价结果难以应用的客观原因。在具体实践中，往往出现预算部门（单位）绩效指标设置与政策发布之间存在时滞的情况，例如预算部门（单位）在年初设立绩效指标时相关政策还未正式出台，或者已出台的政策也存在在年中调整的情况，由此带来的

---

①　王锁明，王明生. 改革落地难，到底难在哪——改革举措落实难的症结与出路［J］. 人民论坛旬刊，2016（11）.

补贴性支出增减属于单位的不可控范围，从而造成的低分结果使预算部门（单位）难以接受与应用。

第二，政策性刚性支出问题。第三方机构在进行绩效评价时重点关注资金的使用效益，而对资金的来源有所忽视，通常默认由预算部门（单位）自行申报、由本级财政部门自行下拨。但在实际情况中，很多项目支出或部门支出是由上级政策规定的刚性支出，或是为了扶持特定行业而设置的鼓励性补贴，预算部门（单位）和资金使用单位无法根据评价结果增减预算，从而难以作出实质性的改变。例如，F 市 S 区产业服务创新中心的创新财政资金运作专项资金项目，如第二节末的表 4 - 1 所示，政策规定从 2013 ~ 2015 年，每年从区科技和经济发展专项资金预算中划拨 5000 万元资金用作创新扶持资金，自 2016 年之后不再单独安排资金。对于此类政策性刚性支出，预算部门（单位）甚至财政部门无法自行变更预算资金，绩效评价结果的应用不具备先决条件。再如 S 区教育局关于幼儿园的大、中、小班补贴，每个户籍内的家长补贴 100 元，虽然效果甚微，但是是由 F 市教育局统一要求必须安排的，在这种情况下，即便专家对其评分较低，S 区教育局也无法根据评价结果对此类资金进行预算调整。

四、预算管理体制本身存在一定障碍

我国的预算绩效管理工作起步较晚，当前尚未形成完整闭环，从预算管理自身来看，一些既定的制度安排也会影响绩效评价结果的应用。具体来看，我国的预算绩效评价可以分为项目支出绩效评价、部门整体支出绩效评价、财政预算绩效评价三类，在实地调研中我们发现，当前各地主要以项目为单位开展绩效评价工作，因此阻碍绩效评价结果应用的体制障碍也主要集中体现在项目管理上，具体可以表述为以下四点。

首先，项目的延续性问题是导致绩效评价结果运用性较差的重要因素。在财政管理实践中，以项目为单位进行绩效评价是我国各级财政部门推进财政支出绩效评价工作的主要方式。通常情况下，财政部门会赋予预算部门（单位）一定的自主权，允许其对项目进行灵活调整，这使得项目频繁发生拆分、变更、合并，导致项目的延续性发生变化。因此，即便对原有项目进行了绩效评价，也无法对发生变化之后的项目继续沿用以往的评价结果，绩效评价结果难以真正应用。

其次，预算编制与绩效评价之间存在错期也是导致绩效评价结果难以运用的重要因素。在财政管理实践中，绩效评价工作围绕上一预算年度的预算项目展开，而此时本年度预算正在执行，绩效评价结果若应用，也只能用于下年度预算编审，从而出现"错期"。由于在这一"错期"中可能会产生诸多变化，因此很难确定上一年度的评价结果是否适用于下一年度的预算编制。以 2017 年为例，2017 年进行 2016 年度的预算执行绩效评价工作，同时编制 2018 年度的预算，时隔两年，项目的内容、性质、政策环境可能发生变化，预算编制也应做出相应调整，在这种情况下 2016 年的预算评价结果是否仍适用于 2018 年？一对一运用是否具有可行性？需要财政部门结合实际情况进行综合考量。

再次，上级拨款的时滞性与优先性问题也会导致绩效评价结果难以应用。在实践中，部分项目在运作中实行上下级财政共同拨款的模式，但通常来说拨款时间不确定，部分项目在结项后资金才到账，造成资金使用上与既定标准不符；另外，对于部分预算部门（单位）来说，除本级拨款外，还有来自上级的拨款，部分拨款需要在规定年限后返还并且进行考评，具备优先使用性，由此造成本级拨款无法按照规定花完，绩效评价得分无法反映实际支出进度，最终评分结果难以得到真正运用。

最后，项目评审入库质量待改进。在财政管理实践中，预算部门（单位）一般在每年 7~9 月编制下年度预算时，进行项目申报，与此同时，要设立绩效目标并接受事前绩效评价，只有通过事前绩效评价的项目才能真正入库。但通常各预算部门（单位）提交项目申请的时间较晚，导致事前绩效评价时间短、任务重，在一定程度上影响了项目评审质量。

第二节 绩效理念不够深入

预算绩效管理是结果导向型的预算管理模式，强调根据预先设置的绩效目标对财政资金运行过程进行跟踪、对资金使用结果进行评价、对评价结果进行反馈，强调政府预算支出的责任与效率，要求在预算编制、审批、执行、监督、评价等各个环节更加关注财政资金的结果与效益。可见，预算绩效评价及结果应用作为预算绩效管理的重要内容，若绩效理念不够深入，则绩效评价只是形同虚设，结果应用更是无从谈起。经过多年的实践，我国预算绩效理念初步形成，但由于相关工作仍处在探索、推进、完善阶段，部分地区和部门对绩效管理工作的认识仍不到位，在实际工作中更多地关注财政资金的"合规性"，而忽视了资金的"效率性"，从而对绩效评价工作不够重视，在评价结果应用于预算编审方面被动应付。具体来看，预算绩效理念不深入导致绩效评价结果难以应用的因素可以阐述为以下三方面。

一、绩效评价理念有待提高

（一）对绩效评价工作的认识不够到位

绩效评价是预算管理的重要一环，虽然无法直接带来财政收入总量的增加，但可以"内涵式"扩大财政资金的使用效益，提升政府治理能力。然而在普遍"重资金分配""轻资金效果"的传统预算管理思维模式下，各部门对绩效评价工作仍不够重视，更没有认识到绩效评价是未来从财政管理走向财政治理的重要推动力。近年来，虽然我国致力于积极推动绩效评价工作，但效果并不理想，一些预算部门（单位）仅仅把绩效评价当成财政部门布置的任务，认为绩效评价无谓地增加了自身的工作量，存在"应付了事"的心理；一些单位仅仅重视预算申报，而对于绩效评价结果不够关注。

（二）相关业务人员工作积极性不高

在客观层面，预算绩效评价主要涉及事后评价，预算部门（单位）和资金使用单位处于被动地位，相较于申报预算积极性较差；在主观层面，内容繁多，加重了预算部门（单位）的工作负担，主观上容易产生抵触心理。以区县级行政单位项目支出绩效评价为例，仅 F 市 S 区 2015 年的预算评审工作就包括 130 多个项目，每个项目都需提交相应的资料，包括各种与之相关的发票与票据、会计凭证等，给单位工作人员带来大量冗杂的工作。

近几年，我国绩效管理工作已进入较为成熟的阶段，随着对绩效评价工作各方面要求的不断提升，对相关负责人综合素质的要求也逐步加强。然而预算部门（单位）日常工作量庞杂，在确保日常工作正常推进的情况下，短时间内高效高质完成绩效评价工作仍然较为困难，主要体现在以下两方面：（1）业务人员不够重视。大多预算部门（单位）把自身放置于被评价对象的位置上，将绩效评价当作任务，不认为绩效评价能真正指导未来工作。在这种思想下，自评工作很多只是应付了事，从而导致绩效评价工作开展不顺畅，体现不出价值所在。（2）主管人员难以补漏。办公室绩效统筹人员对绩效评价缺乏一定的专业基础，对单位的自评报告只做文字上的修改和逻辑上的梳理，在指标设定、评分标准等方面欠缺指导能力。对于第三方的反馈意见，只是交还给业务科室进行解读和调整，难以给出实质性指导意见，在统筹管理方面缺乏科学性。

（三）绩效评价组织工作有待加强

首先，财政部门的绩效评价组织工作有待加强。财政支出绩效评价工作一般可以分为前期准备、预算部门（单位）自评、复评或第三方评价三个阶段，财政部门作为绩效评价工作的统领方，不仅在第一和第三阶段中承担主要责任，并且在加强预算部门、项目单位、第三方评价机构之间的沟通交流方面起着关键性作用。因此财政部门在绩效评价工作中绝不仅仅是扮演政策制定者的角色，更重要的是作为一个"中间者"，为绩效评价工作所涉及各方搭建起信息传递、沟通交流的桥梁，故而财政部门组织工作的能力是影响绩效评价工作、评价结果甚至结果应用的重要因素。具体来看，在前期准备阶段，财政部门在成立绩效评价工作组、进行分工、落实责任后，要尽快制订本年度绩效评价工作的总体方案，并与被评部门或单位及时进行联系，明确评价重点，根据被评部门或项目的特点，客观公正地提供共性指标。在自评阶段，财政部门相关业务人员要加强与被评单位的沟通，督促与指导被评单位按时完成自评工作。在复评或第三方评价阶段，财政部门负责聘请专业的第三方评价机构，在这一过程中，注重加强第三方机构与被评部门或单位的沟通，要定期针对性地组织开展三方座谈。在绩效评价工作结束后，要加强对被评单位的监督与跟踪，督促被评单位对评价结果进行反馈与应用。

其次，预算部门（单位）的自评组织工作有待加强。在实地调研中我们发现，当前大部分预算部门（单位）能够认识到自评工作的重要性，根据要求成立自评小组，并及时填写自评表，总结项目或部门出现的问题，但总体来看自评组织工作仍然有待加强，主要集中在自评材料提交方面，大部分单位虽然提交了相关资料，但自评材料存在内容过于简单、关键节点没有说明资料、没有上传有效的佐证材料等问题。比如部分项目支出或部门支出缺乏明细，无法判断支出内容是否合理；部分单位提供的财务资料不完整，没有提供资金使用的相关账目资料，也没有对支出构成的标准、数量及计算依据进行说明，无法判断支出的相符性与合理性。在本节末尾的案例中，预算单位（F市S区产创中心）依据自评表向第三方机构提交的资料不全，最终第三方在进行评审时，无论是按照预算单位自行设置的自评指标体系，还是重新设置指标，最终得分都与单位自评得分出入较大，关键原因也是在于产创中心未能按要求提交全面完整的资料。同时，部门（单位）自评报告质量也有待加强。虽然各部门（单位）对绩效评价达到了应有的重视程度，但由于公务人员业务不熟练、对评价指标认识不够、对如何做好绩效评价工作仍然处于困惑状态，从而在绩效目标申报、收集和提交资料、自评报告撰写方面能力欠缺，甚至自评工作开展前进行的专家培训也没有起到明显的效果，种种因素导致自评报告质量较差。

（四）沟通交流有待加强

绩效评价工作可能会涉及资金使用单位、预算部门（单位）、财政部门以及第三方中介机构四个相关主体，各主体之间的相互沟通是绩效评价工作顺利开展的前提与基础，但目前来看，由于各主体间绩效管理理念不够深入，相互的沟通交流不畅仍是阻碍绩效评价结果难以应用的一大障碍，主要体现在以下四个方面。

1. 财政部门与第三方中介机构。

财政部门与第三方中介机构的沟通问题，重点体现在第三方机构对财政部门的反馈机制上。例如绩效评价中所涉及的专家延续性问题。对于同一部门或同一项目可能既做事前评价又做事后评价，在这种情况下如果承接的是同一家中介机构，通常中介机构会尽量聘请事前评审专家继续进行事后评价，若因为种种原因无法实现，一般也会把事前评审报告提交事后评审专家予以参考；但若财政部门与中介机构缺乏沟通，继而更换了所选中介机构，使得事前评审和事后评审专家不一致，很容易出现重复投入工作量以及评审的不一致性。在财政部门看来，绩效评价是按照预算部门（单位）或者项目名称进行分配的，鉴于每年所涉内容太多，财政部门无法对每一个项目的前后评价机构是否一致进行判断，此时需要中介机构进行及时反馈；再如部分项目可能涉及多个单位甚至多个项目，鉴于财政部门缺乏相关的专业知识，在挑选项目时无法进行一一甄别，在这种情况下，第三方机构应及时向财政部门反映，由财政部门来协调所涉及单位进行积极配合。

2. 预算部门（单位）与第三方中介机构。

评审机构是独立于政府部门之外的第三方机构，对部门设置及预算情况了解不深，仅靠预算部门（单位）与财政部门提交的书面材料，无法对实际操作情况全部掌握，需要加强与相关单位的面对面沟通，才能更好了解实际情况，并在评价报告中予以反映。总体来看二者之间的沟通问题体现在以下三个方面。

（1）缺少全过程沟通。当前财政支出绩效评审停留在事后评审阶段，专家前期介入少，导致预算部门（单位）在指标设定和预算控制上存在很大的操作难度，在事中也没有专家针对偏离绩效目标的行为进行提醒矫正的环节。直到绩效评价阶段，第三方机构才要求被评审部门（单位）提交相关资料，但由于前期没有建立起良好的沟通机制，业务科室人员并不清楚究竟需要何种资料。另外，预算单位自评业务人员只能通过财政部门与专家间接沟通，沟通效率低，问题反映不全面不及时，导致后续评价不高。

（2）反馈过程不及时。目前在绩效评价工作中，第三方中介机构大多不直接与预算部门（单位）进行沟通，而是通过财政部门这个"中介"进行资料提交与接收。在此过程中由于预算部门（单位）业务科室的工作人员不熟悉绩效评价工作，加之专家反馈时间间隔较长，不及时反馈最终导致材料提交不对口的问题时有发生，且难以及时调整，最终影响了绩效评价结果。

（3）第三方机构对初评反馈的接受程度不高。在程序上，第三方机构在完成初评报告后须对预算部门（单位）进行反馈并征求意见，但在实际操作中，预算部门（单位）在此时补充的意见仅会被第三方选择性接受，且接受比例不高，尤其是针对指标类的修改意见，第三方机构通常难以采纳，这导致双方对绩效目标的关注点存在差异。

3. 资金使用单位与第三方中介机构。

当财政支出绩效评价以项目为单位展开时，绩效评价工作就会涉及项目的具体执行方——资金使用单位。由于具体资金使用单位个性化较强，我们使用在实地调研中发现的两个案例来具体说明资金使用单位与第三方中介机构之间的存在的沟通问题。

以 G 省 F 市 S 区经科局创新扶持资金项目为例，如案例 4-1 所示，产创中心（资金使用单位）与第三方机构之间缺乏沟通主要体现在：双方就创新扶持资金的使用目的在认识上有所分歧，对"创新"究竟是指创新资金运作方式还是扶持创新企业发展的认识有所不同。产创中心在日常运营及自评工作中认为，创新扶持资金项目的立项目的是创新财政资金使用方式，根据《S 区创新扶持资金管理办法》，以"规范运作、科学审查、风险可控、管理好创新资金"为日常工作重心，认为创新扶持资金中的"创新"更多是指财政补贴方式的创新。而第三方评价机构根据上述文件，以"创新使用 S 区扶持企业发展资金，提高财政资金使用效率，促进 S 区传统优势产业和战略性新兴产业发展，扶持一批技术、知识含量较高，具有自主知识产权和较高产品附加值的初创型、成长型中小企业发展"为资金设立目的对创新资金进行预算绩效评价，认为"创新"更多的是指扶持创新企业发展。通过对比预算单位自行设置的自评表和第三方设置的评价指标体系，我们也可以很清楚地看到，双方无论是在指标分类还是权重占比上都存在较大的差别，这样，双方关于目标认识的分歧导致产创中心自评工作与第三方评价工作的重心不一致，最终评价结果出入较大（自评结果为 94 分，而第三方评价结果为 76 分）。

再如 S 区交运局 TC 公交项目，公共交通管理有限公司（资金使用单位）与第三方机构缺乏深度沟通，在提交材料、指标设置等关键环节，第三方难以对项目进行深入了解，使得双方在绩效评价中处于不对等地位，严重阻碍了绩效评价工作的顺利开展。此类沟通不充分问题最终在评价指标设置中得以体现：一方面是第三方在选取参照物时有失偏颇，例如第三方在绩效评价时参照了 F 市的 SC 区，但两者在城市规划和布局上相差太大，难以形成有效对比；另一方面是第三方评价的重点在于经济效益的衡量，对项目产生的社会效益有所忽视。诸如公交这类城市基础服务类项目，预算部门（单位）通常以可持续健康发展为目标，重在提升社会效益，而在第三方机构所设的评价指标体系中太过注重项目的经济效益，双方在发展目标认识上的不一致最终导致第三方评价结果难以真正被项目单位接受与运用。

4. 财政部门与预算部门（单位）、资金使用单位。

鉴于我国多年来对财政支出绩效评价的重视，相较于上述三方面，各级财政部门与预算部门（单位）、资金使用单位的沟通交流总体而言比较到位，各科室公务人员专业素质较高，工作认真负责。但仍然存在有待改进的地方：首先财政部门与预算部门（单位）之间的沟通问题体现在绩效评价指标上。在实地调研中我们发现，预算部门（单位）的绩效评价指标基本是由财政部门统一设定的共性指标，选择空间较为宽泛，由于各个项目性质差别太大，个性指标难以一一对应，加之业务科室人员不具备专业的绩效评价知识体系，在庞大的指标体系中难以找出最具针对性的指标，导致自评报告质量差强人意。在这样的情况下，需要加强财政部门和预算部门（单位）的沟通，必要时可根据预算部门（单位）职能或项目的具体要求对绩效评价指标体系进行修改；还要加强对各预算部门（单位）相关业务人员的培训，提升其专业素养与业务能力。其次财政部门与资金使用单位之间的沟通问题体现在项目绩效评价的后续跟踪监管上。整体来看，我国目前缺乏全过程的绩效评价管理机制，对项目绩效评价的后续跟踪与监管不到位。在实地调研中，部分资金使用单位甚至没有拿到中介机构反馈回的绩效评价报告，当然这也不排除是因为资金使用单位自身重视程度不够的原因，需要财政部门对其进行进一步的监督与指导。

二、预算绩效目标管理理念有待加强

作为预算绩效管理的首要环节，科学合理、易于衡量的绩效目标是绩效评价工作得以顺利开展的前提和基础。但在实地调研中我们发现，大多数预算部门（单位）在申报预算或项目时存在绩效目标空泛、难以衡量的问题。如在本节末的案例 4-1 中，预算单位（产创中心）设定的绩效目标为："财务管理制度目标：健全；支出的相关性目标：相符；制度执行的规范性目标：合法合规"等。严格而言，这些目标不是绩效目标，而是项目实施应具备的基本条件，把基本条件作为绩效目标，既不科学也难以量化。在这种情况下，第三方评价机构也只能是凭借经验，根据项目内容、部门职能自行设定绩效目标，或是与预算部门（单位）沟通商量后提出一些确定性的、能够量化的目标。但鉴于专家对预算部门（单位）或项目本身及相关政策了解较少，极易出现与实际运作相悖的情况，最终导致预算部门（单位）无法接受评价结果。究其原因，考虑有以下两个方面。

（一）绩效目标难以设置

对于预算部门（单位）而言，确定性的绩效目标难以科学设定。在主观层面上，一方面，由于绩效目标是由预算部门或项目单位在编制预算时自行设定的，这对从事绩效目标管理的业务人员提出了很高的要求，不仅要求他们需要了解宏观财政政策，更要熟知本部门的各项业务，精通预算专业知识，具备深厚的数字与信息处理能力。但在实践中这样的专业型人才相对缺乏，尤其是在基层单位。因此，鉴于相关业务人员自身素质不够，对项目资金或部门资金使用及绩效目标编制方法掌握不全，从而难以提出与该资金相匹配的绩效目标。另一方面，也有一些单位为最大限度地保护本部门的利益，利用自己的相对信息优势，在编制预算绩效目标时存在目标设置粗放、设置值偏低的现象，从而整体上不利于财政支出绩效的提升。客观层面原因主要在于预测的不确定性，突出体现在承担较多社会服务职能的单位。比如疾病控制部门，在疾病预防控制这一点上，很难保证疾病控制预测的准确性，对于下一年度流行何种传染病、特别是流行多少例很难精确预测，故而对于预算资金使用的绩效目标难以有效设定。

（二）绩效目标的审核难度较大

对于财政部门来说，预算绩效目标管理的难点和重点在于绩效目标的审核难度较大。依据程序，预算部门（单位）在编制预算、设置绩效目标之后要提交本级财政部门进行审批，财政部门需按照相关规定从绩效目标与部门职能之间的相关性、预算资金对绩效目标的保障性、项目目标与项目资金之间的匹配性等方面进行审核。我们就以区县一级为例，每年纳入绩效目标管理的项目数量少则几十个，多则几百个，要在短时间内对这些绩效目标及时进行有效的审核，财政部门深感力不从心。一方面，预算部门或项目的专业性较强。绩效目标涉及各个领域、各个行业，要对绩效目标进行全面性、实质性审核，财政部门相关工作人员缺乏全面的专业知识。另一方面，财政部门处于相对信息劣势。各部门绩效目标的设置与其预算编制紧密相关，体现着部门职能的鲜明特点，但由于信息不对称，财政部门无法掌握各部门完整的信息数据，从而对绩效目标的审核缺乏科学依据。此外，审核、批复的时间紧张，绩效目标编制与预算编制"二上二下"同时进行，而对绩效目标的审核远比对预算资金的审核更为烦琐，加之财政部门从事绩效管理工作的人员有限，导致在实践中财政部门无法对绩效目标进行一一甄别[1]。

---

[1] 李蔚. 财政预算绩效目标管理存在的问题与对策 [J]. 经济师，2016（6）.

三、绩效评价指标体系的科学性有待提高

绩效评价指标是指衡量绩效目标实现程度的考核工具，是整个预算绩效管理工作的重点和难点，指标体系的科学性和完整性在一定程度上决定了绩效评价的成败。按照财政部发布的《财政支出绩效评价管理暂行办法》的规定，绩效评价指标分为共性指标和个性指标。共性指标是适用于所有评价对象的指标，需由财政部门统一制定。主要包括预算编制和执行情况，财务管理状况，资产配置、使用、处置及其收益管理情况以及社会效益、经济效益等。个性指标是针对预算部门或项目特点设定的，适用于不同预算部门或项目的业绩评价指标，由财政部门会同预算部门制定。但在财政管理实践中，评价指标体系合理设定几乎是所有预算部门（单位）和资金使用单位反映的难点，关键原因在于以下几个方面。

第一，共性指标体系针对性较差。根据财政部的总体部署，各级财政部门应给出具体的指标库体系作为绩效评价的基本共性指标，但在实践中，鉴于各个预算部门职能不同、项目性质差别较大，在绩效评价中可供选择的共性指标太过宽泛，个性指标难以一一对应，加之业务科室人员不具备专业的绩效评价知识体系，在庞大的指标体系中难以找出最具备针对性的指标，加大了评价指标设置的难度。

第二，难以量化社会效益衡量指标。在财政管理实践中，一种情况是，纳入绩效评价的部门支出或项目支出中包含不少的公益性与补贴类支出，这部分支出在评价中主要衡量其社会效益，但是在设置评价指标时，难以量化衡量社会效益的指标。另一种情况是，在实践中社会效益的衡量往往通过问卷调查的形式对公众满意度进行调查，主观性很强，如果这一部分所占比重较大，最终会在一定程度上影响绩效评价结果的客观性。例如在案例4-1的表2中的第三方评价指标体系中，一级指标"绩效情况"下设二级指标"公平性"，它是使用三级指标"服务对象满意度"来衡量的，占比为10分。在实地调研中我们了解到，这一部分通常是使用问卷形式对相关参与企业进行满意度调查，但事实上，这些参与企业并不是都可以通过竞标得到该项资金，并且得到资金支持的是少数。因此，对于那些未如愿得到资金支持的企业，主观上就会有给出不满意结果的倾向。

第三，部分量化指标在实践操作中难以落实。即使是在第三方中介机构针对性设置的个性指标体系当中，部分量化指标仍然难以达到量化效果。以G省F市S区经科局产创中心的创新扶持资金项目为例，如案例4-1所示，按照第三方机构设置的指标体系，在衡量资金产生的经济效益时，可根据"被扶持企业营业收入增长率、纳税增长率、研发投入增长率、带动企业投入情况等指标来判断"，

但需要根据实际情况判断指标增幅带动的经济效益。在这样的评分标准下，企业作为一个整体进行运作很难确定销售增长中属于创新资金作用的具体比重，只有通过更加精细的计量计算才能对其进行剥离，在技术层面上操作困难，难以达到指标要求的量化结果。另外对于资金使用企业来说，这种评价要求会大大增加企业的工作负担，降低企业的积极性与配合度，在一定程度上影响自评报告的质量。

第四，未知性因素造成预测难度高。每年的经济形势和政策走向存在很大的未知性，从而给部门或单位对下一年度的预测带来挑战。更为重要的是，对于一些承担突发公共事件的职能部门来说，对诸如自然灾害、重大疾病等突发性公共事件无法做到准确预测。正如我们在前面提到的负责疾病控制的疾控中心，对传染病类型、感染人数都无法做到精确的预测，但传染病控制对群众健康保障至关重要，必须留足预算，这就可能导致年底出现预算支出率不高的情况。但是，在第三方机构进行绩效指标设定时，一般难以考虑到这些未知因素，由此造成的低分结果使得预算部门难以接受。

第五，第三方机构难以消化政策因素。在当前绩效评价工作中，第三方一般只在事后评价时介入，且用于绩效评价的时间很短，难以完全了解业务部门的职能和项目设置背景，对于其中涵盖的政策意义关注较少。因此第三方设置的指标体系更多的只是在资金使用合规性与经济效益上进行考量，难以显示政策导向作用。

第六，自评与第三方评价的侧重点可能有所不同。仍以案例4-1中的案例为例，产创中心（预算单位）在日常运营的工作重心主要是两方面：一是项目资金的使用，二是资金的安全性问题，着重关注企业的还款能力，包括前期申报阶段对申报企业的风险审查以及资金发放后对企业还款能力的后续跟踪与监督。总体上做到重点关注资金使用安全性问题，同时兼顾社会效益。产创中心认为只有充分注重资金使用的安全性问题，确保资金按时归还，才能真正使财政资金滚动起来，创新扶持企业发展资金的使用方式，提升财政资金使用效率，最终推动战略性新兴产业健康发展。而对于第三方评价机构，鉴于其与产创中心在资金使用目的认识上有所不同，对实际操作环节了解较少，对政策的执行效果过于理想化，最终设计的评价指标体系主要以资金产生的经济效益与社会效益为重心，对资金使用的安全性问题设置权重较低，从而使绩效评价结果较差。具体来看，在第三方专家评分表中，一级指标"前期准备""过程管理""绩效情况"所占权重分别是26%、24%、50%，而对于产创中心的工作重心——"过程管理"阶段，其所占比重最小；在"绩效情况"中，下设的"社会效益"与"经济效益"占据绝对比重，而这正是产创中心日常工作中有所忽视的。

案例 4-1　G 省 F 市 S 区创新扶持资金运作绩效评价

一、基本情况介绍

G 省 F 市 S 区产业服务创新中心（以下简称"产创中心"）是根据区第十五届人大常委会第九次会议于 2012 年 6 月 26 日通过的《F 市 S 区产业创新服务中心管理规定》相关内容依法设立的，由区政府直属管理，以区经济和科技促进局作为主要政策部门，承接区经济和科技促进局产业服务和创新职能的法定机构。产创中心于 2012 年 9 月 10 日正式揭牌成立，于 2013 年 1 月 14 日正式对外营业服务。

根据 2013 年发布的《S 区创新扶持资金管理暂行办法》（现已废止）与 2015 年的《S 区创新扶持资金管理办法》规定，S 区自 2013 年起设立创新扶持资金，采用无息使用、到期偿还的资金运作方式，由区经科局负责制定创新资金扶持的产业政策，由产创中心负责创新资金的政策执行，具体扶持对象为高新技术领域科技开发和成果转化、产业化的科技型企业，知识型、智慧型的生产性服务企业，以及 S 区重点招商项目落户企业，扶持期限为一年（可申请展期一年）。在实践操作中，从 2013 年至 2015 年，每年从区科技和经济发展专项资金预算中划拨 5000 万元资金用于创新扶持资金，自 2016 年之后不再单独安排资金。至此，由产创中心负责执行的创新扶持资金共计 1.5 亿元，在创新以传统财政补贴方式的基础之上，力争实现财政资金的滚动运转，提升财政资金的使用效率。

目前，类似于政府服务外包模式，产创中心的日常运营经费主要来源于由经科局发放的项目管理费，在编制上采用合同雇佣形式，人员经费采取财政拨款与自行创收共担的模式。未来的发展方向是成为自收自支、自负盈亏的非营利性机构，在承担部分政府职能的基础上实现自主经营。

二、绩效目标设置

表 1　　　　　　　　　　　预期目标具体情况表

预期目标
财务管理制度目标：健全
支出的相关性目标：相符
制度的健全性目标：制度健全
制度执行的规范性目标：合法合规

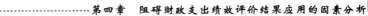

续表

预期目标
财政资金预算完成率（%）目标：100%
具体投向（使用）情况效果指标：全部投向技术、知识含量较高、具有自主知识产权和较高产品附加值的区内企业
财政资金保值效果指标：呆账金额不高于总借款额的5%

三、绩效评价指标体系

表2　　　　　　　　　　　**评价指标介绍**

评价指标（自评）

一级指标		二级指标		三级指标	
名称	权重	名称	权重	名称	权重
资金情况	20	资金发放情况	10	资金发放率	3
				发放及时性	3
				使用合规性	4
		资金管理情况	10	管理的合规性	3
				资金回款情况	7
实施情况	25	风险审查	7	风险审查保障条件	3
				风险审查执行情况	4
		跟踪监管	7	监管制度保障条件	3
				监督执行情况	4
		绩效评估	11	绩效评估保障条件	3
				绩效评估执行情况	3
				绩效评估效果	5
绩效情况	55	产出	10	扶持覆盖面	5
				小微企业扶持覆盖面	5
		效率性	5	被扶持项目验收完成率	5
		效果性	35	带动一年期企业投入情况	2
				带动展期企业投入情况	2
				一年期企业营业收入增长额	2

99

续表

评价指标（自评）					
一级指标		二级指标		三级指标	
名称	权重	名称	权重	名称	权重
绩效情况	55	效果性	35	展期企业营业收入增长额	2
				一年期企业研发投入强度	2
				展期企业研发投入强度	2
				一年期企业纳税增长额	2
				展期企业纳税增长额	2
				知识产权申请增长数	2
				知识产权授权增长数	2
				企业新增就业人数	2
				企业技术研发成果转化新增率	2
				一年期企业新增产品数	2
				展期企业新增产品数	2
				一年期企业新产品销售收入占比	2
				展期企业新产品销售收入占比	2
				节能减排效果	3
		公平性	5	服务对象满意度	5

表3   **第三方评价指标介绍**

评价指标（第三方）					
一级指标		二级指标		三级指标	
名称	权重	名称	权重	名称	权重
前期准备	26	政策制定与推行	16	政策制定	4
				政策发布	4
				政策宣传与辅导	4
				政策可持续性与衔接性	4
		目标设定	10	完整性	5
				科学性	5

续表

评价指标（第三方）					
一级指标		二级指标		三级指标	
名称	权重	名称	权重	名称	权重
过程管理	24	符合性审查	10	符合性审查制度保障	3
				符合性审查组织机构保障	3
				符合性审查执行情况	4
		监督管理	14	备案情况	3
				每季度情况跟踪监督	3
				绩效评估工作监督	4
				监督结果应用	4
绩效情况	50	经济性	5	成本节约率	5
		效率性	5	指标完成度	5
		效果性	30	经济效益	15
				社会效益	15
		公平性	10	服务对象满意度	10

资料来源：调研资料，《S区财税局2015年度创新财政资金运用专项资金项目第三方绩效评价报告》。

第三节 评价结果欠缺权威性

当前，我国绩效评价结果难以应用的一个重要原因是评价结果欠缺权威性。一方面从客观层面来讲，鉴于目前的政策体系，绩效评价结果不具备法律效力。不仅开展绩效评价工作没有立法要求，同时绩效评价报告也不经立法机构——人民代表大会及其常务委员会审批，从而绩效评价结果欠缺法律上的权威性。另一方面从主观层面来看，由于绩效评价结果欠缺科学性，从而无法令参与各方信服，导致评价结果欠缺权威性。究其原因，主要有以下两个方面。

一、绩效评价第三方力量尚未成熟

目前，国内预算绩效管理大多采取第三方评价的模式，即通过聘请社会中介机构或专家团队等第三方力量对财政支出进行系统性的评价，使绩效评价的公正性、客观性和权威性得到提高。财政部发布的《财政支出绩效评价管理暂行办法》第二十五条明确规定:"根据需要,绩效评价工作可委托专家、中介机构等第三方实施。财政部门应当对第三方组织参与绩效评价的工作进行规范,并指导其开展工作。"但由于我国绩效评价工作尚处于不完善的阶段,绝大多数社会中介缺乏从事绩效评价工作的经验,对绩效管理理念尚未充分理解,高等院校和科研院所也由于信息不对称等原因难以大量参与政府进行的预算绩效管理。第三方独立承担绩效评价工作的力量尚未成熟,对预算绩效管理工作的推进形成了障碍。此外,社会中介机构本身也有局限性,人员队伍专业素养和水平参差不齐,不排除有些社会中介出于自身成本经营考虑,难以客观公正或保质保量地开展预算绩效评价。虽然部分地区财政部门专门出台了政策,规定了第三方评价机构和评审专家的管理事项(如上海市有《上海市财政支出绩效评价聘用第三方评价机构管理暂行办法》和《上海市财政支出绩效聘用评审专家管理暂行办法》),但多是原则性的条款,在实践中可能实际约束力不高①。

因此,整体来看,虽然我国自开展预算绩效评价工作已有多年,但还是处于一种"走过场"的形式,绩效评价结果没有真正运用到预算编制过程中,主要原因之一在于第三方评价机构尚未成熟,提供的绩效评价报告质量较差,专家反馈的相关建议缺乏建设性和可操作性,从而导致绩效评价结果的科学性欠缺,评价结果难以进行实质性应用。而对于预算编制部门,它们关注的重点在于项目能否立项、划拨多少资金,太过空泛的政策建议往往导致绩效评价结果运用性不强。近年来随着经济的不断发展,各预算部门(单位)的支出类型或项目总数不断增长,在主管部门编制不变甚至减少的情形下,公务人员工作量逐渐加大,无法对所有项目做到一一把关,对于第三方评价报告也只能是从字面上对逻辑、语言、数据、得分进行大致判断后,将评价结果反馈至各预算部门(单位),最终导致结果运用效果大打折扣。究其原因,考虑有以下三个方面。

(一)个别评审专家存在评审态度不够认真或评审水平有限的现象

首先,在财政部门看来,开展预算绩效评价工作一般会聘请两种类型的专家。一种类型的专家大多就职于会计师事务所,由于职业关系对会计方面更加注重,而对预算本身有所忽略,因此评审效果较差。另一种类型的专家来自专门从事政府预算审计的机构或高校,具备专业素质,但鉴于评审的经费有限,资料规模庞大,专家评审的积极性不够同样导致评价效果不尽如人意。

其次,在预算部门(单位)和资金使用单位看来,一种情况是同一部门或项

---

① 卢真. 我国预算绩效评价的问题分析——以上海市为例 [J]. 经济研究参考, 2016 (31).

目聘请不同的专家，评价标准和评价结果会出现很大的不同。另一种情况是参与同一次评价的几个专家意见有异，这样在最终评分时，选择采取平均分或是不均等配比的方式对评价等级影响很大，从而对预算部门（单位）有失公平。此外，专家评价差异较大也从侧面反映了绩效评价机制的不完整，缺乏固定的指标体系和评分标准，结果有失客观公正。

最后，在第三方评价机构看来，聘请的专家大多只能提供技术层面的帮助，在评价时很少关注公共政策性因素，忽视部门与资金使用单位自身的特性，使得中介机构研究人员在进行绩效评价时必须具备比专家更强的专业素质。从这个角度来看，即便是中介机构使用高成本聘请专家也并不一定能够给绩效评价带来理想的效果。此外，评价结果因专家的水平而异，对于同一个项目，不同的专家可能会给出截然不同的评价结果，并且同时会通过考虑所得报酬的高低来决定评价过程的仔细程度，进一步影响项目的评价质量。

（二）第三方机构缺乏较公平的竞争环境

目前我国参与预算绩效评价的主要有四种机构：一是会计师事务所和税务、造价公司咨询机构；二是半官方的研究机构、非专业财务财会类的专业机构；三是体制内的评审中心；四是独立的第三方评估机构。但在实地调研中我们发现，财政部门对四类中介机构的重视程度不同，尤其是对第四类机构不够重视，开放度、合作度欠缺。因此在选取中介机构时，财政部门多数不愿选择更具专业性的独立第三方评估机构，最终影响绩效评价报告的质量。

（三）第三方机构的逐利性倾向

财政部门用于绩效评价工作的预算经费较少也是导致绩效评价报告质量较差的重要因素。第三方中介机构属于营利性企业，在优先考虑经济效益的同时兼顾社会效益，因此若费用较低，会降低第三方评价机构的参与积极性，最终导致评价报告质量较差。在实地调研过程中，第三方中介机构普遍反映，受托进行预算绩效评价的费用较低，导致专家的评审态度和评审质量会随之降低；部分中介机构由于费用低难以聘请专家，索性自己进行评价。在费用较低的情况下，通常中介机构会过度依赖于单位自评报告内容，无法提出创新性、实质性的建议，使得绩效评价结果难以真正应用。

二、绩效评价整体缺乏透明度[①]

预算绩效管理的基础是绩效，能否获取全面、完整、翔实的信息并对预算资

---

① 卢真. 我国预算绩效评价的问题分析——以上海市为例［J］. 经济研究参考，2016（31）.

金的绩效做出客观公正的判断,直接关系到预算绩效管理的质量和发展。因此,从某种程度上讲,预算绩效管理是一种信息活动,讲求过程的透明和信息的公开。但目前,我国绩效评价存在的最大问题就是过程不透明、信息不公开,从而严重影响了绩效评价结果的科学性。具体来看绩效评价整体缺乏透明度主要体现在以下三个方面。

(一) 绩效评价的成本信息不透明

为了开展绩效评价,需要花费相当多的人力、财力和物力,如财政部门需设立专门的部门和专门的人员分管此项工作,需聘请独立第三方开展绩效评价活动和撰写绩效评价报告等。但上至财政部,下至各地方财政部门,都未明确公开其开展预算绩效评价工作的成本数据,也未公开对绩效评价结果再评价的结果。以上海市为例,绩效评价最为公开的是专家费用,上海市 2011 年出台了《上海市财政支出绩效评价聘用第三方评价机构管理暂行办法》,但其中关于专家评审费的表述为"组织评审机构应根据评审专家参与评审的工作量,参照本市相关业务的报酬标准支付评审费",评审费用信息完全不透明。其他省市仅有少数省市(如江苏省)直接公开了绩效评价的专家费用,大部分省市都未公开明确的费用指标,如浙江省只规定专家报酬支付原则为"谁委托、谁支付",如表 4 – 1 所示。

表 4 – 1 　　　　　　　　　　　部分地区绩效评价专家费用

省(市)	专家费用情况	文件
上海	组织评审机构应根据评审专家参与评审的工作量,参照本市相关业务的报酬标准支付评审费	《上海市财政支出绩效评价聘用评审专家管理暂行办法》
江苏	(1) 副高级技术职称专业人员每半天最高不超过 1000 元; (2) 正高级技术职称专业人员每半天最高不超过 2000 元; (3) 院士、全国知名专家每半天一般不超过 3000 元	《江苏省预算绩效管理聘任专家暂行办法》
湖北	评审专家评标劳务费标准。政府采购项目专家评标劳务费按每人半天(不超过 4 小时)200 元、全天(不超过 8 小时)300 元的标准发放,超过 8 小时按每人每天 400 元的标准发放。因不可预见因素终止评标活动的,按每人每次 100 元的标准发放交通补助费	《省财政厅、省监察厅关于省级政府采购评审专家评标劳务费支付标准的通知》
浙江	专家报酬支付按照"谁委托、谁支付"的原则办理	《浙江省财政支出绩效评价专家管理暂行办法》

由此可见，关于绩效评价的成本信息，仅专家评审费这一项，就让人琢磨不透，因此绩效评价的财政资金是否有效率，是否真正提高了预算管理的质量和效率，更令人疑惑。

（二）绩效评价的指标体系不透明

绩效评价指标是指衡量绩效目标实现程度的考核工具，是整个预算绩效管理工作的重点和难点，指标体系的科学性和完整性在一定程度上决定了绩效评价的成败。按照财政部发布的《财政支出绩效评价管理暂行办法》的规定，绩效评价指标由财政部门和预算部门（单位）分别或共同制定，分为共性指标和个性指标，随后财政部又下发了《预算绩效评价共性指标体系框架》，分别制定了项目支出绩效评价共性指标体系框架、部门整体支出绩效评价共性指标体系框架、财政预算绩效评价共性指标体系框架，要求"各级财政部门和预算部门开展绩效评价工作时，既要根据具体绩效评价对象的不同，以《预算绩效评价共性指标体系框架》为参考，在其中灵活选取最能体现绩效评价对象特征的共性指标，也要针对具体绩效评价对象的特点，另行设计具体的个性绩效评价指标"。从各地的财政管理实践来看，省一级的共性指标体系基本上做到了全面公开，而在地市一级只有部分市选择公开，在区县一级基本没有公开；由于多数地区并没有公开财政支出绩效评价的整体报告，因此对各个预算部门或项目绩效评价的指标体系无从得知。由于评价指标体系不透明，公众无从监督其绩效评价的质量，评价结果的科学性和公正性受到质疑。

（三）绩效评价的评价报告不公开或不完全公开

2014年全国31个省（区市，不包括港澳台地区）仅有上海市、湖北省、湖南省、广东省、云南省和新疆维吾尔自治区6个省（区市）公开预算绩效评价结果，近几年来，随着各部门预算绩效管理理念的不断深入以及财政支出绩效评价工作的不断推进，越来越多的地区选择向社会公众公开绩效评价结果，但大都选择部分公开，如公开数个省级重点项目的绩效评价结果，或是获得优良以上评价的绩效评价结果，或是公开简略版本的绩效评价结果。以广东省为例，2017年省级层面选择公开了部分重点项目与重点资金使用的绩效评价报告，具体涉及省级邮政基本公共服务均等化专项资金、省级安全生产专项资金、森林碳汇重点生态工程建设资金、省文联信息化建设专项经费等7项专项资金使用绩效评价报告，市级层面如广州市，2016年向社会公开了10份财政资金支出项目绩效评价简要报告，这10项财政资金支出项目涉及食品安全监管及专项检测、污水处理、农村泥砖房和危房改造、金融产业发展、中小学教师继续教育、民政局政府购买服务等方面。从绩效评价结果来看，除一个项目获评绩效等级为"中"外，其他项目获评绩效等级均为"良"①。再如上海市，《上海市财政支出绩效评价管理暂行办法》并未对绩效评价报告本身的公开做要求，但要求公开绩效评价的结果。其第三十八条规定按照政府信息公开有关规定，预算绩效管理主体应将各自组织的绩效评价的结果信息在一定范围内进行公开。《财政项目支出绩效评价结果信息公开》的内容主要包括：项目名称、预算金额、主管部门、评价分值、评价等级、主要绩效、主要问题、整改建议、整改情况、评价机构等方面。而关于绩效评价的完整报告，仅公开了一个样本说明，包括：绩效评价指标体系和评价标准、为实现绩效目标所采取的主要措施、绩效目标的实现程度、存在问题及原因分析、评价结论及建议、需要说明的事项，如案例4-2所示。由此可见，上海市并未公开其预算绩效评价的评价报告，采取的是部分公开简略版的绩效评价结果的方式，绩效评价结果的透明度不高。

案例4-2　上海市财政支出绩效评价报告样本

上海市财政支出绩效评价报告

项目名称：×××

项目单位：×××

主管部门：×××

评价机构：×××

××年××月

目录

摘要

概述

评价结论和绩效分析

经验教训和建议

前言

开展绩效评价的背景

评价委托关系（如果有）

一、项目基本情况

（一）项目概况（项目立项背景、项目实施情况、经费来源和使用情况）

（二）项目绩效目标

---

① 为何食品安全监管明明花了大钱却得不到认可［OL］.南方网，http://news.southcn.com/g/2016-01/20/content_141162547.htm.

二、绩效评价工作情况

（一）绩效评价目的

（二）绩效评价设计过程

（三）绩效评价框架（包括绩效评价原则、评价指标体系、绩效标准和评价方法等）

（四）证据收集方法

（五）绩效评价实施过程

（六）本次绩效评价的局限性

三、绩效分析及评价结论

（一）绩效分析（项目决策、项目管理、项目绩效）

（二）评价结论（评分结果、主要结论）

四、主要经验及做法、存在的问题和建议

（一）主要经验及做法（围绕业绩好的指标，说明管理的成就和经验）

（二）存在的问题（围绕业绩不好的指标，说明项目管理和实施中存在的问题）

（三）建议和改进举措（政策建议、改进举措）

五、其他需说明的问题

附件：（1）绩效评价指标体系；（2）面访、座谈会和实地调研人员名单，访谈、调研提纲；（3）社会调查问卷；（4）其他。

总体来看，目前我国的绩效评价工作大多仅涉及事后评价，少部分涉及事前评价，事中评价空缺，形式化现象较为严重，缺乏有效的全过程绩效评价管理机制是绩效评价结果难以应用的主要原因。全面的绩效评价应该是一个包涵事前评价、事中评价、事后评价、结果应用的长期性、连续性过程，并对预算编制、执行、决算等各个阶段起到监督和指导作用。其中事前评价是指绩效目标管理，主要针对项目的绩效目标和预算安排进行考察，考察项目是否具有战略适应性、设立的绩效目标是否科学、各项措施是否能够有效保障目标的实现、预算安排是否合理、财务制度是否健全等；事中评价即绩效跟踪，旨在对绩效目标运行情况和预算执行情况进行跟踪管理和督促检查，若发现实际运行目标与预期目标发生偏离，应及时予以纠正，以促进绩效目标的顺利实现；事后评价即绩效评价，是绩效评价管理的核心，目前 S 区所进行的绩效评价工作主要集中在这一阶段；最后，结果运用是上述绩效评价管理工作的成果实现阶段。因此从这个角度来看，涵盖事前、事中、事后评价的全过程绩效评价管理机制应是结果得以应用的前提和基础。

第五章

美国财政支出绩效评价
结果应用的经验

美国是世界上最早开始对政府财政支出进行绩效评价的国家之一。早在1921年，以国会通过的《预算与会计法案》为标志，该国的政府财政支出的绩效评价正式成为财政管理的一个重要环节，经过近百年的改进和完善，无论是制度设计还是实际效果，均已比较成熟、规范，起到了提高财政支出效率的作用。自20世纪80年代以来，随着新公共管理理论所倡导的"重建政府"的兴起和美国的示范作用愈发强烈，尝试和推广财政支出绩效评价已经成为一股世界潮流。学习和借鉴美国的先进经验，对完善我国的财政支出绩效评价具有一定的意义。本章共分为两小节。第一节是美国财政支出绩效评价的改革历程，我们首先从美国的预算管理基本框架入手，详细介绍了涉及预算管理的主要职能部门及预算管理程序，其次着重介绍了美国联邦政府财政支出绩效评价的改革历程，并对其现行的部门绩效评价方法——"行政部门管理评分卡"和项目绩效评价方法——"项目评级工具"（PART）进行了详细阐述。第二节总结了美国财政支出绩效评价结果应用的经验，虽然通过对美国绩效评价改革历程的梳理，我们发现绩效评价结果应用的提升，往往伴随着整个预算管理体制的改革，但是他山之石，可以攻玉，无论是在结果应用方面，还是在相关的制度设计方面，我们都可以从美国的改革历程中汲取经验，具体主要从预算管理理念、重视绩效考核、制度设计、法律框架、评价主体、评价层次、评价指标、结果应用等多个方面进行了阐述。

第一节 绩效评价改革历程

一、美国预算管理基本框架

美国是联邦制国家，其宪法赋予了联邦政府汲取财政收入、安排财政支出的权力，但并未直接对州政府的财政职能做出明确规定，具体由各州宪法进行了规定。鉴于各州情况不一，相关法律差别较大，所以各州政府所承担的财政职能也有所不同，在预算管理上各职能部门的分工也不甚相同。因此在本章，我们将主要以美国联邦政府为研究对象，具体阐述美国联邦政府预算管理的基本框架。

（一）预算职能部门

美国是行政、立法、司法三权分立的国家，其中承担预算管理的部门是行政部门与立法部门，二者各有一套参与预算编制、审核、执行、监督、评价等环节的完整、独立的系统，但各有侧重、相互制约又相互配合。

1. 行政部门。

美国行政部门在预算管理中主要负责预算编制，参与角色有总统（President），由财政部（Department of The Treasury）、国家经济委员会（National Economic Council）、经济顾问委员会（Council of Economic Advisers，CEA）构成的"经济三角"，以及总统预算与管理办公室（Office of Management and Budget，OMB）①。总统的权力主要体现在对预算报告、预算修正案以及其他与预算有关的法律、文件等的签署权与否决权上，同时负责向国会提交相应报告。"经济三角"主要负责经济预测并制定政策，具体到预算编制领域，国家经济委员会负责为总统提供整体上的宏观经济政策；经济顾问委员会主要向总统建议税收政策和需要财政重点投入的领域；财政部负责根据以往财政收入情况与经济形势预测编制收入预算，并在预算执行阶段组织资金供应。总统预算与管理办公室则担负编制支出预算的主要责任，是独立于财政部、直接向总统负责的机构。每年在对各部门、机构提交的预算进行核查后，OMB 统一编制联邦政府本年度支出预算，并交由总统审核；预算方案经国会批准后，OMB 负责向各部门、机构分配资金，并在执行过程中进行预算监督。

2. 立法部门。

美国的立法部门是国会，由参议院和众议院组成。在预算管理中国会的主要职责是对预算进行审核，参与对象主要包括：参、众两院的拨款委员会（Committee on Appropriations）、筹款委员会（Committee on Ways and Means）、预算委员会（Estimates Committee）、国会预算办公室（Congressional Budget Office，CBO）以及国会会计总署（Government Accountability Office，GAO）②。其中拨款委员会是国会中负责拨款法案的常设委员会，主要负责拟定拨款提案、对各部门及项目进行开支授权；筹款委员会主要负责审议税收法案；国会预算委员会是国

---

①② 财政部预算司．预算管理国际经验透视［M］．中国财政经济出版社，2003．

会中用于预算审核的专业机构，是为加强国会的预算权力而设立的，专门对总统提交的预算草案进行宏观政策、总体指标的审议；国会预算办公室（CBO）是一个独立的、非党派的专业性机构，它的主要职责是为国会参、众两院对总统预算法案的审议提供辅助性、专业性、非政治性意见，可以通过自己的预测，独立编制一整套预算供国会参考，类似于一种"第三方机构"；国会会计总署（CAO）主要负责审计政府财务，确保政府的系列财务活动在国会批准的范围内进行。

（二）预算管理程序

总体来看，美国联邦政府与地方政府的预算管理程序不尽相同。从预算编制方法上看，前者是按单式预算编制的，后者大多是按复式预算编制的。从预算年度上看，1977 年以前美国的预算年度为 7 月 1 日到下一年度的 6 月 30 日；1977年之后，联邦政府的预算年度变为 10 月 1 日至下一年度的 9 月 30 日，但州政府的预算年度可以自行确定且不必与联邦政府保持一致，部分州的预算年度依然是7 月 1 日至下年度的 6 月 30 日，如加利福尼亚州。与此同时在时间跨度上也不尽相同，美国 50 个州中有 31 个州财政年度为 1 年，议会每年对预算进行审核，有4 个州财政年度为 2 年，议会每两年对预算进行审核，其余 15 个州介于上述二者之间，每次编制两年的预算时，虽然议会每年召开一次会议，但不是每一年都进行预算审核。

我们仍以联邦政府为研究对象，根据前面对职能部门的介绍，可以发现，美国联邦政府的预算管理共涉及政府及国会中的 9 个职能部门，预算程序势必会是一个复杂、耗时的过程，但也正是因为如此，美国的预算法案能够尽可能公平公正地平衡各方利益。一般来说，在一个完整的财政年度内，政府要在执行本年度预算的同时，审计上一财政年度预算完成情况，同时编制下一财政年度预算，从预算编制到预算审计完成共计 33 个月。我们以 2017 年 10 月 1 日到 2018 年 9 月30 日这一财政年度的预算为例进行说明。

1. 预算编制阶段。

预算编制阶段在行政部门内进行，由 OMB 承担主要的支出预算编制工作，财政部负责收入预算编制并供 OMB 参考，国家经济委员会和经济顾问委员会在整个过程中提供政策建议等辅助性服务，历时为 2016 年 4 月至 2017 年 1 月，共计 10 个月。其中，鉴于财政收入不涉及具体各部门，因此收入预算编制程序较为简单，主要由财政部进行负责；而支出预算是由各部门制定的支出预算汇编而成，因此程序较为烦琐。具体来看，2016 年 4~5 月，由 OMB 给政府各部门提供预算编制的指导性建议；5~9 月，由各部门编制本部门支出预算；9 月，各部门向 OMB 提交预算草案；9～10 月，OBM 与各部门就上述预算方案进行沟通与协商；10～11 月，OMB 主任与总统商定预算总规模及重点项目安排，根据各部门提交的预算请求初步拟定各部门的支出规模；11～12 月，各部门在得到支出规模后在 3 个星期内可进行申诉。2017 年 1～2 月初，OBM 准备预算文件并交由总统签署，提交至国会①。

2. 预算审批阶段。

预算的审批阶段在国会进行，历时为 2017 年 2 月至 2017 年 9 月，共计 8 个月。2017 年 2 月第一个周一是政府预算草案提交国会的截止日期，此后，国会中对支出有管辖权的各常设委员会与小组委员会以及两院的筹款委员会按照各自的职责范围举行听证会。在这期间，国会预算办公室（CBO）为各委员会提供所需资料与建议；2 月 15 日，国会预算办公室（CBO）向参、众两院预算委员会提交预算报告；3 月 15 日，上述两院的各委员会需向本院预算委员会提交各自关于预算收支的评估与意见；4 月 1 日，两院预算委员会提出预算共同决议案（国会预算决议案），供参、众两院讨论，并通知总统，4 月 15 日是国会通过共同决议案的最后期限；2017 年 4 月至 6 月，总统对预算决议案提出修改意见并报告国会。在第一个预算决议案通过后，两院拨款委员会和筹款委员会即按照决议案规定的指标，起草拨款和征税法案。国会应在 6 月 30 日完成所有拨款方案的立法工作，并在 9 月 15 日前通过规定预算收支总指标的具有约束力的第二个预算决议案，并将其提交给总统②。

3. 预算执行阶段。

预算法案经由国会通过和总统签署后正式生效，继而进入预算执行阶段，历时为 2017 年 10 月至 2018 年 9 月，总计 12 个月。期间各部门在执行预算的过程中若需推迟或取消支出，则需要向国会报告，若需追加支出，必须经过国会立法修正案。财政部一方面负责收入预算的执行，按照相关法律依法征税，另一方面负责支出预算中的资金调拨，需要根据各部门的预算安排，将资金由收入户划向支出户。国会预算办公室（CBO）在预算执行过程中主要起控制作用，负责核查各部门支出是超收还是结余。国会会计总署（CAO）在预算执行过程中主要起监督作用，监督各部门是否在国会通过法案允许的范围内执行。

4. 预算审计阶段。

预算年度结束后，预算进入审计阶段，主要工作有二：一是汇总本预算年度内的预算收支执行情况的决算报告，由财政部与 OMB 共同编制，再经由审计机

---

① 全国人大常委会预算工作委员会调研室．国外预算管理考察报告［M］．中国民主法制出版社，2005.

② 何丽丽．美国联邦政府的预算程序［OL］．中国经济网，http：//www.ce.cn/.

构审核、国会批准后成为正式决算①；二是对各部门预算执行情况进行评价与审计。具体来看监控体系可以分为内部控制和外部控制两类。内部控制是指每一个联邦部门自己内部所设的内控机构对本部门的预算执行结果进行评价，该内控机构由本部门的财务首长领导，与此同时，OMB 也有权对联邦各部门的预算执行结果进行核查。外部控制主要由国会会计总署（CAO）进行审计，它是对联邦政府预算进行外部控制的专门机构，主要负责审查联邦预算的执行结果与国会通过的法案是否相符，并对各部门的预算执行情况进行审计。在实践中，国会会计总署（CAO）在每个政府机构内部都设一个总检察官，总检察官有权查阅被审计部门的所有文件②。

二、美国财政支出绩效评价改革历程

（一）美国联邦政府的绩效评价改革

1. 克林顿政府：《政府绩效与结果法案》和"国家绩效评估委员会"。

绩效预算改革从始至终追求的目标都是政府预算管理效率的提升以及公共资金使用效率的增强，政府希望通过预算模式的改革最终达到降低政府成本、优化资源配置的目标。1993 年，美国针对预算强调"绩效"的改革，出台了《政府绩效与结果法案》（Government Performance and Results Act of 1993，GPRA）。该法案是美国第一次以立法形式将政府绩效评价制度固定下来，要求以预算的"计划"功能为改革起点，鼓励联邦机构制定战略计划和绩效计划，并向立法机关提交绩效报告，用绩效信息来证明其在公共责任、服务提供以及制定决策方面的改善。虽然其终极目标是将绩效数据运用到整个预算过程中以影响预算决策，但在实施伊始，只是为了要求机构提供更多的绩效信息。

具体来看，GPRA 要求政府部门提交战略规划、年度绩效计划和绩效目标以及绩效评价和责任报告。

首先，每个联邦部门都要向国会提交至少五年期的战略规划，战略规划是政府进行绩效管理的起点和基础。战略规划内容包括：

（1）一个综合性的使命陈述。它必须覆盖该机构的主要职能及其履行。

（2）总目标和分目标。它们包括与该机构主要职能及其履行要求相对应的产出总目标和分目标。

---

① 财政部预算司. 预算管理国际经验透视 ［M］. 中国财政经济出版社，2003.
② 何丽丽. 美国联邦政府的预算程序 ［OL］. 中国经济网，http：//www.ce.cn/.

（3）一个关于如何落实目标的说明。它要对操作过程、操作技巧与技术以及为达成目标所需要的人力、资金、信息和其他资源等做出说明。

（4）一个关于绩效目标与前述总目标和分目标相关性的对应说明。

（5）对关键因素做出申述。

（6）项目评估的说明。

其次，联邦部门每年要向国会和总统预算与管理办公室提交年度绩效计划，其内容包括：

（1）建立绩效目标，确定项目活动所能达到的绩效水准。

（2）用客观、可数和可计量的形式表述目标。

（3）简要说明操作的过程、技巧和技术以及为实现绩效目标所需要的人力、资金、信息或其他资源。

（4）建立绩效指标以用于测量或评估相应的产出、服务水平和每个项目活动的结果。

（5）为将实际项目活动结果同已建立的绩效目标进行对比提供一个基础。

（6）说明用于验证和确认测量价值的手段和工具。年度绩效评价报告由国会会计总署，或由其聘请中介机构，或由各政府部门内部的评价机构执行，然后向国会提交。

此外，年度绩效报告应详细陈述年度预算中所列出的项目和拨款安排的实施情况，报告绩效计划取得的成果及目标实现情况，包括已完成的目标，还应包括对未完成目标的解释，无法完成的原因和推荐改革方案①。

《政府绩效与结果法案》为联邦政府的绩效预算改革奠定了坚实的基础，但是，该法案本身存在的诸多漏洞阻碍了其进一步推进，尤其是对部门和项目的考察没有实现结果导向，最终国会与行政部门也没有根据相应的绩效信息进行决策。

GPRA 发布之后，克林顿总统建立国家绩效评估委员会（National Perform-ance Review，NPR），后改名为"国家重塑政府伙伴关系审查委员会"（National Partnership for Reinventing Government）。在该委员会的推动下，克林顿总统签署了 12862 号行政命令，要求各部门以顾客需求为导向，并根据顾客的满意度来分配资源，实施预算决策。

2. 布什政府："总统管理议程"和"项目评级工具"。

2001 年，为了使美国联邦政府和机构运行更有效率，为了让政府"以民为本，以市场为基础，以结果为导向"，布什总统上台之后即刻宣布了一个为期五

---

① 刘红梅，王克强，陈玲娣. 美国林业部门预算绩效评价及对我国的启示［J］. 林业经济，2007（12）.

年的"总统管理议程"（President's Management Agenda，PMA）。该项议程在给予各部门更多自主管理权的同时，强化雇员问责，并对其进行定期绩效审查，在实践中主要是将私人部门引入了公共部门，具体内容包括五个方面：人力资本的战略性投入（strategic investment in human capital）、竞争性采购（competitive sourcing）、财务绩效（improved financial performance）、电子政务（e-government）和预算与绩效的整合（budget and performance integration）。在 PMA 的基础上，布什政府相继推进了部门绩效评价改革和项目绩效评价改革。

（1）部门绩效评价改革——"行政部门管理评分卡"。OMB 根据"总统管理议程"的基本精神，以联邦政府部门与机构为对象，制定了一套记分卡评级工具——行政部门管理评分卡，这也就是我们经常所说的"红绿灯"评估体系。这一评价体系使用红、绿、黄三种颜色分别代表对部门完成任务水平的不同评价，其中，"绿"代表成功，"黄"代表取得了一定程度的进步，"红"表示失败，通过"红绿灯"评价标准体系，评价各部门执行"总统管理议程"所确定的改革执行情况。在具体实践中，每次评价后，部门和机构都会收到两种类型的色彩评级。一方面，他们会就每项计划达到整体目标的状况获得一个评价，绿色代表很好地实现了每一项的标准，黄色代表完成情况处于中等水平，红色代表完成结果较差；另一方面，各个部门和机构朝着改进计划的进步情况也会获得一个评价，这个评价是根据部门与机构自行设定的计划和时间表进行的个案分析，绿色代表依照原定计划实施，黄色代表存在一些退步或者需要部门进行及时调整以达成原定的目标或计划，红色代表部门原定的计划已陷入困顿状态，在没有大规模的干预下，不太可能实现原定目标①。

"总统管理议程"中的各个动态执行结果的分级标准是由总统管理委员会的各个官员、相关领域专家学者共同研究商讨并最后制定出来的，其标准如表 5 - 1 所示②。

行政部门管理评分卡是一个确保部门或机构绩效的十分有效的问责工具，即使这种计分评级并没有和其他决策行为直接相关，但它却能真实地反映部门或机构的运行情况和管理能力。据统计，截至 2008 年 3 月 31 日，美国 26 个联邦部门（机构）中有 17 个在行政部门管理评分卡上达到了绿色的评价，分别是：国务院、商业部、教育部、农业部、劳工部、司法部、环境保护部、能源部、交通部、管理和预算办公室、小型企业管理局、国家航空和宇宙航行局、总务管理局、人力资源管理办公室、国家科学基金会、史密森学会、社会保障管理局。

---

① 刘国永. 预算绩效管理概述 [M]. 江苏大学出版社，2014.
② 张君. 部门预算绩效管理研究 [D]. 东北财经大学，2014.

表 5－1　　　　　　　　　**"总统管理议案"对执行结果的分级标准**

一、人力资本战略管理

绿色	必须达到以下所有核心标准： 　　1. 部门的人力资本战略必须与其部门责任、目的和组织目标相联系，并纳入其战略规划、业绩规划和预算中。 　　2. 政府部门要围绕公民、以自身的职责为核心进行运转，要对社会、经济等起一个缓冲作用，并且要发展电子政府，积极拓宽自身的竞争渠道。 　　3. 政府部门的管理者工作效率高，主要管理者具有连续性，并且有一个学习的环境使其"业绩"的改善具有连续性。 　　4. 政府部门需要有不同的、以业绩成效为导向的高素质人员，同时要有高效的业绩管理系统用于区分公务人员业绩的高低，能够将个人、团体、单位的业绩与组织目标与预期结果相联系。 　　5. 政府部门已经完成了多数重要的技术革新、公务人员已具备足够的专业知识、改正了存在的问题，或者在所有这些改革中取得了意义重大的重要性进展。 　　6. 政府部门的人力资本决策是依据相关数据进行的，并且用以业绩为导向的规划与责任系统来指导
黄色	1. 政府部门实现了上述核心标准的一部分而非全部。 2. 没有红色情况出现
红色	存在以下任何一种情况： 　　1. 政府部门缺乏人力资本战略规划，无法说明其进行的人力资本投资及相关活动是如何与其责任、目的以及组织目标相联系的。 　　2. 政府部门拥有过多而复杂的领导层，没有将发展电子政府、拓宽竞争渠道作为部门人力资本规划的工作重心。 　　3. 政府部门在其职责的重要领域没有连续性和整体性的规划。 　　4. 政府部门没有高效的业绩管理系统以区分公务人员业绩的高低，不能够将个人、团体、单位的业绩与组织目标与预期结果相联系。 　　5. 政府部门在技术革新、人员知识储备、改正问题方面能力不足。 　　6. 政府部门没有足够的数据信息与业绩信息进行人力资本决策和评估。 　　7. 政府部门间商业性的、可回收的、由事务费所支持的服务协议是不可竞争的

二、竞争性资源配置

绿色	必须达到以下所有核心标准： 　　1. 政府部门已经完成了与私人部门的竞争，或者政府部门中通过竞争选拔的雇员不少于联邦政府投资改革法案核准的50%。 　　2. 政府部门按照经批准的"竞争计划"展开竞争，同时以此为导向直接进行转换。 　　3. 政府部门间商业性的、可回收的、由事务费所支持的服务协议是可以与私人部门进行竞争的
黄色	1. 政府部门实现了上述核心标准的一部分而非全部。 2. 没有红色情况出现

红色	存在以下任何一种情况： 　　1. 政府部门已经完成了与私人部门的竞争，或者政府部门中通过竞争选拔的雇员少于联邦政府投资改革法案核准的 15%。 　　2. 政府部门没有按照经批准的"竞争计划"展开竞争并以此为导向直接进行转换。 　　3. 政府部门间商业性的、可回收的、由事务费所支持的服务协议没有展开竞争

三、提高财务绩效

绿色	必须达到以下所有核心标准： 　　1. 政府部门的财务管理系统符合联邦财务管理系统的要求，并且适用于联邦会计和交易标准。 　　2. 政府部门的财务信息具有准确性与及时性。 　　3. 政府部门的财务管理系统和业绩管理系统可以共同反映政府部门每天的运作情况。 　　4. 能够及时地对政府部门年度财务报表进行评价和审计，并且审计人员没有发现重大的内部控制问题
黄色	1. 政府部门实现了上述核心标准的一部分而非全部。 2. 没有红色情况出现
红色	存在以下任何一种情况： 　　1. 政府部门的财务管理系统不符合联邦财务管理系统的要求，不适用于联邦会计和交易标准。 　　2. 政府部门的财务信息不具有准确性与及时性。 　　3. 政府部门领导无法对管理、跨级和行政控制系统进行绝对保证。 　　4. 审计人员发现政府部门存在不符合法律规定的重要问题，或存在重大的内部控制问题，或不能及时反馈对年度财务报表的评价

四、拓宽电子政务

绿色	必须达到以下所有核心标准： 　　1. 战略价值：政府部门所有主要系统的投资都必须按照 OMB Circular A-11（Exhibition 53，From 300）的要求提交商业案例。 　　2. IT 项目业绩：平均而言，在政府部门所有主要的 IT 工程中，90% 以上在 From 300 规定的成本、时间进度、绩效目标内运作。 　　3. 完成电子政府的开展与 GPEA 的实施。 　　4. 为公民提供完整的一站式服务。 　　5. 通过利用以往搜集到的数据或者其他公开渠道所接收到的信息，使得政府部门的经济负担最小化。 　　6. 政府部门间设置电子授权或一站式信息交换。 　　7. 通过消费者关系管理、供应链管理、企业资源管理，或是通过管理实践来提升政府部门生产力
黄色	1. 政府部门实现了上述核心标准的一部分而非全部。 2. 没有红色情况出现

续表

红色	存在以下任何一种情况： 1. 政府部门主要系统的投资按 OMB Circular A－11（Exhibition 53，From 300）的要求能够提供商业案例的比例低于50%。 2. 平均而言，在政府部门所有主要的 IT 工程中，按 From 300 规定的成本、时间进度、绩效目标运作的比例不足70%。 3. 没有完成电子政府的开展与 GPEA 的实施。 4. 没有为公民提供完整的一站式服务。 5. 没有通过利用以往搜集到的数据或者其他公开渠道所接收到的信息，使得政府部门的经济负担最小化。 6. 政府部门间没有设置电子授权或一站式信息交换。 7. 没有通过消费者关系管理、供应链管理、企业资源管理，或是通过管理实践来提升政府部门生产力

五、预算与绩效整合

绿色	必须达到以下所有核心标准： 1. 规划、评估、预算部门的公务人员与项目管理人员一同编写规划与预算，并对其实施效果进行监控与评估。 2. 根据规划、预算部门制定的规划、预算进行以后的资源配置。 3. 特定的预算账户、人员、项目结合起来从而实现特定的项目目标。 4. 政府部门全部的预算成本都反映在财务账目上，产出与项目的成本和绩效反映在预算的编制与执行中。 5. 政府部门对各项目要有项目产出及绩效评价报告，要将相应结果应用到预算编制中，并说明该绩效结果是如何影响预算决策的
黄色	1. 政府部门实现了上述核心标准的一部分而非全部。 2. 没有红色情况出现
红色	存在以下任何一种情况： 1. 规划与预算是分离的，相关部门很少进行合作，几乎没有正式交流，它们各自为自己的需要获取资金。 2. 预算决策很少与绩效相联系，并且与预算编制人员交流少。 3. 账户数目过多，有异常状况，资金被用于项目的不合理之处。 4. 为了将成本计入相应的部门，大量的成本混合在部门之间。项目主管没有权利进行资金调度。 5. 将获取资金作为主要动机，很少关注绩效

资料来源：http：//whitehouse.gov/OMB/procurement。

（2）项目绩效评价改革——"项目评级工具"。在"总统管理议程"中，对"预算与绩效的整合"（或称为"绩效改善计划"）的测量体现了布什政府进行绩效预算改革的决心。有学者认为，"绩效改善计划"是 PMA 的关键，如果预算与绩效并非完美结合的话，那么 PMA 的其他四个方面也很可能会以失败告终①。具体来看，"绩效改善计划"旨在使政府的投入产生最大化的结果，主要用以克服《政府绩效与结果法案》中绩效目标质量不高以及绩效结果在决策中的应用问题。"绩效改善计划"主要使用两个指标进行衡量②：第一，是否提高了项目的绩效。这种项目绩效的提升是通过对项目进行绩效评估，从而使各个部门找出自身在项目管理中的缺陷，然后通过制度的重新设计，并继续跟踪项目的执行与成效，进一步制定更为清晰和缜密的规划；第二，是否在绩效好的项目上多投资。总体上遵循"稀缺资源被分配至效益更高的地方"，但对于绩效结果差但实有必要的项目，必须提供其未来绩效结果可以好转的证明。虽然项目的绩效情况不会是决策时的唯一考虑因素，但是有了这些绩效信息作为参考，国会和总统在制定决策时为了最大限度地提升资金使用效率，会在绩效情况好、经济和社会效益高的项目上多追加投资。

如何认定项目绩效是在不断进步的呢？为了更加清晰地了解项目的运行情况，布什政府开发了"项目评级工具"（program assessment rating tool，PART），旨在对联邦政府部门和机构项目是否成功实现其最初制定的目标进行绩效评价。PART 的使用与绩效预算改革的方向相一致，希望能为稀缺资源的有效配置提供更大范围的项目信息。因为联邦政府各部门各司其职，因而各项目也是依据不同的目标、根据不同的机制提供产品和服务的，PART 根据项目的不同，将项目分为 7 大类并分别设置各自的评价体系，这 7 类分别为③：1）直接联邦项目，此类项目主要是由联邦雇员提供服务；2）竞争性补贴项目，此类项目主要通过竞争性程序向州和地方政府以及其他主体提供资金；3）大额或公式化补贴项目，此类项目主要通过大额或公式化补贴向州和地方政府提供资金；4）研发项目，此类项目资金主要用于知识创造以及相应技术、方法、系统、材料的研发；5）资本资产和服务获得性项目，此类项目需要通过研发获取资本资产，比如土地、知识产权、房屋，或者购买相关服务来实现目标；6）信贷项目，此类项目需要通过贷款、抵押和直接信贷方式得到资金支持；7）管制性项目，此类项目的执行对象和执行程序需要经由相关政策或法律法规明确规定，比如说烟、酒等项目。

在问题设计上，PART 从"项目目标和设计""战略计划""项目管理"以及"项目结果"四个方面对项目绩效进行考评，共涉及 25 个基本问题及根据项目类别设置的附加问题。第一部分"项目目标和设计"占据权重 20%，主要是

———————————

① Joyce，P. G. Linking Performance and Budgeting：Opportunities in the Federal Budget Process ［R］. IBM Center for the Business Government，2003.

② 刘国永. 预算绩效管理概述［M］. 江苏大学出版社，2014.

③ 晁毓欣. 美国联邦政府项目评级工具（PART）：结构、运行与特征［J］. 中国行政管理，2010（5）.

对项目的设计和目的是否明确、是否值得支持进行评估；第二部分"战略计划"占据权重 10%，主要是衡量部门或机构是否为项目建立起可靠的年度和长期目标；第三部分"项目管理"占据权重 20%，主要对部门的项目管理进行评级，包括财务的监管以及为改善项目所做的努力；第四部分"项目结果"占据权重 50%，主要衡量项目是否能够准确地披露其结果、结果是否达到项目所设定的目标。第四部分问题中，"项目结果"占据一半的比重，显示了 PART 结果导向的绩效管理理念。

在评分标准上，各部分得分及总分都以 100 分为满分，最终根据加权求和的方式得出总分后，可将项目分为两大类五个等级：一类是"表现好"，具体有三个等级："有效"（100 分~85 分）代表项目不仅设定了合理远大的目标，并且达成了预期的效果，项目管理好，效率高；"基本有效"（84~70 分）代表项目虽然设计了合理远大的目标且管理良好，但在项目设计、项目管理方面仍存在着改进空间，使得项目运行结果更好，效率更高；"一般"（69~50 分）代表项目需要设计更为远大的目标、实现更好的结果，需要进一步加强管理、履行责任。另一类是"表现不好"，具体有两个等级："无效"（49~0 分）代表项目未能有效地利用资金，原因往往在于该项目缺乏明确的目标、管理落后以及存在其他重大缺陷；"结果无法显示"代表一个项目缺乏长期和有效的绩效指标，无法对项目绩效进行判断。

2002 年，布什政府承诺每年实施对 200 多个项目的评定，共持续五年。按此进度至 2008 年，被评估的联邦项目便可达到 1000 多个[①]。项目评级工具（PART）的主要任务是分析在诸多机构项目中，哪些项目真正发挥了作用，其作用程度有多大，据此为行政部门的预算编制提供信息。PART 过程先于预算的提交，每年春季，各部门完成 PART 评价表并提交给管理与预算局（OMB）审查。7 月，OMB 给出反馈结果，部门如果有所质疑可以提起申诉。由于 PART 结果先于来年总统预算草案的提交，因此其评价结果将会作为来年预算分配的重要参考信息。

3. 奥巴马政府："一个更高绩效的政府"。

奥巴马在总统竞选阶段就表明如果执政将改革预算过程以进一步优化绩效预算。正式上台后，奥巴马政府在 2010 年发布的《2011 年美国联邦政府预算报告》中提出要"建立一个更高绩效的政府"，与之配套的主要举措是"优先级绩效目标改革"（high priority performance goal initiative）。OMB 在 2011 年预算编制之前发布了指导备忘录，要求 24 个机构在未来每年 7 月 31 日之前明确列出可测量的年度高优先级绩效目标，并且说明能够实现目标的战略举措。

---

① 许卓俊. 美国绩效预算改革研究：效果、因素及启示 ［D］. 复旦大学，2013.

为了实现"一个更高绩效的政府"的承诺，OMB 在《2012 年美国联邦预算分析报告》中给出的绩效管理建议是：（1）强调使用绩效信息来引导和改善绩效结果；（2）加强绩效改革的经验交流以期获得更好的绩效结果和透明度；（3）建立问题处理协调网络。2012 年，OMB 在《2013 年美国联邦预算分析报告》中建议：（1）明确发展重点和绩效目标；（2）对绩效进行分析和测量；（3）通过不断追踪绩效信息来实现更好的绩效结果。

从奥巴马的预算改革方向来看，他将继续坚持绩效预算改革，并且将改革重点从布什政府对绩效结果的关注引申为对整个绩效预算过程的管理。由设定绩效目标开始，通过有效的、可评价的绩效指标和科学的测量方法，以绩效促管理，最终实现最初制定的绩效目标。在绩效预算评价方面，奥巴马政府在肯定 PART 框架所带来的绩效改善的同时，提出希望以一个崭新的绩效改善和分析框架①（A new performance improvement and analysis framework）来取代 PART。该评价重点将不再是判断项目是否成功，而是要求机构管理者制定优先级目标、阐明实现目标的过程并解释绩效趋势。

在评估工具方面，虽然未形成如 PART 般系统化的评价框架，但奥巴马政府每年仍然会对项目尤其是新增拨款的项目实行广泛的审查评估。该绩效评估主要由 OMB 和 CEA（Council of Economic Advisors）的项目监管者和评估专家负责执行。对新增资金项目进行评估只是联邦政府绩效预算评估工作的一部分，他们的另一个工作重点是帮助机构提高自我评估的能力，其中包括建立中央评估机构并增加其权力，在重点行政岗位上招聘评估专家，以及为机构制定评估政策和指导意见等。通过以上两个方面的努力将为预算决策提供强大的评价基础。

（二）美国州和地方政府的绩效评价改革

在美国联邦政府绩效预算改革的号召和指导下，美国各个州以及地方政府也正在努力将绩效评估纳入到预算过程之中。在 1993 年《政府绩效和结果法案》发布之后，许多州和地方政府已经承诺在其预算系统中运用绩效信息。国家预算官员协会（National Association of State Budget Officer，NASBO）1995 年发布的报告显示，44 个州已经开始使用绩效评估，其中 30 个州在预算文件中发布了绩效评估方法。至 1997 年，有 48 个州在预算过程中使用绩效信息，并有 38 个州表

---

① OMB. Performance and Management，Budget of United States Government，Fiscal Year 2011：Analytical Perspectives［R］. 2010.

示预算决策受绩效评估结果的影响①。而地方政府的绩效预算改革则相对滞后一些。直至 21 世纪初期，一项对地方行政人员和预算人员的调查显示，以结果为导向的绩效预算有了非常广泛的应用，并取得了非常大的进展②。

政府会计准则委员会（Governmental Accounting Standard Board，GASB）是为州和地方政府建立财务报告标准的机构，也是州和地方层面进行绩效评估调查的主要机构。在 1993 年之后，GASB 鼓励州和地方政府进行绩效预算改革，并要求其定期对服务的效果和成果（service efforts and accomplishment，SEA）进行报告。1997 年，GASB 对包括州政府和地方政府在内的 5000 个政府实体进行了调查，旨在了解州政府和地方政府在预算中融入绩效评估的比例和程度，以及对绩效信息的运用和报告情况③。据统计，在回复调查问卷的 900 个政府实体中，78% 的政府表示已经使用或计划进行绩效评估，其中 53% 的政府已经使用了绩效评估手段。相较于绩效评估的使用，进行绩效报告的政府比例相对较低，在使用绩效评估的政府实体中，仅有 24% 的实体会向当选官员进行绩效报告，21% 会向公民和媒体进行报告④。

具体而言，我们可以以美国佐治亚州的结果预算改革为例进行说明。在 1998年财政年度，按照《州预算责任和计划法案》的要求，佐治亚州开始实施结果预算改革，规定必须为每个项目设定相应的目标与预期结果，同时在预算拨款后要及时对该项目的运行过程和运行结果进行评价，从而将项目结果和项目支出进行挂钩。结果预算实施后，政府的焦点不再是钱如何花，而是更加关注目标如何实现，不仅帮助政府、议会等决策部门区分成功及不成功的项目，更重要的是这一信息可以用于帮助决策者提高拨款决策的正确性并强化资金的利用效率，提升政府对公民的责任。

第二节　绩效评价结果应用的经验

从上述对美国绩效评价改革的梳理过程中我们可以发现，当前联邦政府主要实施的预算管理方式多是以结果为导向的绩效预算管理模式，绩效评价结果应用

---

① Schick，A. The Road to PBB：The Stages of Budget Reform ［J］. Public Administration Review，1966，26：243 - 258.

② Stiefel，Leanna，Ross Rubenstein and Amy Ellen Schwartz. Using Adjusted Performance Measures for Evaluating Resource Use ［J］. Public Budgeting and Finance，1999，19（3）：67 - 87.

③ Governmental Accounting Standards Board. Report on Survey of State and Local Government Use and Reporting of Performance Measures：First Questionnaire Results ［R］. 1997.

④ 许卓俊. 美国绩效预算改革研究：效果、因素及启示 ［D］. 复旦大学，2013.

作为预算管理的重要一环，内嵌式地进入了整个绩效预算管理闭环当中，因此绩效评价结果应用的提升，往往伴随着整个预算管理体制的改革。但是他山之石，可以攻玉，无论是结果应用方面，还是相关制度设计方面，我们都可以从美国的改革历程中汲取经验，主要有以下六个方面。

一、绩效管理理念贯穿财政管理各个环节

美国政府绩效预算不管是在理论研究还是在实践中都上升至联邦政府层面，并在全美推行已有近百年的时间。虽然其绩效预算改革经历了艰难过程，并在整个改革中也尝试运用不同模式，但是美国通过绩效预算的方法对财政资金的使用进行控制管理是贯穿美国预算管理始终的基本理念之一。特别是1993年美国《政府绩效与结果法案》的通过，成为绩效改革复兴的重要里程碑。在克林顿政府任期内，主张以结果为导向的绩效改革，通过建立一套反映公共部门资金使用效能的指标体系、评价标准，在赋予预算部门更大执行权的同时，通过对部门的预算绩效目标、评价和结果公开来强化责任意识。从2001年开始，布什政府在这个基础上尝试建立预算资源分配与部门绩效信息共享机制，按照人力资本的战略投资、竞争性采购、改善财务绩效、电子政府、预算和绩效整合这五项进行优先管理排序，从而更好地对资源进行合理配置。奥巴马政府于2009年创设了"白宫绩效长"职位，提出了四项具体的绩效行动方案，包括评估《美国复苏与再投资法案》的绩效影响，确定削减预算的项目清单，要求机构设立"高优先排序的绩效目标"，以及对项目评价在时间和资源上做出有意义的承诺等。

二、重视绩效考核

第一，编制部门预算时要求上报绩效目标。预算部门在编制下一财年的预算计划时，会被要求上报全年绩效评价报告和当年的绩效目标，为绩效考核提供依据。同时，需经审计等专业人员把关后才能列入年度预算。第二，跟踪监督执行过程。计划与预算办公室的预算分析专员主要负责监督项目是否按照批准的预算执行、资金使用是否有效率和是否达到预期目标。如果发现问题，则会召集预算部门人员，提出质询及改进措施。第三，出具绩效报告。每年州审计部门都会选择一些预算部门和项目，就其预算执行情况进行经常性审计，并将结果向社会公布。第四，实行首长问责制。如果该预算部门首脑违反了法律，州律师会起诉他。如果该部门首脑执行预算或项目不力，或绩效较差，州长可以解雇他或让其辞职。

三、绩效评价拥有完善的工作制度与法律框架

美国是绩效管理起步较早的国家，经过多年的发展，当前已建立起一套完善的绩效评价法律法规体系。通过法律法规的建立，一方面明确了财政支出绩效评价工作在整个预算管理中的重要地位，赋予绩效评价及其结果以相应的法律效力与权威；另一方面明确了财政支出绩效评价工作所必须遵循的规则、程序、评价内容、组织方式、结果应用等，明确了绩效评价所涉及各方必须履行的义务和享受的权利，以此使绩效评价工作在法律的约束与指导下有序进行①。具体而言，首先从相关法律法规来看，早在 1979 年，美国联邦管理与预算局（OMB）就制定了《关于行政部门管理改革和绩效评价工作》，该文件规定，联邦政府所有的行政部门和机构都必须对其公共活动的过程和实施结果进行效益评价，目的是提高政府的公共行政效能，优化公共支出的使用效益。1993 年美国颁布了《政府绩效与结果法案》（GPRA），该法案在美国第一次以立法形式将政府绩效评价制度固定下来，它要求政府部门提交战略规划、年度绩效计划和绩效目标以及绩效评价和责任报告。以法律制度作为实施预算绩效的先导，美国于 2002 年又出台了"总统管理议程"，与《政府绩效与结果法案》共同成为美国预算绩效评价的主要框架支撑。其次从绩效评价的法律效力来看，美国联邦政府与机构的绩效评价报告需经由立法部门——国会审核，具体主要由国会会计总署（CAO）执行，负责审查联邦预算的执行结果与国会通过的法案是否相符，并对各部门的预算执行情况进行审计。绩效评价与审核经由立法部门审查，这在程序上就保证了绩效评价工作的合法性，从而进一步提升了绩效评价结果的权威性。

四、科学合理的绩效评价指标体系

（一）项目支出绩效评价指标体系

美国的财政项目支出绩效评价指标体系主要有两方面的内容：一是通用绩效评价指标体系，这是以成果为导向的项目支出绩效评价的基础条件。由于不同行业与部门的财政项目支出具有比较强的专业性，要制定出一套适用于所有行业与部门的财政项目支出绩效评价指标体系是不现实的。美国的做法是由 OMB 和预算用款部门合作，根据不同部门所承担的不同的联邦支出项目制定通用的绩效评

---

① 王袅 . 财政支出绩效评价国际比较与借鉴［J］. 合作经济与科技，2009（2）.

价指标。二是项目评价体系（PART），这一体系包括了通用绩效评价指标体系，它是美国实行预算与绩效一体化的管理制度的重要内容。具体来看，PART 设计了一系列问题，通过评价项目的目的及设计、战略规划、管理、结果和责任，从而确定它的整体有效性。在问题设计上，PART 从"项目目标和设计""战略计划""项目管理"以及"项目结果"四个方面对项目绩效进行考评，共涉及 25 个基本问题及根据项目类别设置的附加问题。前三个部分集中于项目目标、战略规划编制和管理，第四部分主要关注项目的运行结果。问题回答采用"是""否"的表格形式，同时有一个简短的叙述性解释和相关的证据来支持答案。"是"表示整体绩效的潜在高水平，"否"表示没有足够的证据，或是项目没有取得应有的绩效。

第一部分"项目目标和设计"占据权重 20%，主要是对项目的设计和目的是否明确、是否值得支持进行评估，包括 5 个基本问题：（1）项目目标是否清晰；（2）项目是否具有解决现实问题的意义和需要；（3）项目是否多余或与其他联邦、州、地方政府或私人部门重复；（4）项目设计是否避免了限制其有效性和效率的问题；（5）项目设计是否针对项目目标从而使资源配置足以达成项目目标并产生效益。

第二部分"战略计划"占据权重 10%，主要衡量部门或机构是否为项目建立起可靠的年度和长期目标，包括 8 个基本问题：（1）项目是否有有限的、明确的长期绩效目标以合理反映项目目标；（2）项目的长期指标是否具有远大目标和时间表；（3）项目是否有有限的、明确的年度绩效指标以反映项目为了实现其长期目标而不断努力和进步；（4）项目是否为其年度指标设置了基期和长期目标；（5）本项目的所有合作方是否都承诺会为了实现项目的年度和长期目标而不断努力；（6）是否定期地或者根据实际需要对项目运行内容与质量进行独立的评价，从而使项目得以改善；（7）项目的预算是否能够清晰地与年度和长期的目标挂钩，相关资源分配是否能在项目预算中完整且透明地呈现出来；（8）项目是否采取了合理的措施纠正某些无效的规划。除此之外还包括几个因项目类别不同的附加问题，如研发类项目中，有"项目是否采取一个特定的先后顺序用于指导预算安排和资金供应决策"，资本资产和服务获得类项目，有"项目或项目主管机构是否对其他备选方案进行了包括成本、时间进度、风险、绩效目标等在内的合理的、可靠的分析"。

第三部分"项目管理"占据权重 20%，主要对部门的项目管理进行评级，包括财务的监管以及为改善项目所做的努力，包括 7 个基本问题：（1）项目是否定期搜集及时且可信的绩效信息以及来自主要项目合作方的信息，并用以项目管理与绩效改善；（2）项目的联邦主管机构和项目合作方（包括受补贴方、次级受补贴方、供应方、成本分摊方以及其他政府合作方）是否对项目的成本、进度以及绩效结果负责；（3）项目资金是否用于指定用途；（4）项目执行过程中是否具备相关程序（如竞争性外包、成本比较、适当激励）以衡量是否达到成本和效益上的有效性；（5）项目是否与其他相关项目进行了有效合作；（6）是否对项目实施了强有力的财政管理实践措施；（7）是否对项目采取了适当的措施以解决在项目管理中存在的不足。在附加问题中，比如竞争性补贴项目，有"补贴资金的分配是否是基于一个清晰的、合理的竞争性价值评估流程"，再如大额或公式化补贴项目，有"项目是否对受益人的活动进行了监督，从而充分提供与此有关的信息；项目是否收集到了受益人的年度绩效信息，并且向社会公众公开"。

第四部分"项目结果"占据权重50%，主要衡量项目是否能够准确地披露其结果，结果是否达到项目所设定的目标，包括5个基本问题：（1）为了实现长期目标，项目是否显示已取得足够的进展；（2）项目是否实现了年度绩效目标；（3）在实现每年的绩效目标时，项目是否显示出效率的改善和成本的有效性；（4）与其他有相近或类似目标的项目相比（包括政府项目和私人项目），该项目是否更加有益；（5）对项目进行的独立的评估是否能证明本项目的有效性，以及是否能实现其目标。在附加问题中，比如资本资产和服务获得类项目，有"项目目标的实现是否在预算成本范围内并按照原定计划进行"①。

从上述 PART 绩效指标的设置来看，项目支出绩效评价指标的设置不仅考虑到了不同项目之间的专业性和个性，也考虑到了同类项目之间的可比性与共性，将多个预算部门发生的、同一类型的项目支出绩效评价指标统一起来，一方面使各预算部门在绩效评价指标设置上更具科学性，另一方面提升了同类项目之间绩效评价结果的横向可比性，以此更好地辅助决策部门在类型项目之间进行预算安排和资源分配。

（二）部门预算绩效评价指标体系

因各预算部门职能不同，在绩效评价指标的设计上也有所差异。此处我们选取美国的林业部门②，具体来看其如何对部门整体设计绩效评价指标体系。

美国的森林资源按照不同的权属划分不同的管理系统，各系统之间在法律规定的职责和权限内管理自己的事务，相对独立。美国国有林由联邦政府直接管理，农业部林务局（USDA Forest Service）是管理国有林的主要部门，其管理的

---

① 晁毓欣. 美国联邦政府项目评级工具（PART）：结构、运行与特征［J］. 中国行政管理，2010（5）.

② 刘红梅，王克强，陈玲娣. 美国林业部门预算绩效评价及对我国的启示［J］. 林业经济，2007（12）.

蓄积量占国有林蓄积量的 50％ 以上。美国农业部林务局按照《政府绩效与结果法案》的要求提交战略规划、年度绩效计划和绩效目标以及绩效评价和责任报告。农业部林务局的使命是通过维持国有林地和草地的健康、多样性和高生产力来满足现在和后代的需要。农业部林务局建立了 6 个战略总目标和 16 个战略分目标，对每个目标设立了相应的绩效评价指标，如表 5－2 所示。每年美国农业部林务局要对其绩效计划取得的成果及目标实现情况进行评价，并把评估结果制作成绩效与责任报告予以公布，以接受总统、国会和公众的监督和审查。农业部林务局选择了一系列关键绩效评价指标，用其取得的实际值与其设定的目标值进行比较，评价目标实现情况。评价结果有四种情况：超过，实际值等于或大于目标值的 110％；基本满足，实际值在目标值的 90％ 与 110％ 之间；不满足，实际值小于目标值的 90％；正在设立目标值。

表 5－2 　　　　　　　　　　美国林业部门绩效评价指标体系

战略总目标	分目标	绩效评价指标
1. 减少灾难性野外火灾的危险	1.1　保障最有可能发生灾难性野外火灾的国家森林系统的健康	1.1.1　在野外和城市交界处经过处理的面积
		1.1.2　在野外和城市交界处外处于 2、3 等级条件的经过处理的面积
		1.1.3　通过对副产品的利用降低有害燃料的土地的比例
		1.1.4　纳入管理合同的面积
	1.2　在消防员和公共的安全、利益和价值被保护下，使灭火成本最低	1.2.1　非预期的野外火灾在灭火中被控制的比例
		1.2.2　保护的价值超过灭火成本的大型火灾的比例
		1.2.3　包括灭火成本在内的火灾总成本
		1.2.4　不包括灭火成本在内的火灾总成本
		1.2.5　野外和城市交界处的火灾总成本
		1.2.6　除野外和城市交界处的火灾总成本
	1.3　帮助最有危险的非国家森林系统的地区发展和实施减少危险燃料和防止火灾的计划和项目	1.3.1　完成或正在实施火灾管理计划或风险评估的社区的比例
		1.3.2　签有合作协议的土地面积
2. 减少入侵种类的影响	2.1　提高处理选定的入侵种类的有效性	2.1.1　年度国家风险评估调查的有效性和可靠性
		2.1.2　对选定的入侵种类进行处理的土地面积
		2.1.3　选定的入侵种类蔓延率的变化

续表

战略总目标	分目标	绩效评价指标
3. 提供户外娱乐的机会	3.1　增加进入国家森林系统土地和水的通道，提供户外增强健康活动的机会	3.1.1　道路按标准维护的长度和比例
		3.1.2　设施按标准维护的数量和比例
		3.1.3　林间小路按标准维护的长度和比例
		3.1.4　用来提供公共通道的公路用地的数量
	3.2　通过提高交通工具的管理来保护自然资源和保护使用者的安全，通过合作发展和实行旅游管理计划减少各种使用者间的冲突	3.2.1　国家森林系统地区实行旅游管理计划的比例
4. 帮助满足能源资源的需要	4.1　与其他部门一起为能源设施指定通道，提高申请许可过程的效率，建立合适的土地管理部门及其他职能部门，使项目具有长期的生命力	4.1.1　能源设备和通道的审批在规定时间内完成的比例
	4.2　鼓励社区使用小直径树作为生物能源	4.2.1　用小直径树和价值低的树进行能源生产的总量
5. 改善流域环境	5.1　评价和修复急需改善的流域，保证沿岸居民的生活	5.1.1　已经记录的处于良好状态的森林草地流域占总的流域的比例
		5.1.2　在批准的管理计划下的非生产性私人林地面积
	5.2　监测国家森林系统占地上的活动对水质的影响	5.2.1　国家森林系统占地上的项目被有效实施的比例
		5.2.2　完全按照标准管理的分配面积和比例
	5.3　修复和维护本土的和合适的非本土植物和动物的多样性，减少灭绝种类的比率	5.3.1　通过改善陆生和水生动植物的栖息地来获得理想的生态环境
		5.3.2　对栖息地改善有支持作用的合作贡献的价值
6. 除了上述部门目标之外的与任务相关的工作	6.1　及时提供现时资源数据，监控和研究信息	6.1.1　向外部信息使用者提供森林注册和分析信息的政府的比例
		6.1.2　经目标导向、标准的评价，提供的产品或服务达到使用者期望值的比例

续表

战略总目标	分目标	绩效评价指标
6. 除了上述部门目标之外的与任务相关的工作	6.2 遵循联邦政府财务管理标准和绩效、预算一体化	6.2.1 复查财务报告的审计和审计中发现问题的改进措施
		6.2.2 交易数据录入基础财务信息系统时间和规定时间相差的平均天数
		6.2.3 绩效数据及时和完整的程度
		6.2.4 为使部门季度报告与联邦财政报告一致所要求的会计调整的数目
		6.2.5 年度财务报告审计中发现的内部控制薄弱点的数量
	6.3 通过减少林地和草地转变为其他用途来维持林地、草地的环境、社会和经济效益	6.3.1 为保护开发土地完整性和栖息地质量而调整的土地面积
	6.4 遵循办公安全和健康管理标准	6.4.1 消防人员因受伤而耽误的时间占工作时间的比例
		6.4.2 新的办公人员补偿项目的案件的数量
	6.5 发展和维护提供和分析科学和技术信息的程序和系统	6.5.1 土地和资源管理计划实行和修订的数量和比例
		6.5.2 信息系统的数据符合标准的比例
		6.5.3 森林计划监测报告完成的数量和比例

资料来源：Fiscal Year 2007 Budget［OL］. U. S. Forest Service，http：//www. fs. fed. us/aboutus/budget/.

可见，美国林业部门在评价指标的选择上充分体现了美国"结果导向型"的绩效管理体系构建原则，主要考虑与绩效目标的相关性和指标的可量化性，遵循以下原则：一是相关性原则，即选定的绩效评价指标与林业部门的绩效目标有直接的联系。二是可比性原则，即对具有相似目的的工作选定共同的绩效评价指标，保证评价结果的可比性，这可以通过制定统一的绩效评价管理办法来解决。三是重要性原则，即对绩效评价指标在整个评价工作中的地位和作用进行筛选，选择最具代表性、最能反映评价要求的绩效评价指标。四是经济性原则，即绩效评价指标的选择要考虑现实条件和可操作性，在合理成本的基础上实行评价。

五、绩效评价结果的反馈与应用

美国通过建立科学、合理的预算绩效评估体系，不仅仅是为了能够有效地发现各个部门在预算执行过程中出现的问题，也是为了能够在一个财政年度的预算流程结束后，通过将部门或者项目预算预先设立的目标和实际得到的结果相对比，对部门和项目通过预算绩效评价反馈出来的问题进行及时地归纳和总结，为以后预算年度的预算积累经验和教训。美国的部门预算绩效评价结果应用集中体现在政府问责制度上，问责制度不仅仅是行政问责，更多的是强调政府部门要对自己的行为负责，集中表现为绩效评估的结果会和以后年度的预算结合起来，例如对于那些在一个预算年度部门绩效评估结果良好的部门和项目，允许将该财年未使用的财政分配资金留存至下一财年使用，或是考虑在今后财年的预算编制过程中允许其适当地加大财政资金的投入力度，以此来激励这些相关年度绩效较好的单位。而至于那些使用财政资金的产出未达到预期目标、绩效较差的部门和项目，将会面临预算管理部门相应的干预措施或者是在今后财年被削减财政资金分配的惩罚措施。此外，除了政府问责，美国还规定除了涉及国家安全机密之外的所有评价报告，都要提供给新闻界和社会公众，使社会公众能够通过对不同部门的工作绩效以及同一部门在不同的时期表现的比较分析获得更多的信息，进而在提高公众对政府行为了解程度的同时，借助公共监督的力量，督促相关部门更好地应用绩效评价结果。

第六章

澳大利亚财政支出绩效评价结果应用的经验

澳大利亚绩效预算管理是以结果为导向，通过制定公共支出的绩效目标，把预算资金的分配、政府部门的战略目标和绩效紧密联系起来的预算管理方式。澳大利亚联邦政府自 1999 年起全面实施绩效预算管理制度，具有较为完善的立法和组织机构。绩效目标的确定严格遵循着"国家整体战略规划—中期预算—部门事业发展计划"的路径，以政府部门为主体调配预算资源、实施绩效预算管理。部门开展绩效评价被看作内部的正常管理活动，至少要明确活动产出、活动结果以及相关管理事项。财政部并不直接参与各部门内部的绩效评价，但会为部门开展绩效评价提供指导，联邦财政部会不定期向部门提供一整套"做得更好的绩效评价案例"，供各部门参考①。澳大利亚未强调绩效评价主体的独立性，而是强调评价主体的多元化和公民的广泛参与性，有专门的绩效审计机构，督促其提高行政效率和资金使用效益。

第一节　绩效评价改革历程

一、澳大利亚绩效管理的发展历程

澳大利亚政府绩效评价的首次实践由成立于 1974 年的澳大利亚政府皇家行政委员会（Royal Commission on Australian Government Administration）主导，该委员会于 1975 年开展的第一次评价调查几乎涉及澳大利亚所有公共部门，并于 1976 年公布调查报告。在 20 世纪 80 年代初期，澳大利亚就开始进行公共服务改

---

① 陈志斌. 澳大利亚政府绩效预算管理及借鉴 [J]. 中国财政，2012（9）.

革。1983 年开始主政的澳大利亚工党政府发布了一份关于澳大利亚公共服务改革的白皮书，制订了公共服务改革的重点议程。1984 年的公共服务改革法案（Public Service Reform Act 1984）强调了贯穿上述两份评价报告的主题：更开明、更有效的公共服务；分权，放松管制；将澳大利亚公共服务整合到国家劳资和就业框架中。1988 年 12 月，联邦政府颁布了《公共服务评价战略》，其目标主要集中在三个方面：一是提供更好的信息基础，帮助管理者提高绩效；二是帮助政府在预算执行过程中提高政策的有效性，并促进政府重点项目、产出的有效落实；三是进一步提高政府公共管理对议会和公众的责任性。评价战略的主要内容包括以下几方面：（1）一揽子评价计划（portfolio evaluation plans，PEPs）；（2）通过在每一个评价周期内对所有产出和项目的系统评价，不断促进评价计划的完善和发展；（3）向内阁提交新政策建议（其中包括评价战略）的有关规定；（4）有关主要评价结果对外发布的规定；（5）有关联邦公共服务系统提高绩效评价技巧的措施；（6）绩效战略计划对部门绩效评价计划的有效实施负有重要责任。1996 年 6 月 21 日，当时主管公共服务的澳大利亚副总理彼得·瑞斯（Peter Reith）宣布启动新的政府改革，并于 1996 年发布题为"建立最佳的澳大利亚公共服务实践"的讨论文件。文件提出的改革方向，首先是对正式服务框架的改变提供广泛统一的支持，以改善公共服务部门的工作环境；其次该服务框架应为一个新型集约、基于原则的公共服务法案。1999 年颁布的公共服务法案（Public Service Bill 1999，截至 2016 年 5 月已修订 18 次）对一系列改革产生了影响，为澳大利亚公共服务的行政职能提供了框架范式。联邦政府的改革可以分为三个阶段：从 20 世纪 80 年代末期至 90 年代初期，探索公共部门管理改革，努力压缩机构规模，出售国有资产等；从 1993 年至 1994 年开始实行项目绩效评价；从 1999 年至 2000 年开始对公共部门所有的支出编制绩效预算，实行绩效评价，联邦财政和管理部制定了绩效评价制度并负责考评工作。

澳大利亚政府公共部门管理改革首先从州一级政府开始，新南威尔士州、维多利亚州、昆士兰州和堪培拉特区从 20 世纪 80 年代起开始酝酿，90 年代初期开始项目绩效评价试点，90 年代末期全面推行绩效预算管理。

澳大利亚政府绩效评估最初是通过绩效审计入手的。澳大利亚政府 1984 年制定了《财务管理新方案》（Financial Management Initiative Plan），其主要内容与美国的《政府绩效与结果法案》（Government Performance and Results Act）类似，成为以后实施政府绩效奖励制度的财政基础。1997 年颁布的《审计长法》（Auditor-General Act）、1999 年颁发的《财务管理与责任法案》（Financial Management and Accountability Act）等法律，明确规定了部门负责人的绩效责任，要求所有部门负责人都要签订个人绩效合同，进一步从审计层面完善了政府部门绩效的责任管理机制，使以结果为导向的政府部门绩效评估机制进一步规范化和制度化。

直到 20 世纪 90 年代以后，政府绩效管理的地位才逐渐提升，相关法律相继出台，目的是为了应付经济全球化给澳大利亚财政带来的巨大压力。1992 年，《基于绩效的支付协议法案》将公共财政支付的出发点确定为项目可能达到的绩效，关注公共财政支出的成果。1993 年颁布的《财务报告法》，重点是强化公共部门对权责发生制会计原则的应用，准确反映政府的财政状况；1994 年通过的《财政责任法》要求政府说明广泛的战略优先顺序，具体包括战略领域、战略优先顺序和主要目标、指导公共部门政策和绩效的关键性政府目标等①。1997 年，《联邦机构和联邦企业法》对澳大利亚联邦机构和联邦政府企业的财务报告和财务责任进行了明确而细致的规定。1998 年，《预算报表诚信法》确定了合理财政的原则，规定了政府财政和经济展望报告的形式和内容，正式将权责发生制作为政府会计制度的基本准则。1999 年，《公共服务法》明确规定了公共服务人员责任和权力之间的关系，以提高公共服务的效率和实现服务效果的最大化。在 1999 ~ 2000 年度，联邦政府开始全面正式实施权责发生制会计核算体系以及注重投入产出、旨在强调工作效果的绩效管理制度。建立绩效管理框架的目的是加强公共管理的责任性，提高政府公共服务的质量。

美国于 1993 年就正式颁布了绩效与结果法案，并于 2010 年予以修正，即《政府绩效与结果修正法案》（GPRA Modernization Act of 2010）。与美国不同的是，澳大利亚真正的绩效立法比较晚，自 2013 年以来，澳大利亚出台了好几份法案，分别是 2013 年出台的《澳大利亚公共服务委员会指南》（Australian Public Service Commissioner's Directions，APSCD）；《澳大利亚公共服务委员会修正（绩效管理）指南 2014》（Australian Public Service Commissioner's Amendment（Performance Management）Direction 2014，APSCAD），当前最新版是 2016 年修订版；以及《2013 年公共治理、绩效和责任法案》（Public Governance，Performance and Accountability Act 2013，PGPA，2014 年有修订）和《2014 年公共治理、绩效和责任法案细则》（Public Governance，Performance and Accountability Rule 2014，PGPAR）。

二、澳大利亚绩效管理的法律依据

（一）《公共服务法案》相关介绍

1999 年 12 月 4 日，澳大利亚政府在特别公报上公布了《公共服务法案》，法案共 79 个条款，11 个构成部分，几乎涵盖了公共服务的各个方面。截至 2016

---

① 刘小梅. 财政支出绩效评价的内涵、功能及国际比较 [J]. 财会研究，2013 (10).

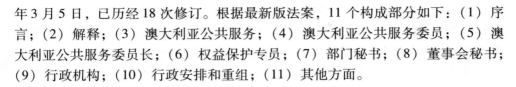

年 3 月 5 日，已历经 18 次修订。根据最新版法案，11 个构成部分如下：（1）序言；（2）解释；（3）澳大利亚公共服务；（4）澳大利亚公共服务委员；（5）澳大利亚公共服务委员长；（6）权益保护专员；（7）部门秘书；（8）董事会秘书；（9）行政机构；（10）行政安排和重组；（11）其他方面。

（二）《澳大利亚公共服务委员会指南》相关介绍

2013 年，澳大利亚政府颁布《澳大利亚公共服务委员会指南》，并于 2014 年颁布《澳大利亚公共服务委员会修正（绩效管理）指南 2014》（以下简称《指南》），作为真正意义上的政府绩效管理立法。2016 年 9 月，对上述文件又作了修订。《指南》共有 8 个部分，60 条条款，根据最新版法案，8 个部分如下：（1）简介；（2）澳大利亚公共服务价值；（3）招聘与选拔；（4）澳大利亚公共服务部门工作；（5）处理可疑违反行为守则；（6）其他雇佣事项；（7）授权；（8）应用及过渡性条文。

（三）《公共治理、绩效和责任法案》相关介绍

2013 年，澳大利亚颁布《公共治理、绩效和责任法案》，2014 年进行了修订，并出台了《公共治理、绩效和责任法案细则》。

第二节　绩效评价结果应用的经验

一、健全的绩效管理组织体系

澳大利亚绩效评价制度中有政府内部的评估主体和外部的评估机构两类监督主体。政府内部的评估主体主要包括公共服务委员会（Australian Public Service Commission，APSC）、生产力委员会（Productivity Commission，PC），同时还有内阁支出委员会、管理咨询理事会、管理改进顾问委员会、提升评审委员会、财政部和国库部；外部评估机构主要包括国会参众两院的财政委员会、专业委员会、公共账目和审计联合委员会、联邦审计署。

（一）APSC 的绩效评估模式

APSC 是澳大利亚总理与内阁事务部（Department of the Prime Minister and Cabinet Portfolio，DPMC）下设的非企业联邦实体，主导澳大利亚公共服务

（Australian public service，APS）的评价和报告。APS 范围广泛，涉及社会保障、教育和医疗卫生服务体系等，还兼有保护生态环境以及为政府制定和实施政策提供建议等职责。APSC 是 APS 的核心机构，领导其他 APS 机构共同为政府提供在公共服务和公务员管理方面的报告和建议。其活动遵从 2013 年颁发的《公共治理、绩效和责任法案》，并且其法定职责由 1999 年颁发的《公共服务法案》详述，主要包括：（1）制定、促进、审查和评估 APS 雇佣政策和实践；（2）促进整个 APS 管理人员的持续改进；（3）促进学习、发展和职业生涯管理；（4）帮助在 APS 中培养领导能力；（5）向公共机构提供有关公共服务的建议和协助；（6）在 APS 领域促进高标准的统一和行为开展。

APSC 从成立伊始，致力于建立一个自信、有正确价值观和可持续发展的澳大利亚公共服务。主要依靠提供可靠的评估和基准数据，以支持战略反应。它提供的主要服务包括：

（1）澳大利亚公共服务委员的角色——促进 APS 的价值、绩效、合规性和建设 APS 的能力；

（2）功绩保护委员办公室——确保 APS 价值正在有效地应用于机构、机构负责人和工作人员；

（3）给你最好的建议——提供工具、最佳实践战略解决方案、出版物和政策建议；

（4）帮助改善澳大利亚原住民的就业前景——有针对性的职业发展计划和建议；

（5）帮助残疾人士——量身定制的支持、建议和最佳实践指南；

（6）在国际范围内工作——在一系列发展中国家建立公共部门的能力；

（7）领导和学习中心——应时的系统的学习和发展方法，围绕 APS 的需求发展领导力和卓越的管理；

（8）建立员工和组织——领导活动和培训计划；

（9）提高澳大利亚公共服务质量；

······

如果说 PC 是具体政府所开展项目的绩效评估的话，APSC 更像是政府机构本身的绩效评估，其对人员、行政效率尤其关注，当然，同样涉及提高澳大利亚公共服务质量，每年都会出具年度报告。当前 APSC 设有一位委员长，领导常务副委员长执行五大功能小组，领导助理专员执行两大功能小组，另外，还设立权益保护专员。其内部的组织结构如图 6 - 1 所示。

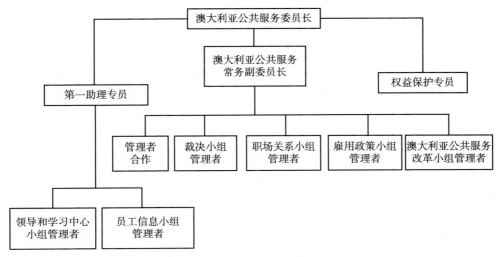

图 6 - 1　APSC 组织结构

资料来源：澳大利亚 APSC 官网：https：//www. aqsc. gov. au/。

（二）PC 的绩效评估模式

PC 由 1998 年议会法案确立为独立机构，以取代工业委员会、工业经济局和经济计划咨询委员会。然而，它的根源更深远，1974 年成立工业援助委员会（本身取代了澳大利亚关税委员会），后来，在 1989 年又改为工业委员会。

PC 是澳大利亚政府的一个机构，位于财政部内部。然而它不管理政府计划或行使行政权力，只是一个咨询机构，其活动涵盖各级政府和包括经济相关部门的所有部门，以及社会和环境问题。PC 的核心职能是根据澳大利亚政府的要求，就有关澳大利亚经济表现和社会福利的关键政策或监管问题进行公开调查。此外，PC 根据政府的要求进行各种研究，并支持其年度报告、性能监控和其他职责。PC 在澳大利亚政府理事会的主持下还提供政府间的政府服务审查。另外，PC 还处理竞争中立的投诉，具体而言，他们试图确保政府企业不享有竞争优势，私营部门的竞争对手只是凭借政府企业公共部门的所有权。

PC 的结构和运作有三个特点。

1. PC 是独立的。

PC 根据其本身的法例行使权力及指导。PC 有自己的预算分配和永久性的工作人员，与其他政府机构的运作相比较长。虽然政府在很大程度上决定了其工作计划，但 PC 的调查结果和建议是根据自己的分析和判断得来的。PC 向澳大利亚议会正式提交其调查报告。然而，在法定的要求下，为促进公众对政策问题的理解，其报告和其他通信活动也针对更广泛的人群。

2. 其过程是透明的。

PC 对政府的建议，以及它的信息和分析，都是公开的。它的建议过程提供了广泛的公共输入和反馈，通过听证会、研讨会和其他咨询论坛，发布草案的报告和初步结果。但是，要提醒的是，对生产力委员会的政策建议，财政部和政府没有必须的义务采取行动，可能不作回应或拒绝采取行动。

3. 采用社区视角。

PC 有义务在其法定指引下，以广泛的观点，而不是针对特定行业或团体，考虑包括经济、环境、区域等在内的社会整体利益，告知公众和委员会自己的研究结果。

另外，PC 还下设了澳大利亚政府服务评价督导委员会（Steering Committee for the Review of Government Service Provision，SCRGSP），每年向公众发布政府服务评价报告（report on government services，ROGS），是澳大利亚政府具体的政策和行政绩效评价机构。

当前 PC 内部的组织结构如图 6 - 2 所示。

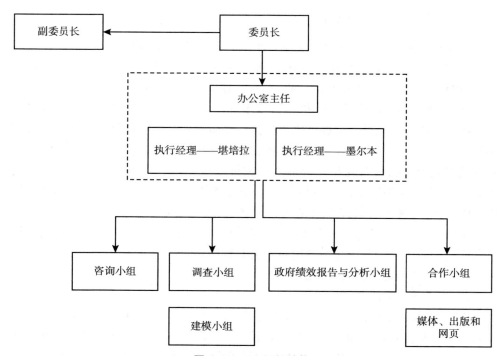

图 6 - 2　PC 组织结构

资料来源：澳大利亚 PC 官网：http：//www.pc.gov.au/research/ongoing/report-on-govemment—services。

（三） APS + PC 的绩效评估模式

APS + PC 的绩效评估模式是一种将 APSC 组织与 PC 组织相结合的绩效评估模式，主要作为政府内部的绩效评估结构，如图 6 - 3 所示。

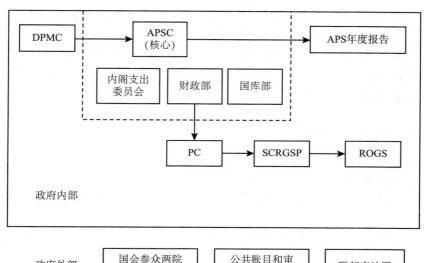

图 6 - 3　APS + PC 绩效评估模式

资料来源：澳大利亚 APSC 官网：https：//www. apsc. gov. cn。

二、明确的绩效评价目标及原则

（一） 目标的确定

首先，政府根据公众对公共服务的需求，确定提供公共产品的总体目标。这项工作由支出审查委员会完成，该委员会由政府正副总理、国库部长、财政部长等五人组成，负责根据公共的需要研究确定政府在下一财政年度应提供的公共产品数量和种类，确定预算优先安排的事项清单，对预算编制和预算执行进行全程监控。其次，政府各部门根据总体目标，将各自应提供的公共产品目标进行分解和细化，形成具体的部门目标。

（二） 目标的构成

澳大利亚实行政府绩效评价主要有三方面目标：一是提高政府公共服务的经

济和社会效益；二是防止欺诈舞弊行为发生；三是促使政府行为严格按照法律执行。

针对具体的公共服务绩效目标，也有三个组成部分。

（1）高层次的愿景，它描述了对个人和更广泛的社会范围所需的服务领域的影响。

（2）提供服务的目标，突出服务的特点，使它们能够有效。

（3）以公平有效的方式提供服务的目标。

链接到高层次的愿景指标是结果指标，而服务交付的有效性或公平性的指标，是输出指标。然而，每个目标的优先级可以变化。例如，一个司法管辖区可能优先考虑提高可达性而另一个可能会优先考虑提高质量。

（三）澳大利亚绩效报告指导原则

（1）综合性。绩效评估应包含所有重要目标。

（2）精简报告。目标部门或服务的绩效评估信息应简洁。

（3）关注结果。高水平的绩效指标应关注结果，反映服务目标是否得到满足。

（4）分层。高层次的结果指标应以较低水平的产出指标和额外的分类数据为基础。

（5）有意义。报告数据必须能够衡量它声称的衡量内容。代理指标应清楚地识别，鼓励在可行的地方探索更有意义的指标以取代代理指标。

（6）可比性。数据应横向纵向可比。然而，可比性可能会受到可用数据变化的影响。在跨管辖区域的数据没有可比性时，同管辖区域内的时间序列数据是特别重要的。

（7）完整性和渐进的数据可用性。目的是报告所有相关管辖区域的数据，但不包括不可能报告的数据。

（8）及时性。公布的数据尽可能是最新的。

（9）使用可接受的（虽然不完善的）性能指标。相关的性能指标，已经安排在其他国家报告，使用在适当的地方。

（10）可理解的。数据必须以一种对广大受众有意义的方式来报道，其中许多受众不会有技术或统计知识。

（11）准确的。数据公布将提供足够的准确性，增加根据报告中的信息提高分析的信心。

（12）验证。数据可以有所不同，在某种程度上，他们已审查或验证（至少，所有数据都得到了供应商的认可，并受到相关服务领域工作组的同行评审）。

（13）服务的全部成本。效率估计应反映政府的全部成本（如可能）。

三、完善的项目绩效评价

在 1985~1986 财年，澳大利亚开始对项目绩效考评进行试点。1988 年 12 月，在试点成功的基础上，联邦政府颁布了《公共服务评价战略》。从 1993~1994 财年起，开始全面实行项目绩效考评。总的来说，凡是一揽子计划中规定的所有项目及项目的主要组成部分，都要作为系统的评价对象。

（一）项目绩效评价的内容

项目绩效评价的主要内容包括对项目的适当性、效率性和有效性的具体评价，对于具体的项目还要兼顾其目标和项目生命周期所处的发展阶段。

1. 适当性的评价。

适当性评价一般是在项目正式设立前进行的，表现在四个方面：一是项目的设立与实施是否得到政府的认可和社会的广泛认同；二是项目是否与政府的总体目标及政策导向相符；三是项目设立的必要性、紧迫性和优先性；四是针对项目所编制的战略计划是否成功，项目的逻辑性是否很强。

2. 效率性的评价。

效率性的考评主要从三个方面考虑：一是投入情况，及资源的使用情况（包括资金、人员、技术、设备）；二是项目运行或获得项目产生的程序；三是产出，即通过对项目管理的直接控制所产出的产品或服务。

3. 有效性的评价。

有效性评价包括：测量影响结果实现的因素；对影响结果产生的因素进行因果说明；确认是否有意外的结果将对预期的目标产生积极或消极的影响。有效性评价的重点在于强调管理的责任性。

（二）项目绩效评价的主要步骤

要保证达到预期的效果，持续地、分步骤地进行项目评价很重要，如图 6 - 4 所示。一旦评价的重点被确定下来，按照逻辑分析的方法，围绕评价的重点，首先，要确定评价所要解决的主要问题；其次，要按照评价的重点，设计评价的内容和程序；再其次，要对评价实施有效的管理；最后，有效利用评价发现问题，改进项目管理，保证评价报告能够体现评价的内容及结果。

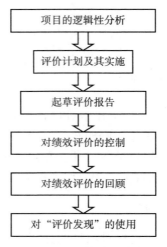

图 6 - 4　项目绩效评价步骤

1. 项目的逻辑性分析。

项目的逻辑性分析是一种有用的分析工具。它通过描述预期的项目活动和项目结果间的因果关系，有助于更好地分析理解项目的执行情况。分析项目的逻辑性一般有如下步骤：（1）描述项目；（2）阐明项目目标；（3）勾画项目的逻辑；（4）确认对结果实现程度的评价程度；（5）确认结果的成功程度；（6）确认需要什么样的绩效信息；（7）确认影响实现的因素。

2. 评价计划及其实施。

一个好的、详细的计划是一个评价成功的前提。在描述项目逻辑、发展评价战略，阐述财务和预算花费等方面花费一定时间是十分必要的。因项目内容及特点的不同，每一个评价计划和评价战略也各具特点，这部分时间通常约占总体评价时间的20%～50%。

评价的实施包括资料的收集、分析和评价报告的起草、发布两个阶段。资料包括现存资料和特殊资料，如果现存信息不能完全满足评价的需要，就要收集一些特殊资料，包括调查和听取一些专家的观点、吸收社会意见或者进行典型案件的分析等。

3. 起草评价报告。

评价报告要说明评价的结果，要使项目管理者了解项目评价过程中发现的问题，这适用于项目的各个阶段，主要是为决策服务、促进项目管理水平提高以及增强项目管理者的责任感。因此，在起草评价报告的阶段，使相关人士重视该评价报告，对实现评价的目标至关重要。评价报告需要对外公布，这有助于敦促政府部门或有关机构在决策时按规定的程序进行。

4. 对绩效评价的控制。

对绩效评价的控制能够保证评价按照既定的目标，按时地，且在成本控制的范围内，得出有价值的结论。评价控制的一个重要功能就是要保证评价达到适当的质量标准。根据评价的规模和复杂程度，可以选择不同的评价控制机制：一是评价小组每月召开一次计划会，分析评价的进展情况，建立定期检查的机制；二是定期召开一些会议，向评价顾问委员会报告成绩、进度及信息反馈；三是定期提供项目进展报告；四是采取有效措施保证评价在规定的时间内完成；五是尤其对一些大型的评价活动，要在评价的不同阶段，分别对项目的执行情况及进展情况进行回顾。

5. 对绩效评价的回顾。

在评价的最后阶段，要对评价行为本身进行系统的检查。在评价进行的过程中，评价中的一些因素已被检查，其他因素只有在评价的主要任务结束时才能予以考虑。对评价的检查与回顾，要结合评价的目标以及相关人士的需求。其主要内容有：一是评价完成较好的方面及其原因；二是评价完成的不理想的方面及其原因；三是如果下次进行同样的评价，需要注意的问题及如何操作；四是在评价执行过程中，最好的案例是什么。

6. 对"评价发现"的使用。

"评价发现"是指评价的结果、结论和建议，它是各个相关阶段的评价结果、结论和建议的集合。评价结果优劣的一个重要标志，就是政府是否采纳了评价所提供的一些信息，并将其应用在决策中。"评价发现"的使用，包括在制定"使用绩效评价发现的发展计划"，以及"实施评价结果"的工作程序中，定期报告绩效评价发现，并实施与评价结果相结合的监督机制，有利于保证评价的责任性。

四、科学的部门绩效评价

1987 年，澳大利亚对许多部门进行合并改革，将一些原来的部级机构变成以绩效衡量为主的执行机构。由部门与执行机构签订绩效合同，在保证实现合同规定的产出和结果的前提下，执行机构管理者拥有自主的人事和财务管理权。由于绩效合同的标准无法统一，因此，难以准确衡量执行机构的实际工作情况。1994 年，澳大利亚成立了政府服务审评筹划指导委员会，专门负责政府服务绩效的评审工作。该委员会在借鉴英美两国绩效评价经验的基础上，构建了一套政府服务绩效评价指标，主要是通过在相关机构中寻找业绩最佳的组织，以其评价标准确立业绩指标的方式。从 1995 年开始，每年都对政府公共服务部门进行一次评价比较，并将评价报告公开发布。

各部门要在每月结束后 10 天内向财政部提交月报，包括部门所有支出项目，项目当月的所有绩效指标及项目在本月内实际达到的绩效；如果实际结果和绩效目标相差超过 10%，部门就必须解释产生差别的原因。另外，部门每年要向财政部提供三次绩效预算执行情况的预测报告。

（一）部门绩效评价制度的理念及框架体系

首先，根据公众对政府公共服务的需求，确定政府提供公共产品的总体目标。这项工作由支出审查委员会完成。该委员会由政府正副总理、国库部长、财政部长等五人组成，负责根据公众的需求研究确定政府在下一年度应提供的公共产品数量和种类，确定预算优先安排的事项清单，对预算编制和预算执行进行全程监控。其次，政府各部门根据总体目标，将各自应提供的公共产品目标进行分解和细化，形成具体的部门目标。最后，根据部门目标，编制部门支出预算。在公共支出管理的具体手段上，主要采用"产出预算"的新型管理模式。产出预算是根据投入产出原理，按部门的产出来配置财政资源。它采用权责发生制会计原则对公共产出的全部成本进行核算和控制，不再进行支出的逐项、明细管理。

（二）部门绩效评价指标

澳大利亚公共部门服务绩效评价自 1995 年开始每年进行一次，其指标体系在每一次的评估实践中得到不断修正和完善。现行的指标体系包括公共急症医院、公共住房供给、普通教育、警察、司法、犯罪改造、社会福利、应急管理（包括消防服务和救助服务）八个公共服务领域。部门绩效评价指标的设计思路为：首先明确部门提供服务或项目的目标，围绕这个目标，从在服务提供的整个过程中所需资源（投入/成本）、传送服务的途径（过程）、提供服务的数量（产出）和服务产生的影响（结果）方面来设计指标。指标要体现公平、效率和效果三个维度，并将这三个维度渗透在产出、结果、投入—产出、投入—结果这四种类型的指标中。若以消防部门的指标为例展示澳大利亚政府绩效评价指标的特点，如表 6-1 所示。

在澳大利亚，计划评估被认为是用来评估政府部门项目绩效的关键性工具，计划评估既要保持公众需要与阶段目标的一致性，又要使得阶段目标产生真正的效果，基本框架如图 6-5 所示。

表6－1　　　　　　　　　　澳大利亚消防部门绩效评价指标

服务领域	测评维度		产出或产出—投入指标	结果或结果—投入指标
消防服务绩效	公平	火灾预防	社区消防演习安全程度	—
	效果	消防准备	住宅楼中设有烟火警报的比例	火灾死亡率
			商务楼中配有洒水装置的比例	火灾受伤率
		响应时间	响应时间占灭火过程50%的次数	火灾平均经济损失
			响应时间占灭火过程90%的次数	火灾后财产损失
		—	火灾后现场恢复情况	—
	效率	—	人均费用支出	—

资料来源：范柏乃，余有贤．澳大利亚的政府服务绩效评估及对我国的启示［J］．公共行政，2005（11）．

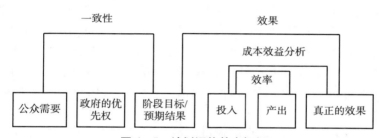

图6－5　计划评估基本框架

资料来源：郑建新，许正中．国际绩效预算改革与实践［M］．中国财政经济出版社，2014．

而要想使得目标能有效地转换成成果，有一个间接的性能指标框架，即通过产出指标从而达到成果指标。相应的总体政府服务绩效指标框架如图6－6所示。

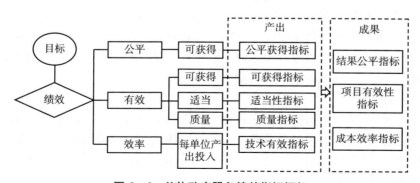

图6－6　总体政府服务绩效指标框架

资料来源：郑建新，许正中．国际绩效预算改革与实践［M］．中国财政经济出版社，2014．

1. 产出指标。

虽然报告的目的是专注于成果，但直接成果往往难以衡量。因此，在产出输出和期望成果之间有一层转换关系。在绩效报告框架中，公平性、有效性和效率性指标是同等重要的，因为它们是服务交付绩效的三个主要维度。重要的是，所有这三个指标，因为有固有的权衡本质，有时并不能完全具备。例如，提供的服务可能具有较高的成本，但比低成本的服务更有效，因此更具成本效益。

（1）公平指标。公平指标是衡量一项政府服务是如何满足特定群体的需要，或特殊困难的需要。公平的过程指标集中在测量服务是否同样涉及社会每个人，不考虑个人的特点，如文化背景或地点。绩效指标也可以有一个公平的尺度，重点是比较特殊群体和总人口之间的绩效差距。

（2）有效性指标。有效性指标是衡量服务的产出如何满足其交付目标。其中质量指标尤为重要。质量指标可衡量服务是否符合其目的并符合规范。通常有一种以上的方式来提供服务，每种选择都受不同的成本和质量的影响。评估时需要识别和报告质量的所有方面，包括实际和隐含的能力。实际能力可以由服务行为所产生的正（或负）事件的频率来衡量。隐含能力可以通过代理指标来衡量，如服务的方方面面是否符合规范。报告中的质量指标一般涉及四个类别。

标准——服务是否满足要求的标准。例如符合服务标准的住宅护理和家庭护理。

安全——提供的服务是否安全。例如在警察拘留的道路上安全或死亡。

响应——服务是否面向客户和响应客户规定的需求。例如病人满意度。

连续性——随着时间的推移和跨服务提供商的发展，服务是否能协调或不间断地进行。例如慢性病管理的连续性。

（3）效率指标。经济效率要求技术、资源配置和动态效率满足：技术效率要求以最低的成本生产货物和服务；资源配置效率要求消费者从一组给定的资源中获得最有价值的商品和服务；动态效率意味着，随着时间的推移，消费者提供新的更好的产品或以较低的成本提供现有产品。

2. 成果指标。

成果指标不同于产出指标，它致力于提供的服务对个人和社会的影响，通常依赖于一些服务特性，而且会受政府或服务实体的控制以外的因素的影响。

以学校教育为例，目标、投入、产出、结果之间有不同层次的效率关系。如表6-2和图6-7所示。

表6-2 学校教育评价指标体系

学校教育评价指标体系	公平	公平性获得	土著居民占学生总数比例、坚持读完12年的学生比例
	有效性	学生学习效果	标准化基本技能测试情况
		社会效益	毕业后去向、对生活的态度积极与否
	效率	单位成本	花费在每个学生身上的教育支出、学生与教师比例

资料来源：郑建新，许正中．国际绩效预算改革与实践［M］．中国财政经济出版社，2014.

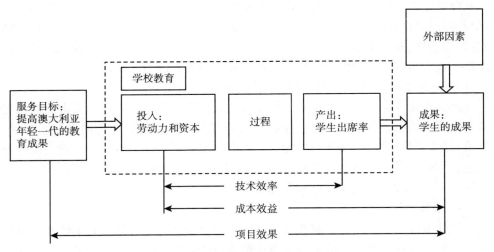

图6-7 以学校教育为例的效率层次

资料来源：郑建新，许正中．国际绩效预算改革与实践［M］．中国财政经济出版社，2014.

在绩效评价中如果发现部门在取得财政拨款后，没有完成绩效目标，政府将考虑减少部门下一年度的预算拨款。同时，绩效报告向社会公开，将影响到未完成绩效目标部门的公众形象和部门负责人的任职。

（三）部门绩效评价工作的实施步骤

1. 制定部门绩效目标。

绩效目标由部门自行确定。在新一届政府组成后，各部部长根据任期内行政目标，与所属部门负责人设计制订实施计划，签订绩效合同，明确要达到的结果和绩效目标。各部门对结果和目标进行分解和细化，形成具体的部门年度绩效目标。绩效目标由质量、数量和价格三部分组成。部门目标不能过多，也不能过少，一般可设为3~5个。财政部只提供原则性的指导意见，如果财政部等有关部门对绩效目标有异议，可以建议审查委员会决定是否修改绩效目标。绩效目标的原则是可计量性、可审计性、透明性，实现资源的有效配置，物有所值。由于公共服务目的的特殊性以及效益取得受多重因素影响，导致不能简单衡量公共服务的成本、效益以及二者的关系，因此，直接评价公共服务效益比较困难。为了解决这个问题，澳大利亚设计了一套绩效评价指标，用来衡量政府部门绩效目标实现情况及效率的高低。

2. 编制年度公共服务绩效评价报告。

在一个财政年度结束后，政府各部门都要编写并提交本部门的年度公共服务绩效评价报告，以提供绩效评价的基本信息。内容主要包括：本年度计划绩效指标与实际执行情况的对比；与以往年度绩效指标实现情况的比较；对未实现的绩效目标的说明及补救措施；对年度绩效计划的评价；对不可行的绩效目标的调整建议；说明报告中提供的绩效信息的质量及其他需要说明的问题。

3. 开展绩效评价，评估财政资金的使用效益。

澳大利亚议会和财政部负责各部门公共服务绩效的评价工作。先由财政部对各部门提交的绩效评价报告进行审核，再报议会审议通过。评价的内容主要是：绩效目标的完成情况；绩效目标的完成与所使用的资源是否匹配；各项支出的合理性；绩效信息的可信度以及评价方法的科学性等。评价结果会反馈给各部门，并作为下一财政年度战略目标和预算安排的参考。

4. 绩效审计。

绩效审计是由审计部门对政府各部门工作和活动的经济性、效率性和有效性进行的经常性审计监督，分为效率审计和项目绩效审计两种类型。其中效率审计主要检查个人或机构履行职能或开展活动的程序，以及评价活动的经济性和效率性。项目绩效审计的范围比效率审计要窄，只评估联邦机构在管理方面的经济、效率和效果，主要考虑项目和个人的管理职能。澳大利亚在绩效审计方面的发展很早，审计部门的绩效审计报告可以说明履行受托责任的结果，是社会公众获得关于政府运作成果和公共资源使用效率方面的真实信息的重要渠道。

澳大利亚的审计机关隶属于议会，各级议会均设有审计委员会，再往下是审计署，各级审计署之间通过审计长联席会议制度维系，但他们在业务上没有领导与被领导的关系。在各级审计署内部有两个最主要的部门——财务报告审计司和绩效审计司，这两个部门负责对政府与国企进行财务报告审计和绩效审计，向公众提供客观的审计意见，对政府提供意见与建议。

根据澳大利亚审计署的《绩效审计》（Performance Auditing）程序规范，绩效审计程序可以划分为制订战略计划、进行初步研究、制订审计计划、现场实施审计、撰写审计报告和绩效审计跟踪6个步骤。澳大利亚审计署非常重视对每一个项目进行跟踪审计程序，并且把1/3的项目安排为跟踪审计。审计机构把上一次的审计建议作为新的衡量标准，结合时事变化，对被审计事项进行一次严格的绩效审计。

（四）部门绩效评价的特点

1. 根据战略计划制定政府绩效目标。

各部门根据战略计划制定绩效目标，在此基础上拟定评价计划，并每年报送财政部门。财政部门在 3～5 年内，对所有纳入《公共服务评价战略》里的项目、产出或其他事项进行系统的评价。

2. 明确的绩效目标框架。

澳大利亚预算根据政府未来三年（部分州和地方政府为四年或五年）战略规划编制。如《联邦预算战略展望（2010～2011）》不仅全面反映了 2010～2011 年度预算编制情况，而且对未来两年预算进行了预测。财政部门和各部门根据预算指导框架制定绩效目标，并详细分解到下属各单位。其主要特征包括：明确性——避免那些可能带来不确定性的模糊目标。可衡量性——有明显、可靠的量化数据做支撑。可实现性——目标设定符合客观实际。相关性——目标的选择与部门职责紧密相关。时效性——目标有明确的截止时间。

3. 完备的预算绩效指标。

澳大利亚预算绩效指标体系一般由公平、效率和效果三个要素（部分州还强调了经济性）构成，主要表现为投入、产出、效率、结果四个方面。指标体系设计主要考虑数量（通常指政府提供服务的受惠人数、项目个数等数量指标）、成本（指预算支出金额）、质量（通常指公众满意度，政府提供服务的合格率、达标率等比率数值）和时效（通常指政府提供某项服务所需花费的平均时间）四方面因素。指标体系不但关注政府组织履行职责的最终效果，而且关注为取得最佳效果而设立的创新能力、内部业务流程、行动计划等能力类和过程类指标。

澳大利亚联邦财政部在 2010 年发布的最新绩效信息指南中，对绩效指标数据质量做出明确规定：一是及时性，即数据在合理的时间内取得，避免因数据过时而造成统计信息不准确、无法体现当前绩效真实情况等问题。二是实用性，即使用具有可操作性的考评方式和数据采集系统。三是可比性，即可以在同一类目标群内，或相似项目间进行比较。四是准确性，即能够清楚、准确地计量相关数据。五是平衡性，即在实现预期目标有效、及时、适当等方面要体现平衡性。

4. 赋予部门更多权力。

在澳大利亚现有立法框架下，承认公共部门的多样性，同时，明确部门负责人以适当方式实施有效管理的责任。为了达到工作目标，部门负责人在部门内部可以灵活地为"产出"调配资源。

（五）案例：澳大利亚卫生部门绩效评价①

1. 澳大利亚卫生系统概念模型。

2000 年，澳大利亚政府颁布了《澳大利亚卫生系统（2000）报告》，首次提出了卫生系统概念模型的框架，如图 6－8 所示，用模型的方式描述了该国卫生系统的构成。按照该报告，卫生系统包括三个部分：健康结果（health outcome）、健康影响因素（health determinates）和卫生系统绩效（health system performance）。

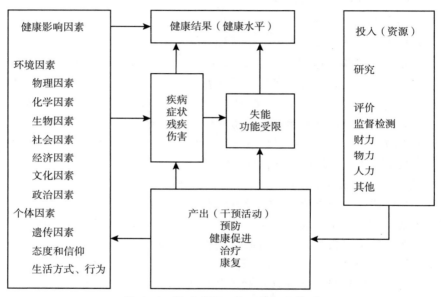

图 6－8　澳大利亚卫生系统概念模型

资料来源：Derived from Australian Institute of Health and Welfare（2000）［R］. Australia's Health 2000, Canberra.

澳大利亚国家卫生绩效委员会（NHPC）认为，评价卫生系统绩效需要充分了解影响健康结果的各个因素，需要做以下工作：（1）监测卫生系统的投入，如人力、资金、设备、工具和信息系统的投入；（2）测算产出，如医院住院次数、患者求医次数、药物和诊断服务提供数量、预防性服务量、康复性服务量；（3）通过监测个体、人群、社区健康状况的改变，测算健康结果。

2. 澳大利亚卫生系统绩效评价框架。

澳大利亚卫生系统绩效评价框架参考加拿大经验，如表 6－3 所示。根据绩

---

① 傅鸿鹏. 澳大利亚卫生系统绩效评价指标体系的特色及应用［J］. 卫生经济研究，2009（6）.

效评价框架，NHPC 建立了对应的绩效评价指标框架，如表 6 - 4 所示。在该框架中，针对每一个评价要点都给出了具体的定义，以及满足这一要点必须解决的问题，在解决问题的基础上推荐了一系列的可用指标。NHPC 认为这一指标体系框架可以用来评价各个州、地区等不同层次卫生系统的绩效。在这一指标体系框架里，"绩效评价指标"被定义为"统计指标或者其他卫生信息单位，它们能够直接或者间接反映一个所期望结果的实现程度，或者反映各类卫生服务在实现预期结果时的效果和质量水平"。例如，可及性（accessible）的定义为："不论一个人的经济地位、文化背景、地理位置如何，这个居民能够随时随地获得卫生服务的能力。一个公正的卫生系统应当能够对所有的人提供无偏差的服务，而不受种族、空间距离、支付能力、服务条件的影响。"在这一标准下，NHPC 认为应回答的问题包括：（1）在居民家庭的适当距离范围内，是否有合适的卫生服务机构？（2）当需要急诊服务时，是否有合理的途径获得？（3）卫生服务能否在时间和频率上满足居民的需要？（4）费用是不是构成了居民获取适宜卫生服务的障碍？（5）卫生服务提供者在工作中是否考虑了居民的文化、信仰、习俗？根据这些问题，NHPC 推荐了四个评价"可及性"的指标：在急诊部门的就医等待时间、手术服务的等待时间、每千人住院次数、偏远和民族地区每千人接受全科医师服务的次数。NHPC 建议评价者自行选择利用他们推荐的指标，同时，NHPC 也在不断完善、修改这些指标。

表 6 - 3　　　　　　　　　澳大利亚卫生系统绩效评价框架

健康状况和健康结果 国民健康水平如何？每个人的健康状况是否相同？改进国民健康的最大机会在哪里？			
病患状况	肌体功能	期望寿命和健康	死亡情况
疾病、伤害、功能失调等健康相关问题的发生率	机体、结构或功能的调整（功能不全）；活动（活动受限）和参与（参与限制）	包括体格、精神、社会适应等指标，以及其他如失能调整寿命年（DALY）等指标	分年龄组或特定人群的死亡率

健康影响因素 是不是对健康有利的影响因素变得更好或更多？ 这对每一个人是相同的吗？这些因素在什么地方、什么人的身上得到了改善？				
环境因素	社会经济因素	社区特征	健康行为	个体相关因素
物理、化学、生物因素。如：空气、水、食品、土壤、污染等	社会经济相关因素。如：教育、就业、卫生费用、每周收入水平等	家庭和社区特征。如：人口密度、年龄、文化、住房交通设施	态度、信仰和行为。如：饮食习惯、体育活动、酗酒、吸烟	遗传易感性，血压、血糖水平、体重

续表

卫生系统绩效
卫生系统在提供高质量的卫生服务、改善国民健康上做得怎么样?
对所有人提供了同样的服务吗?

有效	适宜	高效
预防、医疗或者能得到期望结果的活动	所提供的医疗服务、干预项目、活动项目与客户需要有关,并且有既定标准	对资源的利用具有较高的成本效果比
反应性	可及性	安全
以客户为导向、具有个体化特色。尊重病人尊严、隐私,给患者参与机会。与社会支持网络衔接,允许患者选择服务提供者	不管居民的收入状况、地理位置、文化背景如何,他们及时获得卫生服务的能力	消除或减少卫生服务过程和管理环节中潜在的健康风险
持续性	能力	可持续性
能够通过各类机构、开业医生、专项项目,提供不间断的、同样的照顾或服务,不随时间改变	个人或者卫生服务项目在一定的技术和知识基础上,提供卫生服务的能力	系统或者机构提供人力、设备、工具等基础设施的能力,以及创新性和应变能力(研究、监测)

资料来源:Derived from Canadian Institute for Health Information(CIHI). Canadian Health Information Roadmap, Initiative Indicators framework2000.

表6-4　　　　　　　　　　澳大利亚卫生系统绩效评价指标体系框架

层次	内部构成	推荐指标
健康状况和卫生成果	疾患状况	糖尿病、心血管疾病、恶性肿瘤、精神疾病、伤害、哮喘等疾病的发病率;不合理用药和药物滥用导致的疾患的发生率
	肌体功能	失能寿命年(YLD);肌体功能损伤发生率
	期望寿命和健康状况	失能调整期望寿命(DALE);失能调整寿命(DALY);自评健康状况
	死亡情况	婴儿死亡率;某一状况导致的寿命损失;主要死因
健康影响因素	环境因素	空气:空气污染指数、灰尘和粉尘计数、军团菌的报告次数、同温层臭氧含量、无烟家庭和无烟场所数;水:污染物含量、细菌计数;食品质量:沙门氏菌报告次数
	社会因素	教育水平;就业状况;收入水平
	社区能力	社区内能够提供的卫生服务;居民对卫生行业的信任度;健康文化;社区支持的服务种类
	健康行为	吸烟率;酗酒率;药物滥用率;体育锻炼水平;健康饮食率
	个体因素	特定遗传病发病率,如血友病、肌无力等;特定出生缺陷发病率

续表

层次	内部构成	推荐指标
卫生系统绩效	有效	接种率和传染病流行率；艾滋病教育和安全性行为的比例；婴儿猝死率和婴儿猝死教育；乳房肿瘤筛查工作
	适宜	过敏和副作用的发生率；患者选择在家还是在医院接受服务；患者选择保守疗法还是治本性的疗法；患者选择就诊还是急诊服务；患者就诊时疾病和伤害所处的病程阶段；具有国家认证资格的医院比例及其病床数
	高效	按病种矫正公立医院每住院日的住院费用；每一病例组合的平均费用（或利润）；到全科医生处就诊的次均诊疗费用；妇女筛查乳腺癌的人均费用
	反应性	消费者在卫生规划和服务管理中的参与程度；对消费者报告的次数；对消费者抱怨的处理
	可及性	在急诊部门的就医等待时间；手术服务的等待时间；每千人住院次数；偏远地区每千人接受全科医师服务的次数
	安全	因安全相关问题下架改修的产品数
	持续性	制定卫生规划时要遵循医疗福利法案，提供持续性服务
	能力	全科医疗、理疗、医院中质量合格的服务次数/设备比例
	可持续性	卫生支出中用于卫生科研的比例（建议作国际对比）；卫生教育与卫生服务供给的费用比；财务指标，如固定资产比例

资料来源：傅鸿鹏．澳大利亚卫生系统绩效评价指标体系的特色及应用［J］．卫生经济研究，2009（6）．

3. 澳大利亚卫生系统绩效评价指标体系框架的应用方法。

澳大利亚卫生系统绩效评价工作自 2001 年开始，每两年开展一次。在具体评价时 NHPC 根据绩效评价指标体系框架的推荐，选择具体指标。所采用的选择标准包括以下三个方面。

（1）单项卫生绩效指标的选择标准如下：

● 值得测量。指标反映了公共卫生状况或卫生服务系统的一个重要层面。

● 在不同人群中均可测量。指标在全人口和不同人群中都有效，具有可信性。在不同地区、不同经济地位的人口中均能比较准确地测量出指标值。

● 易于理解和实行。指标的使用者能够理解并且知道如何去做。

● 适用性强。指标具有在不同层面上均适用的特征。比如在全国、州、地区、社区等不同层级的政府，公立和私立医院等不同组织类型的机构，个体和群体等层面上都易于理解和运用。

● 与政策和服务有关。针对该指标的测量结果，能够采取有效可行的措施进行改善。

● 在不同时间，该指标的测量结果可以反映出相关活动的效果。如果相关的干预或医疗活动已经开展，那么该活动的一些可衡量的结果（即相应的指标）应该能够在一定程度上反映出健康水平的改善。

● 易于收集和分析。用来计算该指标的资料应该容易获取，收集、分析过程所耗费的资金比较合理。

● 该指标与全国已有统计指标的定义保持一致。

（2）建立指标体系时的参考标准如下：

● 所选择的指标体系能够比较全面地覆盖卫生问题。

● 各指标能与代表卫生系统绩效框架其他各部分的指标之间取得平衡。

● 利用该指标体系能够发现问题并且对其做出反应。

● 利用该指标体系有助于卫生系统绩效的改进。

● 能够在系统运作不好和需要改进的地方提供反馈信息。

（3）NHPC 选择卫生系统绩效评价指标的其他标准如下：

● 便于卫生机构层面使用该指标来进行对比或确定基准化水准。

● 尽可能利用已有的指标，与已有的统计体系保持一致。

4. 澳大利亚卫生系统绩效评价指标举例。

表 6 - 5 是 2003 年澳大利亚卫生系统绩效评价指标，在一定程度上反映了澳大利亚对卫生系统绩效评价框架的应用情况。

表 6 - 5　　　　　　　　**2003 年澳大利亚卫生部门绩效评价指标**

指标	指标的解释
第一层：卫生状况和健康结果	
1.01　心脏病的发病率	急性冠心病的发病率
1.02　癌症的发病率	—
1.03　严重的肌体功能障碍	分年龄组和性别的严重肌体功能障碍的现患率
1.04　期望寿命	出生时的期望寿命
1.05　心理痛苦水平	用 Kesser10 量表测定的心理痛苦水平
1.06　潜在的可避免的死亡数	
1.07　婴儿死亡率	—
1.08　全国优先控制病种的死亡率	《全国优先控制疾病和健康状况》所列病种的死亡率

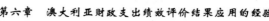

续表

指标		指标的解释
第二层：健康影响因素		
2.01	儿童暴露于吸烟家庭的比例	有 0~14 岁儿童的家庭中，成人自报吸烟家庭的比例
2.02	合格水的供给率	供给水质合格的饮用水的水网覆盖人群的比例
2.03	收入的不公平性	每周收入处于平均水平的 20%~80% 之间的人口比例
2.04	非正式护理	使用非正式护理的人数
2.05	成人吸烟率	按照日均吸烟数量计算的成人吸烟率
2.06	过量饮酒率	18 岁以上人群中长期饮酒的比例
2.07	蔬菜和水果摄入率	居民每日摄入足量水果或蔬菜的比例
2.08	体育锻炼缺乏率	居民中锻炼程度不足以起到健身效果的人口的比例
2.09	超重和肥胖率	居民中肥胖和超重的比例
2.10	低出生体重儿的比例	新生儿中低出生体重儿的比例
2.11	高血压患病率	居民中罹患高血压的比例
第三层：卫生系统绩效		
3.01	不安全的共用针头	比例调查的吸毒者中自报近期与别人共用针头的比例
3.02	儿童购烟比例	吸烟儿童近期亲自购买香烟的比例
3.03	子宫疾病筛查率	符合国家筛查标准的妇女进行子宫疾病筛查的比例
3.04	乳房疾病筛查率	符合国家筛查标准的妇女进行乳房疾病筛查的比例
3.05	儿童免疫率	12 月龄和 24 月龄儿童全面接种免疫率
3.06	流感疫苗接种率	64 岁以上人群上一年流感疫苗接种率
3.07	潜在可避免的医院诊疗次数	可以通过非医院服务避免的医院诊疗次数
3.08	急性冠心病患者的生存率	—
3.09	癌症患者的五年生存率	—
3.10	抗生素的利用数量	全科医生开出的用于治疗上呼吸道感染的处方数
3.11	糖尿病的管理率	糖尿病患者接受全科医生以年为周期的服务的比例
3.12	强制隔离部门的服务量	—
3.13	子宫切除率	住院服务中子宫切除手术的比例
3.14	医疗费用	公立急诊医院按病例组合校正的平均费用
3.15	住院天数	按病例组合计算的手术患者的相关住院天数
3.16	急诊等待时间	—

续表

指标	指标的解释
3.17 医保覆盖的全科医疗诊疗次数	在医疗保险项目覆盖下，用总额支付或直接支付法付费的全科医疗诊疗次数
3.18 全科医疗服务的有效性	以全科工作负荷状态为基础计量全科医疗服务的有效性
3.19 选择性手术的使用情况	手术的平均等待时间（中位数），按预约和住院之间的时间差计算
3.20 全科医疗利用电子化信息的比例	全科医疗中使用 PIP 系统或者电子处方软件的比例（PIP 为澳大利亚一个国家信息化项目）
3.21 医院治疗中的不良反应发生率	住院治疗中发生不良反应的住院诊疗所占的比例
3.22 加强的初级卫生保健服务次数	按照《加强的初级卫生保健条款》提供服务的全科医生的比例
3.23 健康评估服务数量	接受全科医生按照《加强的初级卫生保健条款》提供的健康评估服务的老人的比例
3.24 全科医疗服务的认证比例	被认证的全科医疗服务项目和按照这些服务项目所提供的全科医疗服务的比例
3.25 卫生人力指标	药学、医疗、护理三类专业人才中本科毕业生的比例；开业医生中年龄在 55 岁及以上的比例

资料来源：傅鸿鹏. 澳大利亚卫生系统绩效评价指标体系的特色及应用［J］. 卫生经济研究，2009（6）.

五、多渠道的评价结果应用

澳大利亚十分重视政府信息公开工作，部门预算、决算及绩效审计必须公开。内阁签署了特别的规章，要求所有的部门和机构必须公布绩效评价的结果，并由财政部汇总，定期出版①。评价结果的公开发布，不仅增强了评价计划的责任性，还使好的绩效得到鼓励，尤其是使外界包括议会和财政部在内的相关部门得到认同，并与下一轮的预算挂钩。总体来说，体现在以下两点。

（一）为战略决策服务

为战略决策服务主要体现在项目和部门整体的预算安排上，部门的绩效信息是财政部和部门审核预算支出的一项重要内容，绩效较好的部门可以留用不超过预算规模一定比例的资金，虽然部门预算并不完全和部门绩效的好坏呈正相关，

---

① 刘小梅. 财政支出绩效评价的内涵、功能及国际比较［J］. 财会研究，2013（10）.

但为了取得更好的绩效表现，政府或部门都会对项目安排和开支方向进行适时调整①。

1. 绩效预算过程。

澳大利亚政府绩效预算与考评制度由联邦财政和管理部制定并实施。其基本理论框架是：首先，由支出审查委员会根据公众对公共服务的需求，确定下一财政年度政府应提供公共产品和服务的数量和种类，确定总体目标；其次，政府各部门根据总体目标，分解和细化各自应提供的公共产品目标，形成部门目标；最后，根据部门目标，编制部门支出预算。对支出的绩效进行后续考核。在具体执行过程中，澳大利亚将绩效预算分为五部分：一是政府工作目标；二是预算资源配置；三是以结果为中心制定绩效目标；四是评价目标实现状况的标准；五是评价绩效的指标体系。

2. 典型案例——以新南威尔士州绩效预算为例②。

新南威尔士州的人口众多、经济发达，财政管理特别是绩效预算领域的改革与实践也相对领先。新南威尔士州对于财政管理框架的目标的定义是实现物有所值，并在前面提到的原则及绩效评价标准下运行，目标的实现依赖于两项重要机制——改进资源配置和资源管理。其中，改进资源配置的关键是要意识到绩效预算的重要性，从而将预算分配从投入导向转变为结果导向。传统模式下按支出项目安排预算虽然操作简单，但没有考虑项目产出，从而很容易出现为争夺预算拨款而多报支出项目、损害每个项目产出的情况，违背物有所值的目标。而改进资源管理是各政府机构的目标，州财政部只扮演指导角色。他认为，在资源管理方面就是要对机构就最佳资源管理实践提供信息和指导，使机构的项目和服务提供能力最大化。比较侧重于财务管理活动、资产维护活动、环境审查和风险管理活动以及人力资源管理。

（1）改进资源配置的具体措施如下。

自 1995～1996 财年以来，新南威尔士州财政部一直在审理"服务与资源配置协议"（service and resource allocation agreement，SRAA），以此作为绩效预算政策工具，但在应用和改革过程中，不断对出现的问题予以修订，到 2003 年，重新出台了一份与预算程序紧密结合的"成效与服务计划"（results and services plan，RSP）来取代原先的 SRAA，成为新的预算工具。所有预算拨款的政府机构都被要求提交包含其服务与成效内容的 RSP，随后财政部和内阁办公室会对此进行评价并判断是否满足物有所值的目标，评价结果会被送到预算委员会，委员

---

① 陈志斌. 澳大利亚政府绩效预算管理及借鉴 [J]. 中国财政，2012 (9).
② 刘小梅. 绩效预算管理框架和财政风险控制战略——澳大利亚新南威尔士州的财政管理框架和财政战略 [J]. 财会研究，2005 (11).

会在考虑财政约束和支出优先性的基础上，对支出拨款进行反馈。RSP 被设计为一个简短易读的文本，只有 3～5 页，但应当包括：

- 机构对社会的成效是什么，这些成效如何与政府的优先领域相联系；
- 机构为获得这些成效所提供的服务并注明其所花费的成本；
- 机构使用的成效指标和服务测量手段能使他们知道他们正在做一项好的工作；
- 在现有的资源下改进服务提供的建议；
- 任何可能妨碍有效地提供服务的政策和规章；
- 可以被暂时延缓的低优先级的支出领域或项目。

一份好的 RSP 应当具备三个特征：用简明的语言解释工作是怎样干的；使用图表描述成效与服务之间的联系；机构计划的成效需被证明与政府的优先领域相一致。新南威尔士州财政部要求各机构的 RSP 应该用一种被称作绩效逻辑的方法进行设计和准备，即厘清为什么要做以及怎么去做的关系。当然，在形成这个思路时同样要考虑财务能力、执行力等因素。以"预防吸烟教育"为例，其预算逻辑如图 6-9 所示。

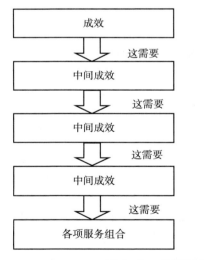
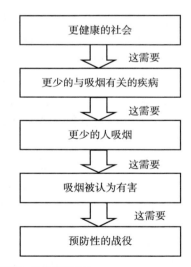

图 6-9 "预防吸烟教育"的预算逻辑

资料来源：刘小梅. 澳大利亚新南威尔士州的财政管理框架和财政战略 [J]. 财会研究，2005（11）.

（2）改进资源管理的具体措施有以下几种：

- 对改进机构绩效的激励。由于实现物有所值是机构的整体目标，因此要以机构为激励对象而不是针对个人，州财政部要形成系统的激励设计来实现各机构财务与非财务上奖励的平衡性。

● 绩效管理指南。什么是"好的绩效"，绩效管理指南需要制订战略性计划、具体工作计划以及绩效测量方法，让上下级政府与机构都能明白关键性的绩效管理技巧，从而为实现目标服务。

● 服务成本指南。帮助机构发展其成本计量体系及形成其精确的成本计量能力，为多方就计量成本体系的沟通提供平台，既能弥补财政部难以有效计量成本的问题，也能增强公开度是每个人都能理解好的成本计量信息对机构管理的重要性。

● 机构绩效分析指南。随着对资源管理有效性和效率性的日益广泛关注，财政部在分析机构绩效方面也需要不断提升标准改进方法，这就对财政部的分析师们提出了更高的要求。分析师们需要被更好地培训以承担一个更宽的分析范围，而不仅仅是就遵守预算方面对广义政府机构进行监督。

（二）改善部门项目管理

澳大利亚联邦财政部在 2010 年的绩效信息指南中强调，部门管理活动应充分运用绩效指标信息。借助项目评价过程，各部门全面审查项目的实施情况，评估项目管理人员的相关技术和能力，发现项目设计和实施过程中的薄弱环节，及时采取改进措施①。通过评价绩效主要指标，针对管理漏洞提出有效措施，改进项目管理。这项绩效评价制度建立了一种以结果为基础和导向的管理责任制，在实际应用中大大提高了政府的工作效率②。同时还要求部门通过项目绩效评价，充分评估项目管理人员的相关知识、技能，有效配置资源，以实现项目目标。

---

① 王宏武．澳大利亚中期预算和绩效预算管理的启示［J］．财政研究，2015（7）．
② 范晓婷．借鉴澳大利亚经验，完善北京市财政支出绩效评价体系［J］．经济研究参考，2012（35）．

第七章

英国财政支出绩效评价
结果应用的经验

　　英国的绩效评价起步虽然晚于美国，但它的改革效果却十分显著，是世界上掀起评估实践的主要国家之一，并且持续时间较长、进行得最为彻底和全面。早在 1982 年，英国出台的《财务管理新措施》就要求政府部门要具有"绩效意识"；到 1985 年，英国政府要求凡各部门涉及财政资金的议案，都需要说明该议案所要实现的目标及实现目标所需要的资源，并且在实施后需要提交相应实施结果以及绩效评价报告；1997 年，在"最佳价值"公共服务理念下，英国政府真正建立起了较为规范的绩效评价体系。与美国不同的是，英国绩效评价体系的设置主要围绕部门展开：针对预算部门，以"公共服务协议"为政策性框架开展绩效评价；针对地方政府整体，以"全面绩效评价"为政策性框架开展绩效评价。当前，我国正处在由项目支出绩效评价向项目与部门综合绩效评价转变的过渡期，英国绩效评价的改革可以为我们的实践提供宝贵的经验。本章共分为两节：第一节是英国财政支出绩效评价的改革历程，首先从英国预算管理的基本框架入手，详细介绍了其预算管理程序和绩效管理程序；其次介绍了英国政府财政支出绩效评价的改革历程，并对现行的针对预算部门整体的绩效评价体系——公共服务协议（PSAS），以及针对地方政府整体的绩效评价体系——全面绩效评价（CPA）进行了详细阐述。第二节总结了英国财政支出绩效评价结果应用的经验，具体主要从法律依据与制度框架、多元的绩效评价主体、多元的绩效评价层次、全面科学的绩效评价指标体系、绩效考评结果的应用等多个方面进行了阐述。

第一节　绩效评价改革历程

一、英国预算管理基本框架

　　英国是君主立宪制国家，同样拥有立法、司法和行政机关。其中最高立法和司法机关是议会，由国王（或女王）、上院（贵族院）、下院（平民院）组成，上院不经选举产生，主要由王室后裔、世袭贵族等组成，下院由普选产生，任期5年。行政机关即政府部门，实行内阁制，由国王或女王任命在议会中占多数席位的政党的领袖出任首相并组阁，并向议会负责[①]。同时，英国还是单一制的国家，长期实行高度集权的政治体制，地区一级政府可视为中央政府的派出机构，履行中央政府赋予的部分职能，但尽管如此，地方政府仍是由本辖区内选举产生而非中央任命，各自有各自的预算，负责本辖区内的事务。与高度集中的政治体制相对应，英国实行高度集中的预算管理体制和财政税收体制。从预算层次来看，英国预算可以分为中央预算和地方预算，两级政府之间事权划分明晰，各级财政严格按照事权划分标准核定收支和编制预算；从财政收入层面来看，税收立法权完全属于中央，地方政府不能设置和开征地方税，由此国家财政收入大部分集中在中央；从财政支出层面来看，中央预算支出占全部政府支出的绝大部分，约占中央本级预算收入的80%，地方预算收支缺口大，对中央转移支付的依赖性极强[②]。可见，中央政府掌握着全国绝大部分的财力，可以对地方预算进行严格控制，在本节，我们也主要以中央一级政府为对象来具体说明英国政府预算管理的基本框架。

（一）预算管理程序

英国的财政年度是从每年的4月1日至次年的3月31日，实行的是跨年度预算制度，每年编制的预算为三年期滚动预算，其中当年所列的预算收支较为详细，后两年有概算的性质。因此，一般来说，大框架的财政计划一般要提前三年左右提出，具体而言就是在一个完整的财政年度内，政府要在执行本年度预算的同时，审计上一财政年度预算完成情况，同时编制下一财政年度预算，从预算编制到预算审计完成大致需要30个月。

1. 预算编制阶段。

英国的预算编制权属于政府，具体由财政部按照严格程序负责编制，预算具体分为收入预算与支出预算。预算编制具体程序如下：（1）每年2~5月，财政部需要根据上年预算执行情况以及对经济形势的预测，进行今后三年的公共支出调查，并据此提出公共支出调查报告以及今后三年支出预算的编制原则。在发送主管部门后，各部门根据公共支出调查报告着手编制本部门今后三年的支出预算

---

① 全国人大常委会预算工作委员会调研室. 国外预算管理考察报告（第2辑）［M］. 中国民主法制出版社，2010.

② 中华人民共和国财政部. 英国预算支出监管情况介绍［OL］. 中华人民共和国财政部门户网站，http：//gjs. mof. gov. cn/pindaoliebiao/cjgj/201307/t20130725_969205. html.

计划，并将计划于五六月份发送至财政部。（2）6月，一方面，政府内阁根据财政部出具的公共支出调查报告，提出预算支出总额；另一方面，财政部要根据税收部门关于税收的建议以及预测部门关于宏观经济指标的预测，着手拟订收入预算的分析。（3）9月，由财政部拟订财税政策建议清单，并交由内阁成员进行讨论。（4）11月，在与各部门进行充分沟通后，财政部拟订《秋季声明》，具体内容包括上年度预算执行情况、未来三年的公共支出框架以及下年度税收建议方法，被称为"小预算"或"预算前的预算"，《秋季声明》在交由内阁讨论后，由财政大臣向议会下院发表演说并听取意见。（5）12月，各部门向财政部提交下年度涵盖各方面支出细节的部门预算。（6）次年1月至2月，财政大臣根据各部门提交的部门预算，与各部门首长就该部门具体的支出计划交换意见，并达成一致（达不成一致的交由内阁处理），财政部再根据修正后的各部门预算汇编总预算案。（7）次年3月至4月，财政部总预算案经由内阁讨论后，由财政大臣向议会下院发表新财政年度预算案——题为"财政状况与预算报告"的演说。

2. 预算审批阶段。

英国预算的审批权属于议会，其中由普选产生的下院具有实质上的审批权，上院只能对下院通过的预算案表示同意，不能进行否决，具体包括收入预算和支出预算的审查和批准。在预算编制阶段，每年11月，财政大臣要向议会下院发表关于《秋季声明》的演说，此时预算的审批正式启动。

对于收入预算，审批一般在次年5月5日前完成，主要包括以下几个核心步骤：（1）接受征税动议。11月，财政大臣就《秋季声明》向下院发表演说后对各项税收政策提出建议，下院全院进行表决，表决通过则动议生效。（2）进行辩论。征税动议经由下院通过后，由下院第一反对党领袖发动、各方议员参与，对该征税动议展开辩论。（3）对各项征收决议进行表决。经过辩论后，下院必须对征税动议中的每一项重新进行表决并通过，为的是追认全院大会通过征税动议后已经启动的征税工作的合法性。（4）审批财政法案。财政法案实则是上述通过表决后的各项征税建议的重新汇总，下院对财政法案进行审批标志着对政府筹款建议的正式批准，是对政府下一财政年度征税的正式授权。（5）上院对财政法案进行审批。（6）呈送国王或女王进行批准。

对于支出预算，主要包括以下几个核心步骤：（1）11月，在财政大臣就《秋季声明》向下院发表演说后，下院就其中的关键支出数额进行审查。（2）次年3月至4月，在财政部呈送《财政状况与预算报告》之后，下院开始逐一对各部门具体支出计划进行审查，对于在这个过程中陆续通过的若干拨款法案，下院会授权英国中央银行——苏格兰银行进行拨款。需要注意的两点是，第一，由于英国的财政年度是从4月1日开始的，而下院通过最后一项拨款法案一般会到8

月5日，在这一期间，各部门要按照下院通过的关键支出数额进行临时支出；第二，由于英国实行的是跨年度预算制度，每年编制的预算为三年期滚动预算，因此对于那些议会早已批准的长期项目来说，不必每年都向议会申请拨款。

3. 预算执行阶段。

在预算执行阶段，主要由内阁及各部门负责执行。对于支出预算来说，由财政部进行具体指导和监督，同时按照各项拨款法案的要求按时拨付款项；各部门则负责本部门的预算执行，在确保支出总额在议会核准范围之内的同时，努力提升资金使用效率与效益，在财政年度结束后，预算结余资金须统一上交国家，不能直接结转下一财政年度使用。对于收入预算，由英国国内收入局、关税和消费税局以及基金收入局等部门负责执行，国库出纳业务由中央银行代理。此外，在预算执行过程中如需调整预算，则必须经由议会审查批准。

4. 预算监督与审计阶段。

对英国预算的监督和审计由议会进行，具体由国家审计署、下院公共账目委员会以及公共支出委员会负责执行。其中国家审计署是依照1993年英国国家审计法设立、完全独立于政府的部门，审计总长来自议会下院，负责统领审计署工作并对下院公共账目委员会负责。在具体工作中，一方面，国家审计署负责跟踪监督预算部门，防止浪费和不适当开支；另一方面，有权对各部门进行审计并将审计报告提交议会，同时监督和督促预算部门落实整改措施，并将相关结果报告议会。公共账目委员会享有准司法权，它在听取审计总长的总审计报告后，有权就相关问题对任何人进行审查，并根据审查情况发布报告且对政府提出建议，有关部门在收到报告后需进行答复，并将整改措施公布。公共支出委员会是负责审查所有呈交下院的、有关公共支出的文件的机构，主要对涉及公共支出政策方面的问题进行审查。

（二）绩效管理程序

1. 组织架构。

英国中央与地方政府的关系在历史发展中形成了一种二重性，即政治上的分权和行政上的集权。前者主要表现在地方政府是民选的而非中央任命的，后者则表现为中央政府对地方政府行政行为进行严密的监控，其主要表现形式是绩效管理。因此，英国的中央政府和地方政府都设有专门负责绩效管理的部门。在英国政府绩效管理的体制结构中，如图7-1所示，左上部虚线框内的部分表示政治性的监督，即社会通过议会及国家审计署对中央政府进行绩效管理和评估。右下部实线框内的部分表示行政性的监督，即中央政府对地方政府和公共机构通过协商谈判签订公共服务协议，并规定在一定期限内必须达到的绩效目标，然后，中央政府通过审计委员会运用绩效评估指标体系对其进行绩效评估。

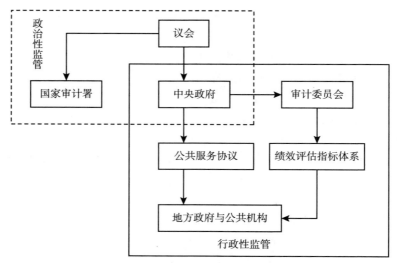

图 7 - 1　英国政府绩效管理组织架构

资料来源：廖昆明. 英国的政府绩效管理体制和几点启示［J］. 公共管理高层论坛，2007（1）.

2. 主要程序。

英国财政绩效管理主要包括绩效预算、绩效审计、绩效评估等几方面的内容。英国的绩效预算是在政府行政主导下循序渐进地推动的，并无立法要求，每年绩效审计业务量占其工作总量的 40%。英国的绩效预算过程主要由以下几个环节组成①。

（1）设立绩效目标。实行绩效预算首先要明确部门的战略目标，然后根据战略目标确定绩效目标和指标。在英国，战略目标、绩效目标和具体的绩效指标在政府与各部门签订的公共服务协议（public service agreement，PSAs）中有明确规定。各部门的战略目标由财政部与各部门协商决定，其他内容主要由各部门负责制定，财政部审查并提出改进建议。一般情况下，各部门具体的绩效任务、衡量指标和标准由财政部门与该部门进行讨论协商制定，确保绩效目标最终转变为具体的可操作任务并取得预期效果。

（2）分配资源（预算资金）。各政府部门在获得预算资金的同时也签订各自的 PSA，明确规定部门用这些资源要实现协议中规定的绩效结果。资源分配与绩效任务最终由内阁委员会决定，其要求各部门提供有关资金需要与其产出

---

①　山东省财政厅干部教育中心. 当代中外财政预算绩效管理荟萃［M］. 经济科学出版社，2013.

或绩效改进情况的信息。在此基础上财政部编制政府总开支计划，并随附各个部门的支出限额以及绩效合同，以白皮书的形式发布并提交议会。议会选择委员在签订PSAs基础上召集某个部门部长和公务员就某些问题进行质询，以加强监控。

（3）对预算绩效完成情况进行监督。财政部、内阁委员定期对各部门和机构在完成绩效任务过程中存在的风险进行定期检查和监控。负责公共支出的内阁委员会，每年两次召集各部门负责人汇报该部门当前绩效目标的完成情况、存在的风险，以及控制风险的计划。如果某个部门的绩效下降，内阁部长会与该部门找出解决办法，确保绩效回到正常轨道上来。财政部每季度收集一次各部门绩效任务的进程信息，定期发布，并向内阁委员会报告。

（4）提交绩效报告。为了便于权力机构、政府领导阶层和公众及时了解各部门完成绩效任务的进展情况，政府部门每年两次向议会提交绩效报告。一是春季提交的部门年度报告（annual departmental report，ADP），年度报告是一个财政年度结束后提交的报告，要求说明部门绩效任务的最终完成情况；二是秋季提交的秋季绩效报告（autumn performance report，APR），一般在每年的12月提交，属于预算进程报告，对外公布各部门执行PSA各项任务的进展情况和已经取得的业绩。公众和其他组织可从财政部或各政府部门的网站上获取相关绩效信息。

（5）进行绩效审计。绩效审计是绩效预算的重要内容，通过绩效审计可以准确了解各个部门预算支出所取得的实际效果，通过与预期绩效目标对比，可以发现部门是否完成预期任务。权力机构通过对审计机构提交的绩效报告的研究加强对政府的监控，同时绩效报告也为未来政府部门预算决策提供了参考依据。在英国，每个预算年度结束后，各部门根据各自预算执行情况，提交部门绩效报告，并由隶属于议会的国家审计办公室进行绩效审计。审计结果向议会公共账目委员会报告，并反馈给政府部门，同时也对外公布。

（6）使用绩效信息。各部门的绩效信息为下一轮预算中资金的分配决策提供了科学依据。英国在绩效结果与预算之间建立了直接联系，对于绩效好的部门或地方政府，实行适当的"奖励"策略。如果地方政府在未来三年里绩效良好，将得到奖励，一部分是财政利益奖励，另一部分是扩大地方自治权。这样给各部门和地方政府提供了更大的激励，促使它们关注支出结果，不断提高支出绩效。而对于绩效不好或未完成规定的绩效任务的部门，内阁委员会会给该部门提供支持和建议，帮助其分析原因、找出改进方法和措施，以保证按规定完成绩效任务。

二、英国预算绩效评价改革历程

（一）绩效评价改革历程

英国政府绩效评估实践可以分为两个阶段：第一阶段为 20 世纪 80 年代，绩效评估的主体内容以经济、效率为中心，以解决财政危机为主要目标。这一阶段主要是在撒切尔夫人执政时期。第二阶段为 20 世纪 90 年代以来，主体内容调整为以质量和公共服务为中心，下面简单对此过程加以梳理，如表 7 - 1 所示①。

表 7 - 1　　　　　　　　　　英国政府绩效管理改革措施

年份	改革措施
1979	绩效评审（efficiency scrutinies）或雷纳评审（Rayner scrutinies）
1980	部长管理信息系统（management information system for ministers）
1982	财务管理新方案（financial management initiative）
1988	下一步行动（the next steps）
1991	公民宪章运动（the citizen's charter）与竞争求质量运动（competing for quality）
1993	基本支出评审（fundamental expenditure reviews）
1994	《持续与改革》（Continuity and Change）
1995	《进一步持续与改革》（Taking Forward Continuity and Change）
1997	全面支出评审（the comprehensive spending reviews）
1999	政府现代化（the modernizing government programme）

资料来源：Massey, Andrew. The State of Britain: A Guide to the UK Public Sector [M]. PMPA, 1999.

1. 第一阶段："雷纳评审""部长管理信息系统""财务管理新方案"。

1979 年撒切尔上台后，立即任雷纳爵士为首相的效率顾问，并在内阁办公厅设立了一个效率小组，负责行政改革的调研和推行工作。雷纳及其领导的效率小组随即开展了著名的雷纳评审。雷纳评审是对政府部门工作特定方面的调查、研究、审视和评价活动，其目的是提高组织的经济和效率水平。雷纳评审持续了数年之久，掀起了英国政府绩效评估的浪潮，后面的"财务管理新方案"和"下一步行动方案"等都与其有密切关系。

---

① 薛海云. 英国的政府绩效评估及其对我国的启示 [D]. 山东大学，2008.

其后，在 1980 年，环境大臣赫素尔廷在环境部率先建立起部长管理信息系统，部长管理信息系统是融合目标管理、绩效评估等现代管理方法和技术而设计的信息搜集和处理系统，是一种重要的管理工具，它随后在某些中央政府部门和地方政府部门中得到广泛的应用，被学者喻为政府眼中的"管理万灵丹"，它也直接导致"财务管理新方案"的出台。

"财务管理新方案"是财政部于 1982 年 5 月颁布的，一个重要内容就是绩效评估，提倡发展绩效示标和测量手段，要求政府各部门树立浓厚的"绩效意识"。"财务管理新方案"被称为英国 20 世纪 80 年代政府部门管理改革的总蓝图。上述三大事件都是在改革初期的"效率战略"阶段提出来，因此它们的重点在树立成本意识，实施成本控制，从而提高公共部门的经济和效率水平。从这一阶段的实践来看，通过绩效评估，进而控制成本，取得预期效果。但单一的内部成本控制，忽视了政府公共部门管理的外部效应最大化这一核心问题，这就对英国政府绩效管理下一阶段目标的调整提出迫切要求。

2. 第二阶段："下一步行动方案""公民宪章运动""竞争求质量运动"。

"下一步行动方案""公民宪章运动""竞争求质量运动"，它们构成了 20 世纪 90 年代英国行政改革和公共管理改革的总框架，政府绩效评估也贯穿其中。

1983 年，伊布斯接替雷纳出任首相的效率顾问，负责内阁效率小组的工作。1986 年 11 月，在伊布斯的领导下，效率小组的 7 名成员就进一步改进政府管理进行了一次较为全面的、大规模的评审活动。在广泛深入调查研究的基础上，评审小组于 1988 年向首相提交了名为《改进政府管理：下一步行动方案》的报告。这就是著名的《伊布斯报告》（以下简称为《报告》）。在《报告》中一项重要建议和行动计划就是设立执行机构，影响非常深远，纷纷被国外效仿。主管部长通过框架文件、业务计划、适度控制、基准比较等对执行机构及执行经理进行绩效控制，从 1990 年开始，内阁办公厅几乎每年都对执行机构的绩效状况进行定期评审并将结果公布于众，以便形成有效监督，也为下一年度下达绩效指标做出参考。对于没有完成确定的绩效目标的，主管部门的主要惩罚手段是降低负责人和高层管理者的绩效工资。英国执行机构的设立，体现了从"规则为本到结果为本""过程控制到结果控制"的重大转变，要求在政府部门中牢固树立"结果为本""结果控制"的绩效意识，体现绩效管理文化的纵深发展和影响。1991 年梅杰上台后，发动了名为"公民宪章"的声势浩大的运动。"公民宪章运动"是在长期的政府改革运动坚持将以经济和效率为中心作为绩效评估主体内容、导致一定程度的公共服务和质量的牺牲、引起民众的不满的背景下提出的，标志着英国行政改革的侧重点重大转移。因此，此时英国政府绩效评估管理主要是对政府服务的质量和效益等方面的评估，通过明确的服务内容、工作目标、服务标准等向公民做出承诺，让公民广泛地介入和监督来评价政府的服务质量和效益，达到政府"3E"评估的目标体系。在发动"公民宪章运动"仅四个月后，梅杰政府发表了《竞争求质量》白皮书，进一步要求提高服务质量和顾客的满意度，政府管理活动通过市场来检验，做出考核和评估。通过竞争确实收到了提高公共服务效率、降低成本的效果。自1999年以来，英国政府在原有基础上，又进一步推动了政府绩效管理的发展。1999年，布莱尔政府提交给英国议会并得到通过的《地方政府法案》赋予中央政府确定和发布地方政府都必须达到的绩效目标和标准，并通过"公共服务协议"的形式评估地方政府是否达到其绩效目标和标准以及确定评估方式的权力。对于地方政府来说，PSA是它们与中央政府通过协商谈判达成的、涉及其绩效管理目标的契约性法律文件。PSA确定的绩效目标可分为两类：一类是国家PSA目标；另一类是地方PSA目标。前者是所有签约者都必须在三年期限内达到的绩效管理目标；后者是根据各地方的具体情况自行制定的、必须在一定期限内（通常为2~3年）达到的绩效管理目标。这些目标通常涉及地方政府的公共服务职能，如财务、住房、交通、教育等。布莱尔政府的行政改革的纲领是1999年出台的《政府现代化白皮书》，追求三个目标：确保政策制定的高度协调和具有战略性；以公共服务的使用者而非提供者为中心，确保公共服务更符合公民的需要；确保公共服务提供的高效率和高质量。从这些目标可以看出，政府提供服务的质量和效益仍是政府绩效管理的侧重点。

2000年4月，在《地方政府法案》的基础上，最佳价值模式作为英国政府正式立法通过的一项在全国范围内推行的地方政府公共服务措施，成为英国首部政府绩效评估法律，最佳价值对核心原则、关键措施、绩效管理以及奖惩与改进都有明确的规定，有力推动绩效评估的开展；2003年的《绩效审计手册》特别规定了绩效审计的技术和相关的方法，使相关制度更加完善；2005年，英国审计委员会为英格兰的46个消防和救援机构开发并实施了综合绩效评估（CPA），并且对大伦敦当局和部分单独的职能机构进行了首轮综合测试；在2007年，进一步规定要对大伦敦当局的资源使用评价和发展方向进行评价；2009年在CPA的基础上，推出了新的地方服务绩效评估框架——综合领域评估（comprehensive area assessment）。

从英国政府开展绩效评估的全过程来看，追求经济、效率、效益，简称3E原则（economy/efficiency/effectiveness）是其评估的主要内容和出发点，以三者为主线来评估政府提供的公共服务，加强管理，降低行政成本，提高行政效率和效益。可以这么说，英国行政改革的过程就是政府绩效评估的实践过程。

3. 相关法律法规介绍。

（1）《伊布斯报告》相关介绍。执行机构改革的标志是1988年内阁办公厅效率小组起草的调研报告《改进政府管理：下一步行动方案》（由于伊布斯时任首相的效率顾问，所以该报告又被称为《伊布斯报告》）。在对前几年政府改革历程进行系统分析和反思并大规模实地采访调查的基础上，《伊布斯报告》对政府内部管理体制中存在的主要问题进行了梳理，可以将报告确认的问题归结为两大方面，即结构的单一性和管理的非现代性。结构单一性表现在：政府机构和组织方式同质化，不论所履行的是政策制定、服务提供还是管制职能。与此相对应的是，不论公务员的工作性质怎样，都用统一的录用体制、统一的工资级别、统一的考核标准，实施集中化的无差别式管理。至于管理的非现代性，则主要表现在对管理不重视、管理人才地位低下、管理缺乏结果导向、绩效测定和责任机制的不完善等。

针对以上问题，报告提出了改革的方向和应遵循的基本原则。

各个部门应该根据职能和任务来组织工作；其体制和内部结构必须有利于高效率地执行政策，提供服务。

各部门的管理者必须采取必要措施，保证其工作人员具备有效履行职责和完成任务的技能和经验。

必须保持有效的外部压力和内部压力，促使各部门不断改进工作。

在上述原则下，报告提出了改革的具体建议和行动计划：设立"执行机构"（executive agency），承担执行政策和提供服务的职能；强化人力资源的开发和利用；保持外部压力以推动持续性改进。后面两条涉及执行机构的人力资源管理和责任机制，实际上只是执行机构的衍生问题。

（2）《公民宪章》相关介绍。1991 年 7 月，英国政府以白皮书的形式提出《公民宪章》，其核心目标在于提升公共服务质量，使公共服务真正做到"务有所值"。《公民宪章》就是用宪章的形式把政府公共部门服务的内容、标准、责任等公之于众，接受公众的监督，以达到提高服务水平和质量的目的。它要求人们站在公共服务接受者的角度来评判公共服务质量的优劣，并为公共服务的接受者提供一种程序和标准，以帮助他们直接参与公共服务的改进。

（3）《竞争求质量白皮书》相关介绍。1991 年，在发动"公民宪章运动"仅四个月后，梅杰政府发表了《竞争求质量白皮书》。要求进一步提高服务质量和顾客满意度，并明确规定政府管理活动必须通过市场检验、评估。将市场和竞争机制引入公共部门是保守党政府行政改革的指导思想之一，私有化、合同出租等都是为引进竞争机制的早期努力。而将质量意识引入公共部门，这是在引入市场和竞争机制之后的又一进步。竞争求质量运动是引进竞争机制的一个新的发展阶段，可以说它是竞争观念的进一步确立和对竞争机制制度化的尝试。

（4）《政府现代化白皮书》相关介绍。1999 年，布莱尔政府发表了《政府现代化白皮书》，指出政府现代化的目的是"打造能使人民过上更好生活的更好的政府"。在白皮书中，布莱尔政府还提出了要在十年内打造一个"更加侧重结果导向、顾客导向、合作与有效的信息时代的政府"。这是一种针对以往"竞争政府"模式所提出的新概念——"合作政府"。布莱尔政府认为，政府机构的首要职责在于最终解决公民的需要，而不仅仅是在解决这些问题过程中的效率。打造"合作政府"的一个首要前提在于：政府必须认识到，人们对于政府的需求并不会按照部门、行业或组织分类，解决结果往往是多个部门、机构和政策的共同产出。在《政府现代化白皮书》中，布莱尔政府明确提出了三个目标：

确保政策制定的高度协调并具有战略意义，即政策制定不仅着眼于短期问题，还需要更多长远的"合作与战略"。以公共服务的使用者而非提供者为中心，提供更贴近公民生活的服务。提供高质量、高效率的公共服务。

（二）绩效评价体系

1. 针对预算部门整体的绩效评价体系——公共服务协议。

1998 年英国政府执行总支出评估后，为加强预算管理、提升预算效果，政府对预算管理进行了一系列改革，最重要的是在预算管理中引入公共服务协议（public service agreement，PSAs）。公共服务协议实际上是政府与各部门签订的绩效合同，通过该合同确定各政府部门的产出和绩效任务，即各政府部门要实现的目标和完成的任务，并以量化指标加以说明，政府提供相应的预算资金，各政府部门则承诺通过特定的财政支出完成公共服务协议中规定的各种产出和绩效任务，向公众提供高水平的公共服务，实现货币价值。通过公共服务协议框架，英国正式引入结果导向的预算管理。2000 年政府二次支出评估推出了修正后的 PSAs，即服务提供协议（service delivery agreements，SDAs）。

（1）公共服务协议的框架。PSAs 的主要构成要素是：规定各部部长或相关负责人的支出承诺；部门的战略目标、具体目标以及优先次序；分配给部门的预算资金；主要的绩效任务（量化的绩效指标和标准）；以及部门如何提升本部门生产率的说明。图 7-2 为 PSAs 的主要框架。PSAs 模式有以下主要特点：总体目标（aim），是关于各部门职能的总体描述；部门目标（objectives），是关于部门希望达到的目的的较宽泛的描述；绩效目标（performance targets），需要达到"SMART"准则，即"明确性（specific）、可衡量性（measurable）、可实现性（achievable）、相关性（relevant）以及时效性（timed）"。

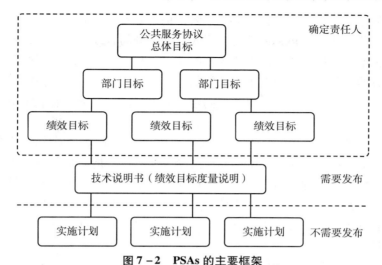

图 7 - 2　PSAs 的主要框架

资料来源：财政部亚太财经与发展中心编印．绩效评价工作专刊，2013 年第 1 期 ［OL］．https：// www. afdi. org. cn/NewsShow. aspx? FolderID = 4&NewsID = 3170&l = Chinese.

①设定目标。最初，PSAs 为政府的 35 个领域设置了近 600 个绩效目标，并且主要侧重于投入和过程，而不是关键的效果和产出。自 2004 年以后，目标数已经从 600 个精减到大约 110 个。制定绩效目标有助于明确工作方向和重点，促使其改善服务质量。作为绩效管理体系的一部分，绩效信息能奠定监督的基础，确保绩效好的项目得到激励，而绩效差的项目得到约束或惩罚。最新的 PSAs 包括为 20 个部门设置的近 200 个目标和子目标，要求关注效果（outcome），并且符合 SMART 准则。最重要的是确保绩效目标能够如实反映一个部门的绩效。各部门在编制绩效目标时，需要对量化指标倍加注意。例如，卫生部门 2002 年绩效目标是将急诊的最大等待时间削减到四个小时，外界曾有大量的评价质疑该量化指标是否符合现实。在数据收集过程中，审计署负责核实 PSAs 数据库系统，以保证数据的真实性和可靠性。

②绩效测度。绩效测度是财政绩效管理的重要环节，实际上是部门按照 PSAs 的要求，通过方案设计、信息获取评估分析以及信息反馈等工作程序进行。从理论上说成效（outcome）反映了部门目标的实现程度，但有些外部因素也可能影响部门的最终绩效。因此要实现对公共部门活动结果的度量及问责具有很高的挑战性。所以，在实践过程中，通常使用产出指标（output）和过程指标来衡量部门作为并进行问责。

③财政干预。财政部负责制定各部门的 PSAs 的绩效框架，并设有特别小组严格监视绩效测量和评估过程。此外，每个部门的工作都要受财政部"支出小

组"的监管。英国的财政大臣、首相及各部的部长都对绩效目标负有关键的领导责任。政府公共协议的目标体系覆盖了政府大部分的财政支出，但仍不适用于少数绩效目标不适合设置或难以设置的一些支出。政府部门在配合财政部进行本部门支出审查的过程中，需要提出本部门的公共服务协议，并且由内阁全部通过后才正式生效。一般公共服务协议一经制定不会再修订，直到开始制定下一个支出审查计划为止。

（2）"公共服务协议"的理念与内容。1998 年，财政部首个"综合开支审查"（Comprehensive Spending Review）白皮书推出，这是英国政府有史以来推出的第一个全面、系统地针对政府各个部门所制定的目标体系的财政预算方案。白皮书在宏观上阐述了英国政府的整体性目标——可持续性发展和增加就业、提升公正公平和保证机会平等，通过各个部门的协同努力，保证公共服务提供的效率性和现代性。

白皮书针对各个政府部门设立了未来三年的总体财政支出方案，给各个部门的财政预算设立上限，保证政府部门有效地利用资源，实现政府"以结果为导向"的绩效目标体系。在 1960～1997 年间，英国的财政支付是以一个财年为基本单位，各个部门在每个财政年度之初，向财政部申请年度经费，这种方式直接造成了"以资金投入为主"而进行讨价还价的局面，且易导致各自为政的情况发生，并造成严重的部门主义。新的"综合开支审查"白皮书试图克服这种缺陷，以"多个财政年"为基础，分离常用开支和资本支出，更加强调效益和财政产出，强调部门间的协调和服务的整合，以求更好地克服部门主义。

新的"综合开支审查"白皮书加强了财政部在英国政策制定过程中的作用；财政部决定各个政府部门的开支上限，并与政府各个部门沟通协调，以制定"公共服务协议"用以针对它们的绩效目标。此外，财政部还负责监督各个部门对于绩效目标的实施情况，并提供指导。"公共开支和公共服务委员会"也由财政部部长兼任。英国政府内阁办公室（Cabinet Office）和首相办公室（Prime Minister's Office）也同时参与到了"公共服务协议"的框架中。内阁办公室的大臣们会参与到"公共服务协议"的框架构建中，与财政部紧密合作，准备和制定"公共服务协议"的绩效目标体系。内阁办公室还帮助政府各个部门提升他们达到政策绩效目标的能力，提供指导和帮助。最后，内阁办公室还为"公共开支和公共服务委员会"提供人员配备并参与到委员会的协调和监督工作中。

"公共服务协议"是财政部与其他各个政府部门之间所建立的协议，主要包括可以量化的，以效率和效益为标准的绩效目标。公共服务协议成为一种必要的合同，目的是为了提升公共服务质量，利用目标体系和财政投入相挂钩的方式，监管公共服务机构。中央政府增强了对政府花费部门的监管，保证所分配的财政资源与公共服务提供的质量成正比。自 1998 年公布英国政府的第一份"综合开支审查"白皮书后，每个政府花费部门都被要求开始提交计划书，清晰地阐述各部门将如何达成各自的绩效目标，如何运用拨付的财政资金。2000 年后，中央政府又进一步细化和补充了"公共服务协议"，其中包括，"服务提供协议"（service delivery agreements）和"技术说明细则"（detailed technical notes）。

"服务提供协议"以更加详细的方式说明了各个部门通过何种方式达到绩效目标。"技术说明细则"则给予在"公共服务协议"下制定的绩效目标充分的细则和解释说明。2004 年的"综合开支审查"要求政府花费部门发表公开透明的技术细则，说明达到政策目标的具体途径。虽然，在制定"公共服务协议"绩效目标的过程中，财政部会在形式上充分与各个政府花费部门沟通和协调，但是，英国政府各花费部门在实际上更多的是受财政部的强力控制。此外，内阁办公室以及首相办公室也通过与财政部的合作来引导政府开支部门。

（3）公共服务协议（PSAs）的特点。"综合开支审查"白皮书所阐述的英国政府的整体目标，成为财政部有效分配财政资源的起点。并基于此，通过"公共服务协议"设立绩效目标体系。它的特点和功效：第一，三年期的财政预算，可以使各个政府部门有更充足的时间，更加策略性地管理资源，有效地避免了政府部门在旧财政体制下的短期行为。财政大臣史密斯论述道："旧的财政分配体制，主要基于过去一年的绩效表现，来分配下一年度的财政资金，本身就存在着局限性"。第二，新的财政预算以"政策结果"为导向，不再仅仅注重单个部门的政策过程。"公共服务协议"只关注政策结果，以及政策能否达成绩效目标。"公共服务协议"的目标通常具有可达成性和时效性的特点。例如，"公共服务协议"为确保政策目标得以实现，规定由儿童、家庭学校部和工作与薪金部共同负责"改善儿童的沟通技能和情感发展，保证 50% 的儿童达到良好水平"的绩效目标。第三，在"综合开支审查"的指导下，"公共服务协议"从制度上把各个部门有效地调动起来，共同协作，共同负责某一个政策目标，从而打破部门主义，实现"协同政府"的治理理念。第四，"公共服务协议"加强了中央政府在推动公共服务提供中的作用。中央政府成立了"公共开支和公共服务委员会"，每一个政府部门必须定期向此委员会报告政策进展。"公共开支和公共服务委员会"的主要作用在于给予各个部门持续的压力，使它们能够在规定的时限内达成政策目标①。

---

① 宋雄伟. 英国"公共服务协议"治理方式解析［EB/OL］. 中国社会科学网，http//www. cssn. cn/zzx/ zzxll_zzx/201405/t20140515_1163615. shtml，2014－5－15.

2. 针对地方政府整体的绩效评价体系——全面绩效评价。

全面绩效评价（comprehensive performance assessment，CPA）是英国审计委员会于 2001 年开发的用于评价英国地方政府工作绩效和持续改进能力的主要工具。通过开展全面绩效评价，英国地方政府的整体绩效水平得到提高，被评为优秀地方政府的数量也越来越多。CPA 体系强调政府作为社区领导的角色，主张用新的绩效框架去开发社区的领导力和改善决策水平。它清晰界定了地方优先事项和绩效标准、定期对所有政府进行 CPA 评价、发布综合评价结果，以判断与绩效标准相比地方政府做得怎么样，有没有进一步改进的能力，进而达到发展地方政府的目标①。

英国地方政府绩效考核的框架结构主要包括三个部分：一是资源利用评价；二是服务评价；三是市政当局评价。其中前两部分进行年度考核，后一部分每三年考核一次。根据考核结果，地方政府被评为 4 个星级。

（1）第一部分：资源利用。包括财务报告、财务管理、财务信用、内部控制、投资效益五个主要二级指标。这些二级指标由以下指标体系构成。

①财务报告——年度财务报告依照法律设定的标准和格式来完成；依照法律规定，在政府网站或以其他合适的方式公开财务报告和审计报告；告知地方选举人和公众依法享有的监督权利，以提升公众的监督兴趣与责任；财务报告和报表的公布能满足不同利益相关人的需要。

②财务管理——中期（三年）财政战略、预算和资本项目充分考虑了本地优先发展的战略，同时兼顾了国家的宏观政策导向；中期财政战略完全依照三年可行的收入和支出建立，并且每年进行复审和评估；财政支出通过摘要或报告的形式给予公开、合理的解释；年度预算能够根据上一年收支情况进行及时调整，并符合中期财政发展规划；资本投资项目论证充分，认可程度较高；预算过程有高级官员及其他相关人士的充分参与和讨论；严格按照预算执行绩效管理，并及时向高级官员和有关人员通报绩效管理动态信息；固定资产管理良好。

③财政信用——财政支出量入为出，收支基本平衡；目前的开支计划与可获得的资源基本适宜；各项财务指数良好，并有真实、完整的追踪记录；所有财政活动均在既定的政策范围内进行；各项财务措施建立在对需要和风险进行充分考虑的基础之上，并明确、合理地向市政委员及其他方面报告。

④内部控制——重大投资项目实行第三方参与的风险管理方法；战略政策决定和项目投资计划均有风险评估报告；成立了合适的财务风险控制委员会，内部

---

① 包国宪，周云飞. 英国全面绩效评价体系：实践及启示［J］. 北京行政学院学报，2010（5）.

责任划分明晰；有完善的内部控制制度和内部审计监察机构，及时调查和处理有关投诉；公职人员遵守职业道德规范和行为操守，自觉抵制欺诈与腐败。

⑤投资效益——成本和服务提供的范围、水平、质量等基本相称；主要服务项目的总成本和单位成本不高于其他地方的同类服务，除非有合理的地方特殊性；重大的额外支出已经被识别并采取措施加以控制；投资较大的项目确属应优先发展的领域；投资项目管理良好，通常在预算范围之内并能按时完成；服务项目的成本为整个社区所知晓；市政委员和高级管理者积极寻求减少现有成本的途径，并有措施付诸实施；投资效益呈递增趋势，控制成本的目标明确；将成本控制与质量改进有机结合，不片面追求成本的降低；实行内部成本效益审查制度，效益增加明显；克服短期行为，追求可持续发展和长期效益。

（2）第二部分：服务评价。主要包括对地方政府环境服务、住房服务、文化服务的评价。从2006年开始，增加对消防服务的评价。这些服务项目的监督权都在国家审计署。各项服务评价的指标体系如下所示。

①环境服务——第一，创造更好的环境：交通运输发展规划有所突破并有执行规划的进度表；顾客对规划服务的满意度；是否列入规划质量奖名单（planning quality check list）。第二，环境管理出色：公共场合的清洁度；路边垃圾回收桶的设置状况；废物回收、处理和循环利用的满意度；非主干道路的状况；道路交通事故伤亡人数的减少量；乘客对交通运输信息的满意度；人们对公共汽车服务的满意度；人行道上残疾人信息设施的提供状况；步行道的状况；国务秘书依照交通管理法案介入的次数；环境质量达标指数；经营者及消费者对环境服务的满意度。第三，为后代保持优良环境：有机物是否制造成堆肥并被循环利用；是否利用贫瘠之地而不是良田建房；住房建设是否满足了节能要求；人均垃圾产生吨数。

②住房服务——第一，市政房屋的管理与维修（政府为低收入阶层提供公寓并负责维修）：破旧房屋所占比例；破旧房屋修缮比例；紧急维修是否及时；非紧急维修的平均等待时间；维修专项开支占财政支出的比例；租金回收和拖欠状况（公寓收取少量租金，也为特殊人群免费提供）；平均每周的管理成本；住房管理的满意度；公众参与的机会。第二，为无房户、无家可归者提供住房或政策支持：公民在暂住房的平均过渡时间；是否重新接受无家可归者；离开暂住房入住更好住所的家庭的比例。第三，房屋市场的调控：闲置达6个月以上的空房率；通过当局介入私人腾空房以重新利用或拆除率；住所纠纷中的种族事件。

③文化服务——第一，机会：公众常用的步行道的总里程及其比例；公共图书服务所覆盖的家庭的比例；平均每千人享有的图书馆开放时间；平均每千人访问图书馆的次数；图书馆的网络资源状况；每千人拥有的电子阅览室；20分钟

内可以到达的体育运动场所及其设施状况。第二,参与:经常借用体育设施的人口比例;5~16 岁学生每周至少参加两小时体育运动的比例;每周至少三次参加半小时以上中等强度体育运动的成年人口比例;每周至少在体育和娱乐场所志愿服务一小时的人口比例。第三,质量:居民对体育娱乐设施的满意度;对图书馆服务的满意度;对博物馆、美术馆的满意度;对剧院、音乐厅的满意度;每千人每年的图书采购量;图书库存量和周转量。第四,投资效益:图书馆每人次的平均访问成本。

④消防服务——每万人中发生的重大火灾的发生率;每万名居民中发生的意外住所火灾的发生率;每 10 万人口中的住宅火灾死亡及伤残人数;住宅火灾未能扩散的比例;自动报警器的错误报警率;每万人中发生的人为火灾事故的发生率。

(3) 第三部分:对市政当局的评估。包括抱负、优先发展战略、能力、内部绩效管理、成就等。各项二级指标的指标体系如下所示。

①抱负——第一,拥有明确而富有挑战性的区域及社区发展战略:战略规划反映了区域及社区的基本需要并有利于推动当地经济、社会和生态的发展与改善;战略规划是与伙伴机构达成的共识并能被职员和公民所理解,规划既富有挑战性又具有现实可行性。第二,市政当局及有关方面为社区提供领导和指导以确保有效的伙伴关系的实现:市政当局通过与政府组织、社区、志愿团体、商业机构和公民个体密切合作来实现抱负与发展战略,从而展现自身的领导力;市政委员和政府官员能够在复杂的环境下作出利于地区前景的明智决定;市政当局能够确保合作伙伴关系的有效性和可持续性,能够确保责任划分得明晰具体以及内部潜力的充分发挥。

②优先发展战略——第一,区域的优先发展战略明确并体现进取心;优先发展领域的确定充分反映了需求评估的结果;优先发展战略是在国家和地区政策框架内作出的决定;优先发展战略反映了黑人和少数民族群体的需求,有利于种族关系的和谐;服务使用者、市政委员及公职人员、其他利益相关人理解关键的战略目标。第二,通过强有力的战略措施实现优先发展战略:市政当局、管理部门的战略目标与财政能力一致,具有现实可行性;具有明确的、一致同意的、以结果为导向并且挑战性和可行性相统一的改进目标;伙伴机构之间在职责划分、行动计划等方面达成共识;伙伴机构之间以及机构内部的资源配置根据优先发展战略进行管理、审查和修正。第三,为实现发展战略锐意进取:市政当局的行动计划和资源配置等体现了对优先发展领域与非优先发展领域的合理区分;鼓舞和激励服务受用者、职员、其他利益相关人等参与行动计划并贡献力量;行动计划详实而充分,利益相关者能够评估其正确性和合理性;必要时根据具体情况做出复

杂决定，同时使核心工作持续进行。

③能力——第一，具有明晰的责任和明确的决定以支持政府提供服务和改进管理：市政委员和有关官员在决策中的角色和责任明晰；决策过程透明并产生相关行动，能及时有效地为实现优先战略的行动计划服务；能够在持续的计划、实践和修正活动中把握机遇和控制风险；伙伴机构之间以及机构内部具有解决冲突的规则与程序；市政委员和有关官员坚决有效地执行种族政策。第二，政府能力得到有效利用和充分发掘，以确保抱负和优先战略的实现：投资重点明确，投资效益显著；员工的招募、雇用、培训等能满足现在和将来的需求；人力资源计划考虑志愿团体、社区组织等各个伙伴机构的力量；市政项目资源配置合理，管理得力；在战略协作、政府采购、授权活动中充分考虑志愿团体、社区组织以及私营机构的能力；消费者和其他利益相关人能够评定公共服务是否满足其多样化的需求；职员在满足服务需求中具有一定的灵活性和创造性。第三，市政当局和伙伴机构具有适应变化和实现战略的能力：市政委员、管理部门、职员以及整个机构在能力开发中提升领导力从而确保优先战略的实现；现有的财政能力能够充分保障政府实现目标和改进工作，电子政府为公众提供更多的服务选择；市政当局通过各种伙伴关系的建立来增强自己的财政能力和其他能力，以更好地实现抱负和优先战略；在政策制定和执行过程中充分考虑了多样化需求、顾客导向和人权问题；市政当局和伙伴机构具有适应不断变化的环境和日益涌现的挑战并灵活应对的能力。

④内部绩效管理——第一，具有一致、严格、开放的内部绩效管理方法：市政当局和伙伴机构在开放式的讨论和建设性的进言氛围中进行独立或集体的绩效评估；市政委员和资深官员介入绩效管理的程度与他们的角色和职责一致，并且参与执行和审查的全过程；评估过程及周期的安排考虑了采取必要的矫正措施的时间和风险；资源配置和绩效管理有机统一以保障优先战略的持续实施；为员工和公众建立了广为人知的、顾客导向的、便利的公共服务申诉与建议体系；市政当局及合作伙伴主动建立外部评估体系，从实质上补充内部评估过程中的不足；管理部门和职员重视绩效管理并将其作为自身工作的不可或缺的一部分。第二，市政当局和伙伴机构明确知晓它们的行为是否偏离了预定目标：服务提供者认真搜集和分析有关绩效表现及发展态势的信息，并与相似地区及全国的情况进行对比；资料的搜集和分析包含与黑人及少数民族需求相关的信息；服务提供者与同行对比服务质量、成本和效益；消费者、员工和利益相关人，包括志愿团体和社区组织均参与了绩效评估过程并知晓评估结果。第三，绩效评估信息促进了工作持续不断地改进：改进目标根据优先发展战略来确立，绩效表现和满意水平得到控制和分析，不良表现已经被确认并引起重视；市政当局运用绩效管理协调面向社区和顾客的服务工作；合作者能够及早提出行动计划中实际或可能存在的困

难；消费者和员工的抱怨或申诉可以帮助服务的改进而不是无济于事；服务提供者根据绩效评估、视察报告（inspection findings）和独立审查（independent reviews）的结果形成改进工作、提高效益的战略。

⑤成就——第一，市政当局在改进当地居民的生活质量、解决紧急问题中取得的进展：在贯彻优先发展战略时，当地通过伙伴关系取得进展，而这些进展与当地的需要基本一致；市政当局致力于解决当地居民认为对社区发展非常重要的问题，而这些努力有助于建设更加安全、更加有凝聚力、更加完善的社区，并在很大程度上改进了儿童、青少年及老年人的生活；市政当局努力改善所有人、所有社区包括弱势人群在内的生活质量，为他们提供更多的帮助和服务。第二，市政当局及其伙伴机构在促进经济、社会、生态的和谐发展，建设可持续发展的社区中取得的成就：促进和支持区域经济的可持续增长，帮助公民就业并增加收益；满足当地居民的住房要求和住房需求；提供高质量的环境，倡导可持续发展的生活方式，确保子孙后代的环境质量；不断改善公共交通系统，当地居民可以在不使用家庭汽车的情况下，便捷地上班和从事其他活动。第三，市政当局及其伙伴机构在建设更加安全、更加强大的社区中取得的进步：预防犯罪的措施得力，犯罪率降低，公众的安全感增强；反社会行为（anti-social behavior）减少；因吸毒、酗酒给社区、家庭及个人造成影响的情况减少；各类事故减少，人们明显感到更加安全；应对内外紧急情况的准备充分；市政当局与志愿团体、商业组织、社区机构建立良好的伙伴关系，共同建立种族平等、行动有效的社区。第四，市政当局及其伙伴机构在创造更加健康的社区、缩小健康不平等过程中取得的成就：在市政当局的直接介入下，所有社区的健康水平有所提高；健康不平等状况有所改进，不同社区平均寿命的差距缩小；处境最为艰难的群体能够获得更多的市政当局提供的服务。第五，市政当局及其伙伴机构在改善老年人的生活状况和福利方面取得的进步：采取战略措施为老年人提供医疗卫生和社会福利之外的其他重要服务；促使老年人及其组织参与服务提供和战略措施的各个方面；为老年人提供全面的服务。

第二节　绩效评价结果应用的经验

一、法律依据与制度框架

1979 年撒切尔夫人执政后，大刀阔斧地实行了一系列的改革措施，在绩效评价方面最为有名的就是《财务管理新举措》，它首次明确了政府部门行政履责必须遵循"绩效"理念。布莱尔政府时期通过了《现代化政府》白皮书，提出要建立现代公共服务体系，对政府施政的质量和效率提出了更高的要求，白皮书特别提出，能够有效推动政府提供高质量公共服务的重要方式就是全面推进政府管理的绩效评价。在预算支出方面最重要的就是《支出综合审查》，其中明确要求政府部门制定三年中期财政支出计划，并有责任、有义务组织力量对本部门的预算支出进行绩效评价。布莱尔政府颁布的《地方政府法案》则明确了中央对地方的考核权力和考核方式。

英国政府绩效评价的实施是采取签订协约的方式，由财政部同各部门签订了公共服务协约，确定权力责任、绩效目标和相关措施。"权力责任"条款确定了各部门负责人的权力和责任，并且要对协约的拟订负责。"绩效目标"条款确定了各部门在既定的预算支出水平下需要实现哪些预定目标。"相关措施"条款确定了各部门在提供公共服务的过程中需要制定哪些措施来保证实现预定的绩效目标。每一年度的第四季度，政府各部门要向议会报送前一阶段的预算绩效评估报告，对照之前签订的公共服务协约，查找前一阶段工作中的差距和不足，并且这个预算绩效评估报告要向社会进行公开①。

二、多元的绩效评价主体

从目前英国绩效考评的情况来看，对部门预算的绩效考评主要有部门自我评价、议会考评和政府考评三部分。与此同时，对一个部门的绩效考评还有来自社会各个利益群体的意见，包括专家学者及一般民众的意见。这几种考评方式相辅相成，共同对英国政府公共支出绩效考评发挥作用②。

（一）部门自我评价

部门自我评价，即由部门内部的专门机构对预算执行及绩效情况进行自我评价。各部门将年度绩效计划中的绩效指标与本年度实际执行情况进行对比，对绩效计划中的绩效指标完成情况进行评价，对未完成的绩效计划目标进行解释并提出相应整改措施。各部门每年要将考评结果报送财政部和议会。

（二）议会考评

议会考评由议会公共支出委员会下设的国家审计办公室负责。英国议会内部

---

① 张伟．完善预算支出绩效评价体系研究［D］．中国财政科学研究院，2015.
② 林大茂，李勇．英国公共支出绩效考评及对我国的启示［J］．中国财政，2005（7）．

设有专门的公共支出委员会，下设国家审计办公室，专门负责对各部门的财务状况及绩效目标的实现情况进行审计。审计时主要依据三个原则：经济性，看是否是在最小成本中进行，有些可不由政府支出的尽量不用政府支出；效率性，考察政府的工作效率，看购买的物品是否实现效率最大化，政府部门是否提供了有效的服务；效力性（有效性），主要是看最终的结果、服务质量。目前，英国国家审计办公室每年审计 50~60 个部门，向议会提交约 60 份绩效审计报告，由议会最终确定部门的绩效考核结果。此外，审计报告也将发表在一些公开的刊物上，向公众提供相关信息，接受纳税人的监督。对审计出问题的部门，议会可进行质询，并要求部门提出整改意见和措施，审计办公室会对整改情况进行跟踪落实。如果部门没有改进，部门长官的政治生命也基本结束。

（三）政府考评

政府考评主要由财政部负责。财政部每两年对部门预算进行一次考评，并对以后年度相关预算进行调整，同时为编制下一个三年期预算做准备。考评主要是在各部门提交的年度绩效报告的基础上，通过分析研究、打分等方式对各部门的绩效计划执行情况、完成结果进行考评。考评的主要内容包括：部门设定的年度绩效目标的合理性；绩效目标的完成情况及社会经济效益；各项支出的合理性；绩效信息的真实性。考评包括资料的收集、分析和考评结果的起草、发布两个阶段。在资料收集、分析阶段，财政部按设立的标准收集相关数据，根据从不同渠道获得的资料信息与部门的报告相对照，以此检查部门报告的真实性及效率性。资料的来源有两个方面，一是现存资料，二是为完成评价目标而收集的相关特殊资料。现存资料包括统计数据、从以往研究评价或相关评价中得到的信息。特殊资料的收集包括：调查、听取专家的观点，吸收社会意见或进行典型案例分析等。财政部要将每个部门的考评结果报送内阁委员会，并向全社会公布。这些评价既有助于加强部门内部管理，同时也是财政部对各部门进行项目预算的基础。

（四）其他考评方式

一是公众评判法。对社会公众进行问卷式调查，以评判支出项目尤其是一些无法直接用指标计量的项目的效益。财政支出的分配和使用是否有效率，很大程度上取决于能否充分反映社会公众的需要，通过社会公众对政府机构的服务质量、服务效果进行评价，可以反映支出的实际效果是否符合公众的需要。二是专家考评法。由高等院校、科研机构、中介机构等技术人员组成的专家组，协同政府部门确定指标、标准，对各部门的支出绩效进行分析，对某一阶段政府投资的领域进行广泛的专业考评，以确定政府投资的成效。

三、多层次绩效评价对象

"经济性、效率性、有效性"是英国政府绩效评价的核心理念，围绕这一理念，英国针对地方政府整体、预算部门整体、各部门具体财政投资项目三个层面进行评价。

（一）针对地方政府整体的绩效评价

英国出台的《1999 年地方政府法》要求地方政府以经济、效率、效益的方式提供持续改进的服务，并实现明确的成本和质量标准，即达到"最佳服务效果"。地方政府在"4Cs"（挑战、协商、比较与竞争）原则下，自由决定评价什么、何时评价及如何评价。随着实践的深入，最佳价值模式逐渐受到质疑。这些质疑主要有三个方面：一是评价指标数量太多，且主要是硬指标，给地方政府造成了严重的负担；二是由于各个地方政府面临的客观条件不同，导致许多指标的评价结果只能进行纵向比较，难以进行政府间的横向比较；三是评价指标只能反映某地方政府或公共组织的绩效现状，未能涵盖政府或公共组织的行政能力、内外形象与发展潜力等内容。为了弥补"最佳价值"体系的缺陷并回应各方质疑，英国国家审计办公室经过研究咨询，在保留和改进最佳价值指标的基础上，引入了战略使命（strategic ambitions）、改进能力（ability of improvement）等绩效评价的软指标，创造了一个新的绩效评价体系——全面绩效评价，并于 2002 年正式推行①②。

（二）针对预算部门整体的绩效评价

英国针对预算部门的绩效评价，主要是围绕"公共服务协议"体系来开展的。目的是建立一种现代的公共支出和绩效管理框架，为制定审慎、有效的中长期支出计划服务。由于注重效果的绩效管理要与政府部门的高层次的工作目标相关联，公共服务协议体系包括以下目标层次：方向（aim）、目标（objective）、具体目标（target）、关于如何对具体目标进行测量的技术解释（technical note）、实施计划（delivery plan）等。其中，方向是对部门职责的总括性描述，目标是对部门要实现的各项计划的描述，而绩效目标是在前面目标体系基础上提出的以绩效为重点的具体目标体系。对各级次的目标完成情况要通过部门报告和秋季绩

---

① 包国宪，周云飞．英国全面绩效评价体系：实践及启示 [J]．北京行政学院学报，2010（5）．

② Audit Commission. CPA – The Harder Test：Scores and analysis of performance in single tier and county oun cils 2007 [R]. Local government National Report，2008.

效报告的形式予以公布。

（三）针对项目的绩效评价

从评价项目的角度来讲，包括四个方面的评价内容；首先，是决策方向，即某个项目决定立项是否经过科学论证，决策方向是否科学合理，在决策过程中所参考的资料是否翔实、是否符合实际；其次，是方案合理性，即对某个项目开展的具体方案进行考评，考察方案制订是否合理以及评估方案实施的预期效果；再其次，是项目效益，主要是参考成本收益法，对项目实施的内部效益进行考评；最后，是外部影响，主要是考察项目实施对经济社会发展和自然环境的影响程度，也就是对项目实施的外部效益进行考评①。

四、全面科学的绩效评价指标体系

在绩效预算过程中，英国以部门为主制定绩效目标、评价指标和标准，由财政部等预算管理机构进行指导，并征求其他绩效管理者、技术专家和民众的参与意见。因为各部门对本部门的情况最了解，在制定绩效评价指标和标准等方面拥有信息优势；其他绩效管理者、技术专家的参与，使制定出来的绩效指标、标准更为科学和全面；以部门为主制定的绩效指标和标准得到了部门的认可，在事前化解了有关分歧，有助于提高部门主管及员工对改革的积极性和遵从性；预算管理机构的参与可以对各部门如何制定绩效目标、指标进行理论指导和把关②。

因各预算部门职能不同，在绩效评价指标的设计上也有所差异。此处我们选取英国的林业部门③，具体来看公共服务协议是如何针对部门整体设计绩效评价指标体系。

英国林业委员会（Forestry Commission）是制定英国林业管理政策和保护措施的政府组织，它的宗旨是保护和管理森林和林地资源，提高它们的社会和环境效益，实现社会价值、经济效益、生态环境的协调和可持续发展。英国林业委员会每年都必须与财政部签订公共服务协约。该协约由责任条款、目标条款和如何完成目标三部分组成。"责任条款"部分规定英国林业委员会的部长应对协约负责，并负责提交协约；"目标条款"部分规定在相应的财政支出状况下，要完成

---

① 张伟. 完善预算支出绩效评价体系研究［D］. 中国财政科学研究院，2015.
② 吕昕阳. 英国绩效预算改革研究［J］. 经济研究导刊，2011（22）.
③ 刘红梅、王克强、陈玲娣. 英澳林业预算绩效评价指标体系建设对中国的启示［J］. 上海大学学报（社会科学版），2008，15（3）.

哪些目标，这些目标往往都是可以量化的，可以用指标进行衡量；"如何完成目标"部分规定英国林业委员会在实践中，计划要采取哪些具体的行动，以完成其确定的目标。每年秋季英国林业委员会要向议会提交《秋季绩效评价报告》，分析对比其实际工作结果与公共服务协约中所确立目标之间的差距，并向议会和公众公布。秋季报告主要包括对既定目标完成情况的评价和对议会年度新目标设定的建议。

根据林业预算绩效评价基本制度，英国林业委员会设立了五个目标：（1）可持续发展，通过林地和森林的作用使可持续能力得到增强；（2）乡村发展，通过林业的贡献使当地和乡村经济得到发展；（3）经济复苏，使落后的城市地区有新的生机，通过改善环境吸收投资；（4）娱乐，人们拥有更健康的生活方式，更高的环境意识；（5）环境和保护，通过保护林地使后代可以继承生物多样性、文化等林业遗产。对于每个目标都构建了一系列的绩效评价指标，如林业可持续发展目标设有 40 个指标，分为 6 类，具体指标如表 7－2 所示。在《英国可持续林业指标》中说明了每项指标与总目标的相关性，具体的评价内容、背景。

可见，英国林业委员会设立了符合各自特点的评价指标体系，在评价指标的选择上主要考虑与绩效目标的相关性和指标的可量化性。同时，绩效评价指标体系在设计过程中充分考虑指标数据的可行性，通过立法促进全社会有关部门建立相应的制度，为预算绩效评价提供资料，并在资料完善的过程中不断完善指标体系。

除此之外，英国还开发了评价地方政府工作绩效和持续改进能力的工具——全面绩效评价（CPA），上节内容已对其评价体系进行详述，此处不再赘述。

表 7－2　　　　　　　　　　英国林业可持续发展指标体系

类别	绩效评价指标
1. 林地	1.1　林地总面积
	1.2　新造林地面积
	1.3　林地损失面积
	1.4　树木种类
	1.5　景观林面积
	1.6　可持续管理下的林地面积
	1.7　管理实践

续表

类别	绩效评价指标
2. 生物多样性	2.1　原始林地面积
	2.2　自然林地面积
	2.3　自然林地条件
	2.4　动物群的丰富情况
	2.5　植物群的丰富情况
	2.6　仍在原地的死树的多样性
	2.7　自然再生林地面积
3. 森林和环境条件	3.1　空气污染
	3.2　土壤有机污染
	3.3　水质量
	3.4　地上水的酸化
	3.5　降水量和水流量
	3.6　河流栖息地的质量
	3.7　污染事件
	3.8　树冠密度
	3.9　活生物体导致的损害
	3.10　其他导致的损害
4. 木材和其他林产品	4.1　木材存量
	4.2　伐木量与木材存量增加的比例
	4.3　木材产量
	4.4　国内木材产量和木材消费量的比例
	4.5　煤储存量
5. 人和森林	5.1　森林的旅游量
	5.2　公共通道的开放程度
	5.3　公共意识
	5.4　社区参与度
	5.5　历史环境和文化遗产
	5.6　健康与安全

续表

类别	绩效评价指标
	6.1　林业经济收入
	6.2　林业价值增加量
6. 经济影响	6.3　木材加工价值增加值
	6.4　就业量
	6.5　社会与环境收益

资料来源：刘红梅，王克强，陈玲娣. 英澳林业预算绩效评价指标体系建设对中国的启示［J］. 上海大学学报（社会科学版），2008，15（3）.

五、绩效考评结果的多层次应用

　　英国对绩效评价结果的应用范围比较广，具体来看，从宏观层面来讲，一方面，英国政府将绩效评估作为政府长期经济目标和计划调整的依据，要求政府各管理部门根据其秋季报告对其三年滚动计划进行相应调整，同时也将绩效评估作为财政部对各政府部门制定以后年度预算的重要依据；另一方面，将绩效评价结果作为推行政府管理体制改革，特别是实现组织优化的重要依据。上级部门会依据部门整体支出绩效情况、绩效等级决定是否继续对该部门放松控制，下放权力，绩效评价结果越好的部门就会拥有越大的管理自主权。从政府管理层面来讲，绩效评价结果可以用来考察政府部门尽职履责的效果，特别是可以作为考察部门负责人是否有效履行主体责任的依据。在实践中，财政部与预算部门签订绩效合同要求预算部门要对其结果负责。财政部放弃了对预算拨款的使用进行控制的传统模式，给予预算部门执行机构更大的灵活性和自主性，包括内部组织机构、财务管理、人力资源管理与开发等各方面。执行机构可以充分发挥主动性与创造性，在政策执行和服务提供方面实现效益的最大化和资金的价值。但是，这种权力的下放是有条件的，它要求预算部门必须确保实现某种社会所希望的预算结果。如果资金支出后没有实现预期的结果，部门负责人就要承担管理上的责任。从预算管理层面来讲，绩效评价结果与下一财年预算安排挂钩，对各部门加强预算执行管理形成硬约束。

第八章

日本财政支出绩效评价结果应用的经验

日本政府绩效评价的立法体制是中央和地方分别立法实施,遵循 PDCA 循环周期理论,所采用的方式大多为目标管理法。日本政府绩效评估的对象以行政机构为主,包括进行公共管理的行政部门、提供公共服务的公共机构和公共设施,还包括独立行政法人等。总务省行政评价局是日本政府绩效评估的综合管理与监督检查机构,开展跨部门业务的绩效评估。对于绩效评价的反馈,日本注重于信息的公开透明,并将其用于预算的研究和未来事业的发展趋向的探寻。评价结果应用在预算管理、政策管理和人事管理方面。在预算管理中,旨在解决财政问题;在政策管理中,旨在厘清政策提高行政效率;在人事管理中,旨在提高政府的公信力。然而,绩效评估并不是万能的,日本政府也尚未实现其初衷,即解决财政危机。

第一节　绩效评价改革历程

日本绩效评价实行中央和地方分别立法。日本中央政府的绩效评价实践要滞后于地方政府,但在中央集权思维方式的引导下,尽管实施地方自治体系,且政府绩效评估由地方政府先行实施,但各个地方都一致地以中央政府制定的政策框架为模板进行地方政策的设计。

一、地方政府绩效评估法制化发展

20 世纪 70 年代日本经历了两次石油危机,80 年代末期又经历了泡沫经济的崩溃,之后,由于对外深受"新公共管理运动"的影响,对内面临着由经济危机导致的财政危机,政府公信力不断下降,此时僵化的行政体制已无法满足日本公

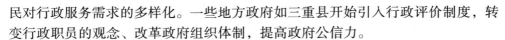

民对行政服务需求的多样化。一些地方政府如三重县开始引入行政评价制度，转变行政职员的观念、改革政府组织体制，提高政府公信力。

日本地方政府绩效评价的发展可以分为三个阶段，如表8-1所示。

表8-1　　　　　　　　　　日本地方自治政府导入行政评价的阶段

阶段	1994~1997 年	1998~2000 年	2001~2003 年
主要措施	静冈县开始进行行政业务盘点（1994） 三重县导入事务及事业评价（1996） 北海道导入即时评价（1996） 指定地方分权推进法（1995） 行政改革会议最终报告建议导入政策评价（1997） 国家省厅实施再评价制度（1997）	滋贺县启动滋贺评价标准（2000） 神户市导入事务及事业评价（1996） 福冈市正式启动 DNA 运动（2000） 实施地方分权一揽子法（2000） 内阁会议决定行政改革纲要（2000） 总务省设置行政评价局（2000） 设置市町村合并本部（2000）	宫城县制定首个行政评价实施条例（2001） 三重县启动政策推进系统（2002） 宫城县导入业务管理系统（2003） 开展地方分权改革推进会议（2001） 实施关于行政机关进行政策评价的法律（2002） 总务省开始导入行政评价的现状调查（2001）

资料来源：袁娟. 日本政府绩效评估模式研究［M］. 知识产权出版社，2010.

（一）行政评价制度的探索阶段（1994~1997 年）

1994 年静冈县开始进行行政业务盘点，1996 年三重县导入事务及事业评价，1996 年北海道导入即时评价，1997 年日本行政改革会议最终报告建议导入政策评价，作为国家行政改革的一环，中央政府层级的省厅开始实施再评价制度。

（二）行政评价制度的发展阶段（1998~2000 年）

这一阶段，是日本行政评价制度有实质性发展的阶段。2000 年，日本实施地方分权一揽子法，总务省设置行政评价局，自此，全国地方自治政府开展行政评价的声势不断壮大。同时，日本设置了市町村合并本部，作为居民社区工具导入了行政评价。以都道府县为核心，正式开始讨论导入事务及事业评价。

（三）行政评价制度的全面实施阶段（2001~2003 年）

2001 年，日本召开地方分权改革推进会议，总务省开始进行导入行政评价的现状调查，宫城县制定了全国首个行政评价实施条例并于 2003 年导入业务管理系统；2002 年，开始实施关于行政机关进行政策评价的法律，三重县启动政策推进系统。

二、中央政府政策评价法制化发展

中央政府的绩效评价滞后于地方政府，1997 年 12 月在中央层面引进"再评价制度"，要求六省厅（北海道开发厅、冲绳开发厅、国土厅、农林水产省、运输省、建设省）对全部的公共事业进行评价，同时，日本行政改革会议最终报告提议开展政策评价。1998 年 6 月，建立政策评价制度作为中央省厅改革的基本方针被写入基本法。2000 年，制定了《关于推进中央省厅等改革的基本方针》，并将总务省的行政监察局改为行政评价局。行政评价局的设立，是日本中央政府开始进行绩效评价的标志。该局的设立是为了跨部门进行包含政策评价在内的行政评价，并对各府省进行的政策评价行使监督检查职能。2001 年日本颁布《关于行政机关进行的政策评价的法律》并于 2002 年施行，自此进入制度化的全面实施时期。

第二节　绩效评价结果应用的经验

一、健全绩效评价组织管理体系

（一）区别"政策评价"与"行政评价"

广义的"行政评价"通常指一般意义上的政府绩效评价，具有对行政部门进行综合评价的含义。狭义的"行政评价"是指日本地方自治政府所开展的政府绩效评价，是对地方自治政府的政策、措施、事务、事业等进行评价，以促使地方政府的行政管理获得进一步改进的做法。"政策评价"通常指一般意义上的政策评价，包含对中央及地方出台的所有政策进行评价。日本法定的政策评价是以中央政府各府省的政策为对象开展的，通过了解、掌握并分析政策的实施效果，考察相关政策对国民生活和社会经济的影响，进而对政策进行调整、改进和完善。而在实践中，"政策评价"涵盖"行政评价"的含义。从政府管理体制来看，越是往上到中央政府层级，就越重视政策评价，越是往下到市町村层级，就越重视对具体事务和事业的评估。

（二）总务省

日本政府绩效评价的职能主管机构是总务省，总务省设有的"政策评价与独立行政法人评价委员会"对政策评价进行讨论和审议，总务省还下设专门的政府绩效评价机构——"行政评价局"。总务省在政策评价中的主要职责包括以下几点[①]。

1. 拟定基本方针。

由于政策评价制度是适用于政府整体的制度，因此，有必要在整体上制定标准的政策评价框架模型。《政策评价法》第 5 条明确规定总务省在出台政策之前，必须经过内阁会议的裁决。

2. 制订实施计划。

总务省要制订政策评价的年度计划和三年计划，并且必须及时公布。

3. 跨部门政策评价。

包括两个部门以上具有共性的政策、对国民生计影响重大的政策等。

4. 行政检查评价。

各府省必须每年定期向总务省提交行政评价结果报告，总务省分析评价后形成评价报告。

5. 独立行政法人评价。

独立行政法人相当于中国的国家部委直属事业单位，总务省要对独立行政法人评价委员会进行监督检查。

6. 汇报陈述公示。

总务省要向国会提交关于政策评价情况的报告。

7. 调查分析咨询。

要收集政府绩效评估的相关数据和信息，开展政府绩效评估方面的调查研究和分析。

8. 评价人才培养。

要采取措施吸引从事政策评价工作的人才，开展必要的培训，提高政策评价工作人员的素质。

总务省行政评价局的组织机构为：局长、总务课、行政咨询课、行政评价官和行政监督官。其中，总务课包括地方业务室、业务信息化推进室、政策评价推进室、企划官、评价监督企划官；行政咨询课包含行政咨询业务室和行政咨询企划官；行政评价官下设调查官；行政监督官 9 名，同时下设 9 名调查官。

另外，日本行政评价局有一套分布在全国的垂直管理的分支机构，形成了辐射各地的组织架构体系。日本政府绩效评价发挥作用的机制是：总务省内部有行政评价局和政策评价与独立行政法人评价委员会；总务省在全国各地区设有"管

---

① 袁娟. 日本政府绩效评估模式研究［M］. 知识产权出版社，2010.

区行政评价局",各管区行政评价局都在该管区内设有若干个"行政评价事务所";各府省有专门的行政评价机构和独立行政法人委员会。

二、实施全方位绩效评价

(一)总务省跨部门评价

日本中央政府的政策评价主要有由各府省自评和由总务省评价两种方式,各府省自评本部门的政策,包括事前评估和事后评价;总务省在与其他各府省同样进行本部门政策评价的同时,还要对跨部门政策实施评价,以保证国家政策的统一性和综合性。日本非常注重对政策进行梳理和整合,构建政策体系,然后在评价计划中确定计划期内的重点评价对象政策。而所谓的政策整合,也是为了促使评价结果更容易与预算和决算体系相联系。

总务省行政评价局在政策的制定和改进方面发挥了重要的中枢作用。2001年,日本内阁会议决定出台《关于政策评价的基本方针》,该法案要求:

第一,实施政策评价,要按照政策管理循环周期的理念,根据政策特点,合理运用"事业评价方式""业绩评价方式""综合评价方式"等评价方式。

第二,政策评价要考虑其必要性、效率性、有效性。

第三,对政策效果的评价尽量采用定量手法,客观使用信息、数据和事实。

第四,实施事前评价,是为了对政策进行正确的取舍和恰当的排序,即使不在必须评价的范畴,也应当积极研究。

第五,实施事后评价,是为获得重新衡量和改进政策的信息,要适应社会经济形势的变化,适时评价。

第六,要保证政策评价的客观性和严肃性。

第七,政策评价的结果要反映到修正后的政策中,尤其是反映给承担政策评价的责任组织。

第八,要公布政策评价信息,包括措施内容、措施时期、今后准备等。

第九,实施政策评价时,国家和地方要进行必要的信息交流和意见交换,适当合作。

总务省在考虑政策的统一性和综合性时,要确定三年期评价主题,例如,在2006~2008年,对环境问题、确保国民安全等重要课题实施评价,具体为:"推进自然再生""构筑世界最尖端的'低公害车'社会""防止配偶暴力""外国人可舒适观光的环境整顿""振兴 content business""应用 IT,提高医疗的便利性"等主题。

　　总务省是从必要性、效率性和有效性等方面进行跨部门政策评价的。为确保统一性①和综合性②，总务省的跨部门政策评价，在很大程度上属于调查研究工作，发挥作用的是全国调查网，根据搜集的各地的实际情况，向各府省进行反馈并进一步跟踪。以 2003 年度、2004 年度的五项整改政策为例进行分析说明。

表 8 - 2　　　　　　　　　日本地方自治政府导入行政评价的阶段

政策及部门	意见
1. 关于经济合作（ODA：政府开发援助）的政策评价（确保综合性的评价）【相关行政机关】内阁府、国家公安委员会警察厅、金融厅、总务省、法务省、外务省、财务省、文部科学省、农林水产省、经济产业省、国土交通省、环境省	为重视成果的 ODA，通过制定新 ODA 中期政策、国别援助计划，促进各援助形态和各府省间的联合、加强驻外公馆等当地机关作用
2. 关于检查审定制度的政策评价（确保统一性的政策）【相关行政机关】总务省、文部科学省、农林水产省、国土交通省、环境省、厚生劳动省	对各种检查审定制度，通过分析制度变化和成本，推进有助于降低成本、扩大选择范围的工作
3. 关于湖泊沼泽水环境保护的政策评价（确保综合性的评价）【相关行政机关】农林水产省、国土交通省、环境省	部分修订湖泊沼泽水质保护特别措施法，以加快制定对来自农田、城市街区等的非特定污染源污浊负荷的对策
4. 关于留学生接待推进措施的政策评价（确保综合性的评价）【相关行政机关】文部科学省、法务省、外务省、厚生劳动省	实施改进公费留学生的规模、国别比例、选拔方法等，重新研究自费留学生的奖学金等
5. 关于旅游度假地的开发整顿的政策评价（确保综合性的评价）【相关行政机关】总务省、农林水产省、经济产业省、国土交通省	全面变更基于综合疗养地区整备法的国家基本方针，通知到都道府县。收到通知后，有 4 县同意废止基本构想

　　资料来源：日本总务省网站，http://www.soumu.go.jp。

　　总务省行政评价局还要依法对各府省的行政评价工作进行监督检查并向社会公示。主要包括"评价方式检查"和"评价内容检查"。评价方式检查涉及目标的明确性、目标量化情况、示范事业政策检查。评价内容检查是为了检查政策效果以及是否反映了社会经济的实际状态等，如图 8 - 1 所示。

----

①　统一性政策是指由两个以上的行政机关分别管理又具有共性的政策。
②　综合性政策是指由两个以上行政机关共同管理的政策。

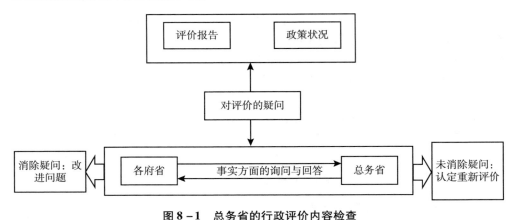

图 8 - 1　总务省的行政评价内容检查

资料来源：日本总务省网站，http：//www. soumu. go. jp/hyouka/houkokuf. htm。

（二）各府省的政策评价

各府省是政策评价的实施主体。所谓政策评价，在日本一般可区分为三个层次——"政策""措施""事务事业"。其中，"政策"是着眼于实现特定行政课题的基本方针，以及实现这一基本方针的行政工作的总称；"措施"是实现基本方针的具体方针，以及实现具体方针的行政工作；"事务事业"是指具体化的单个行政手段，是行政工作的基础单位。以环境省"推进与自然接触"的政策体系为例进行分析，如图 8 - 2 所示。

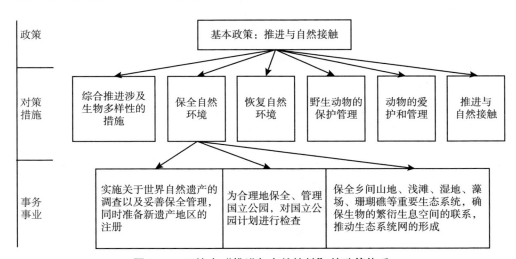

图 8 - 2　环境省"推进与自然接触"的政策体系

资料来源：袁娟. 日本政府绩效评估模式研究［M］. 知识产权出版社，2010.

《政策评价法》规定，各府省必须制定政策评价的基本计划和事后评价实施计划，在特殊领域必须进行事前评价。基本计划的期限为三年以上五年以下，事后评价实施计划按年度制定。这样一来，既有长期的、战略性的规划，又有针对实际工作的具体指导计划，二者结合，在保证连贯性的基础上不断完善。

1. 事后评价对象政策的特点。

（1）自该项政策决定时起，适应该政策的特性，在经过行政命令所规定的期限 5 年以上 10 年以内之后，该政策没有为实现目标、发挥成效开展不可或缺的各项活动；（2）自该政策决定时起，适应该政策的特性，在经过行政命令所规定的期限 5 年以上 10 年以内之后，该政策没有为实现目标发挥成效；（3）有必要列为事后评价的其他政策。

2. 事前评价与特定领域的评价。

对国民生活和社会经济影响巨大的政策和需要大量费用的政策，在开发预测未来的评价方法时，必须进行事前评价。主要包括以下三类。

（1）研究开发评价。事业费 10 亿日元以上的研发（人文科学除外）有事前评价的义务。当前，有 10 个府省（防卫厅、总务厅、法务省、财务省、文部科学省、厚生劳动省、农林水产省、经济产业省、国土交通省、环境省）进行以研究开发为对象的政策评价。

（2）公共事业评价。事业费 10 亿日元以上的公共事业有事前评价的义务。目前有 6 个府省（总务省、厚生劳动省、农林水产省、经济产业省、国土交通省、环境省）实施以公共事业为对象的政策评价。在进行公共事业的事前和事后评价时都要论证事业发展的必要性，在进展不顺时，重新考虑中止或继续。图 8－3 展示了公共事业评价的流程。

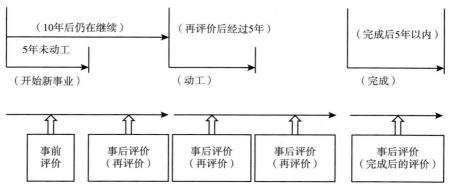

图 8－3 公共事业评价流程

资料来源：袁娟．日本政府绩效评估模式研究［M］．知识产权出版社，2010.

（3）政府开发援助评价。提供限额 10 亿日元以上的无偿资金合作事业以及提供限额 150 亿日元以上的有偿资金合作事业有事前评价的义务。

3. 各府省的政策评价方式。

包括事业评价方式、业绩评价方式和综合评价方式，如表 8 – 3 所示。事业评价方式的评价对象是政策体系中的基础层次的行政事务和公共事业，一般采用成本效益法；业绩评价方式的评价对象是政策体系中的中间层次的对策和措施，一般采用目标管理法；综合评价方式是对政策体系金字塔顶端的政策进行评价，从各个角度深入分析特定的政策主题。

表 8 –3 各府省政策评价方式

评价方式	事业评价	业绩评价	综合评价
基本性质	事前评价，在中期或事后验证。提供有助于行政工作的信息	在行政领域预先设定完成目标，测定业绩，评价完成度，以提供关于政策完成度的信息	设定特定的主题，从各个角度深入综合评价
对象	主要评价事务事业	主要针对对策措施，以具有共同目的的定型化、连续性行政工作为对象	以连续性行政工作、连续性政策和对策措施为对象
评价阶段	事前评价，在中期或事后验证	预先设定目标，定期持续测定业绩	从政策、对策措施导入起，经过一定时间进行评价
评价内容	在事前阶段分析研究预期效果和所需费用。 ➢事业目的是否妥当、有无由行政承担的必要。 ➢推算测定事业实施的预期效果和必要费用。 ➢事业目的是否得到必要结果，有无更高效的替代方案。 ➢在中期及事后，根据事前评价内容验证。 ➢对公共事业、研究开发和政府援助事业，进一步改进与充实评价工作	➢设定成果的"基本目标"。为测定其完成度，设定"完成目标"。 ➢对目标进行定期、持续的测定。 ➢在目标设定、业绩测定、目标期间结束时评价，在各阶段公布结果等	➢从各个角度明确政策、对策措施效果状况。对政策、对策措施的直接效果和因果关系等进行分析。 ➢把握政策、对策措施的问题及原因。 ➢研究政策、对策措施的妥当性。 ➢适应当时课题，斟酌评价的实施体制、业务量、紧急性等。 ➢考虑社会经济变化、国民需求等改变因素。 ➢重新研究原有的，以求政策新开展

资料来源：袁娟. 日本政府绩效评估模式研究［M］. 知识产权出版社，2010.

（三）独立行政法人的绩效评估

日本的独立行政法人相当于中国的一部分事业单位，包含中央府省所管的独立行政法人、地方行政法人、国立大学法人、公立大学法人、日本司法援助中心等。日本设有独立行政法人绩效评估的组织领导和监督检查机构，既开展年度评价也有中期评价，既开展综合评价也有专项评价。

独立行政法人绩效评估制度是由第三方机构进行的业绩监督，主管部长向独立行政法人提出 3～5 年的中期目标，独立行政法人据此制定中期目标，提交主管部长批准后，据此制订中期计划和年度计划，报主管部长批准后，根据年度计划开展工作。当每个工作年度结束时，以及中期目标期满时，接受独立行政法人评价委员会的评价，评价结果反映在后续计划和管理工作中。简而言之，其基本理念为：目标→计划→实施→评价→结果应用。

独立行政法人绩效评估的重点在于事后评价上，强调中立性、公正性和客观性，因此，在各府省设立了作为第三方评估机构的评价委员会，在总务省设置了立足于总体国家层面的第三方评估机构。由第三方机构独立进行的独立行政法人绩效评估可分为年度评价和中期评价。

在进行年度评价时，需要调查和分析独立行政法人的中期计划在该事业年度中的实施状况，并在获得的调查分析结果基础上，对年度业务绩效进行综合评定。年度评价结果及时向社会公布，包括相关改善意见和建议。

在进行中期评价时，需要调查和分析独立行政法人的中期目标达成情况，基于调查结果，对中期绩效进行综合评定。在中期目标期满后的三个月之内，独立行政法人必须按照主管省的条例规定，向主管大臣提交关于中期目标的事业报告。

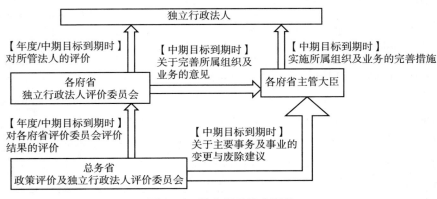

图 8 - 4　独立行政法人评价

资料来源：袁娟. 日本政府绩效评估模式研究 ［M］. 知识产权出版社，2010.

（四）地方政府开展的绩效评价

地方政府开展的绩效评价有行政评价、事务事业评价和公共设施评价。重点在于事务事业评价和措施评价，弱化了政策评价，设有专职机构管理。政策评价以定性评价为主，采用问卷调查、公开讨论、会议征集等方式广泛征求外部意见。措施评价各地略有差别，但通常都是以综合计划或者长期计划为依据，进行中期评价和事后评价。

而作为重点开展的事务事业评价大多聚焦于各部门所承担的日常事务和所管理的公共事业。日本在进行事务事业评价时：首先要明确所评价的事业领域是否属于政府应该干预或参与的范畴。其次要明确事务事业的公共或民营性质，才能界定该主体是由行政直接管理、委托民间管理或全部交由民间。以名古屋市为例，依据地方政府在必要的情况下最低限度介入原则划分的结果如表 8 - 4 所示。

表 8 - 4　　　　　　　　　　名古屋市公共干预范围

序号	事务事业的性质	行政和民间的活动领域	
1	法律上赋予实施义务的事务事业	行政	
2	受益范围为不特定多数的市民以及不能征收其服务对价的事务事业		
3	以确保市民经营社会生活所需的环境水平为目的的事务事业		
4	为拥护市民的生命、财产、权利，或是为解除市民的不安心理，以规划、监视指导、提供信息、咨询等为目的的事务事业	行政	民间
5	以凭个人能力无法生存下去的社会性、经济性的弱势群体为对象，目的是为其安定生活提供支援或完善生活安全环境的事务事业		
6	虽然市民的必要性很高，但需巨额投资或存在风险或不确定性，个体无法承担全部事业投入，以支援此类情况为目的的事务事业	行政	民间
7	将凭个体的服务质量无法满足所有对象，或是无法实现定量服务的个体作为对象，以补充、示范此类对象为目的的事务事业		
8	继承、发展、创造城市的个性、特色、魅力，或是希望向国内外传播信息的事务事业	行政	民间
9	以特定的市民及团体为对象提供服务，通过服务令服务对象以外的第三方能够受益的事务事业		

资料来源：INPM 行政评价研究会 . 自治体行政评价案例研究 ［M］. 日本东洋经济新报出版社，2005.

在明确事务和事业时，注重从预算的角度进行界定，分为：以预算事业为基础的事务事业（便于与预决算联动）、以人员费用为基础的业务（便于界定预算实际发生的业务）、以业务目的分解或合并为基础的预算事业（针对一项事业多个目的或多项事业一个目的的情况，便于从成果实现角度评价）。

1. 事务事业评价的准备工作。

主要包括三方面：构建事务事业体系、估算事业费、估算业务量。事业费不仅包括直接事业费，还必须包括从事该事业的支援人员费用和间接的必要经费，还要计算该事业使用的固定资产折旧费等成本。而估算业务量，也就是估算人员费用。

2. 事务事业评价的评价方式。

（1）评价标准。分为必要性、效率性、有效性、恰当性等方面。（2）评价步骤。一般程序是：第一，确定需要评价的事业；第二，进行内部评价；第三，进行外部评价；第四，公开评价结果；第五，评价结果的运用。

以青森县为例：第一步，进行事业构想、制订方案；第二步，制订新事业实施计划；第三步，由公共事业所管部局进行第一次评价，评价方式采取打分评价和排序的方法；第四步，由公共事业事前评价委员会进行第二次评价，评价方式是对第一次评价的结果进行审核和评价；第五步，将评价结果反映到预算编制中。

再以名古屋市为例：第一，确定需要评价的、在上一年度所执行的事业项目；第二，在 4~6 月份开展政府内部评价，先由事业承担者进行自我评价，然后由主管局进行局内评价，这一过程由总务局进行指导和协调；第三，在 5~8 月份进行外部评价，由行政评价委员会评价；第四，在 9 月进行评价结果的公布；第五，在 9 月之后，研究评价结果的应用，研讨事业的发展方向，进行业务改善和事业改革。

3. 事务事业评价的管理理念。

应用了目标管理的基本理念，最能体现这种理念的就是事务事业评价表，其基本构成如图 8-5 所示。

4. 事务事业评价的局限性。

虽然事务事业评价法注重于事业的目的和成果，保持成果与成本的平衡，但仍存在几点局限性。第一，优先排序难以实现。根据评价后的结果进一步分配预算在实际中很难做到。第二，难以体现民意。

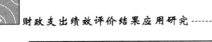
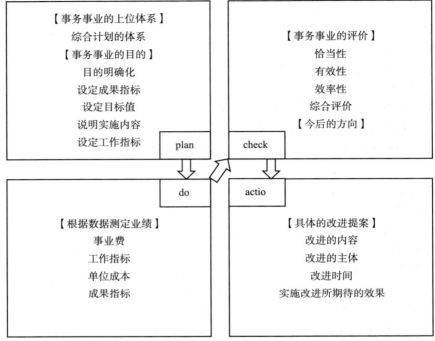

图 8 - 5　事务事业评价表的基本构成

资料来源：袁娟. 日本政府绩效评估模式研究［M］. 知识产权出版社，2010.

（五）外部评价

日本政府借由完全独立的外部主体参与的评价包括评价委员会、第三方评估机构和一揽子外部监察等。其中，评级委员会通常由外部的有识之士、地区公民代表组成；第三方评估机构由于容易根据其知识和经验左右结果，因此规定需要由两名以上委员（必须具有五年以上业务经验）构成的小组进行上门审查，另外由于第三方评估的事务量庞大且成本花费高，可以考虑 3～5 年实施一次，而结果五年内有效；一揽子外部监察指对财务执行监察，包含律师、会计师、税务师等。

三、重视绩效评价结果应用

（一）政策评价结果公开与运用

《政策评价法》规定，各府省首长在进行政策评价时，必须形成评价报告，迅速报送交总务大臣，同时公布该评价报告及其摘要。同时也规定，政策评价的结果要在政策中运用。而无论是否将评价结果反映到相关政策中，也应至少每年公布一次。

（二）地方事务事业评价结果公开与运用

日本有多种评价结果表达方式，如百分制计分法、优先排序法、劣后排序法、等次法等。而关于结果运用，最直接表现为对事务事业本身发展的影响，采取扩大、缩小、继续、暂停、废止等措施，而目前的总体情况是缩减。间接表现为对预算编制的调整以及对职员定员进行调整。例如三重县引入了矩阵预算方法，通过横向与纵向两个方向来编制预算，对重复的事业进行统合，来消除纵向分割行政的弊端。

四、构建较为完善的法律体系

日本有比较健全的政府绩效评价法律体系并不断予以修正，最重要的就是《关于行政机关实施政策评价的法律》，与它配套的还有《关于政策评价的基本方针》《关于政策评价的标准指导意见》。另外，各府省、各地方政府在中央文件的指导下都制订了各自的政策评价基本计划和实施计划，用以评价各自政策的实施状况。

五、政府绩效评价的透明化

日本政府具有非常彻底的政府绩效评价公开化和透明度，无论是中央政府还是地方政府，评价法规的制定、评价制度的公开、评价实施的执行过程、评价手段和方法、评价结果以及结果运用等各个环节都是公开的。而且，公众不仅可获得当年的信息，还可获得历年的信息，这有利于长期制约政府行为，保证评价的有效性。

第九章

推进财政支出绩效评价结果
应用的改革路径分析

国内外经验表明，绩效评价是改进财政资金使用效益的重要途径，是倒逼政府行政管理体制改革的重要引擎，是现代财政治理的重要手段。我国也明确提出要逐步建立"预算编制有目标、预算执行有监控、预算完成有评价、评价结果有反馈、反馈结果有应用"的预算绩效管理体制。新《预算法》更是强调在预算编制时要参考"有关支出绩效评价结果"。但在实践中，我国绩效评价结果的应用却非常有限。如何加强绩效评价的结果应用，让绩效评价工作本身"有效"，也是当前我国应对财政新常态的一个重要议题。本章立足于前面对我国绩效评价结果应用现状的分析，在借鉴国际经验的基础上，从近期、中长期两个角度提出了推进财政支出绩效评价结果应用的改革思路。

第一节 近期：完善以项目为基础的财政支出绩效评价

一、总思路：基于 PDCA 模型闭环优化管理

（一）PDCA 管理循环基本原理

PDCA（plan-do-check-action）循环是由美国统计学家戴明博士提出来的，它反映了管理活动的基本规律。它包括 4 个阶段：P（plan）表示制定目标和计划；D（do）表示计划实施和行动；C（check）表示对实施过程进行检查和考核；A（action）表示行动结果处理。从一个单个的质量管理控制过程来看，P 是起点，经过 D、C、A 完成一个完整的循环。同时，第一个循环的结果 A，也是下一个循环的起点，并且每完成一个循环，质量即得到一个新的提高，循环也进入一个

新的阶段，呈阶梯型上升。通过这样周而复始不断循环的管理过程的推进，质量不断得到提升，如图 9 - 1 所示。

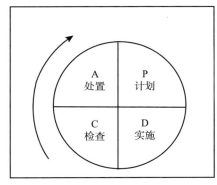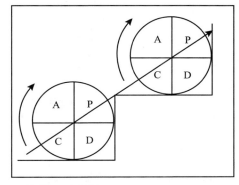

图 9 - 1 PDCA 工作循环示意图

PDCA 循环符合对事物认识的"实践—认识—再实践—再认识"的辩证发展规律，具有动态性、全过程和阶梯性的特征。基于 PDCA 模型闭环管理的思路来提升预算绩效评价，优化绩效评价结果应用，可以使优化工作更加条理化、系统化和科学化。

（二）PDCA 模型促进绩效评价结果应用的思路

财政支出绩效评价是公共财政管理改革的重要内容，是提高财政资金使用效益的关键环节。近年来，我国不断推进财政支出绩效评价工作，2011 年明确提出要逐步建立"预算编制有目标、预算执行有监控、预算完成有评价、评价结果有反馈、反馈结果有应用"的全过程预算绩效管理机制，如图 9 - 2 所示。但从目前我国预算管理实践来看，绩效评价结果的应用仍然是一个薄弱环节。由于各种现实因素，目前我国绩效评价的结果主要应用于加强资金监控及提高项目管理水平上。因此，如何最大限度地扩大绩效评价结果的应用，特别是应用于预算编制，使上一年度的财政支出绩效评价与下一年度的预算安排衔接起来，让预算绩效管理工作形成闭合循环，更好地提高财政支出效益，更好地发挥预算绩效评价工作的价值是一个值得研究的问题。

PDCA 管理循环以质量为中心，以全员参与为基础，以质量测评和顾客满意度为绩效改进的衡量标准，并且以计划（P）—实施（D）—检查（C）—处置（A）为工作步骤，形成闭环优化管理模式，为预算绩效管理工作形成闭合循环提供了新思路。按照 PDCA 模型闭环优化管理思路，可以依据下列步骤及内容促进绩效评价结果的应用。

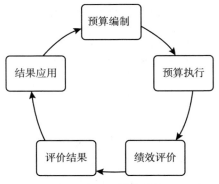

图 9 - 2　全过程预算绩效管理机制

1. P——完善绩效评价制度设计。

计划是一项管理活动的起点和首要环节。由本书第四章的分析可知，绩效评价结果应用有限，不单是结果应用这一环节机制不健全的问题，其他环节存在的问题也直接或间接影响了绩效评价结果的应用。因此，以绩效评价优化部门预算编审的第一步，应全方位完善绩效评价制度设计，具体包括加强绩效理念宣传机制、建立绩效目标管理机制、建立绩效运行监控机制、完善预算单位绩效自评机制、完善第三方绩效评价机制、建立绩效评价参与多方沟通机制、建立绩效评价结果的应用机制、建立绩效评价结果的信息公开机制等。

2. D——强化绩效评价的实施效果。

在绩效评价实施过程中，应强化其实施效果，保证评价结果的科学性，为绩效评价结果应用打好基础。但在实践过程中，由于评价标准的设定等整个评价过程都需要依托于个人来完成，存在一定的主观性，使绩效评价的结果具有一定的"弹性"。因此，应通过加强对相关业务人员培训、开展预算单位自评抽查、引入对第三方中介机构的考核等来强化绩效评价的实施效果，减少绩效评价结果的主观性，加强其科学性。

3. C——对绩效评价结果的再甄别。

对于第三方评估机构提供的绩效评价结果，需要进行再甄别，以确保评价结果的科学性、公正性、权威性及有用性，为绩效评价结果应用把好最后一道关。一方面，财政部门对绩效评价结果进行复核；另一方面，预算单位也对绩效评价结果进行反馈。双方最终需对绩效评价结果达成一致认同，这样可以大大减少绩效评价结果在应用时的阻力。

4. A——加强绩效评价结果的应用。

PDCA 循环的第四个环节，即对绩效评价的结果进行处理，切实将绩效评价结果应用起来。从理论上来说，绩效评价结果应该至少有三个方面的应用：一是改进项目管理，二是进行绩效问责，三是应用于预算决策。其中，对于应用于预算决策的绩效评价结果，由于部门项目类型不同，导致项目绩效评价结果对下一年度项目预算安排的约束力不同，因此可按照常年性和延续性项目、一次性项目来分类讨论其具体的激励或奖惩办法。

结果处理并不是 PDCA 管理循环的终点，相反，它恰恰是下一个循环的起点，在本轮循环中发现的未解决的问题将被带入下一轮循环，并作为下一轮循环的主要问题加以重点解决。由此可见，基于 PDCA 模型闭环管理的思路，可以不断提升绩效评价结果应用的水平，在展现绩效评价价值的同时，增强部门预算编审的科学性。

二、plan：完善绩效评价制度设计

（一）完善绩效宣传机制

由于我国预算绩效管理起步较晚，部分预算部门（单位）仍存在绩效管理观念淡薄、对绩效管理的意义认识不清等问题。尤其是对"效"的理解不够，还停留在是否按计划完成任务上，而没有将工作重点放在效益和效果方面，绩效导向的预算管理理念建立还需一个过程。在推进绩效预算实施的过程中，应大力宣传和贯彻绩效理念，充分调动各部门、单位的主观能动性，使其认识到自己工作给财政资金绩效带来的直接影响，从而在工作中积极贯彻实施提高资金使用效率的各项管理措施和办法。

各级财政部门可结合各预算部门（单位）的特点抓绩效文化，通过生动活泼的新颖形式宣传绩效理念，让绩效理念更加深入人心。具体来说，可从以下几方面加强绩效理念宣传机制。一是组织各预算部门（单位）学习绩效文件。按照上级要求，认真组织学习绩效管理文件，安排各预算部门（单位）开展讨论，使干部职工不断深入理解开展绩效管理工作的精神实质。二是加大绩效理念宣传力度。在财政部门网站开设绩效管理专栏，可下设绩效考核、绩效动态、绩效大家谈、绩效文化、绩效课堂、绩效故事等子栏目，鼓励各预算部门（单位）为抓好绩效管理积极献计献策。三是加强绩效氛围营造。可通过召开绩效管理指标认领、分析讲评等专题会议，有效提高干部职工对绩效管理的思想认识，形成"人人讲绩效、个个抓绩效"的氛围。四是加强绩效管理培训。财政部门可定期对各预算部门（单位）组织绩效培训，确保绩效管理工作顺利高效开展。五是制作绩效评价"分步式"指导手册，供全体干部职工学习及使用，形成绩效宣传的文字

材料。六是加大绩效文化对外宣传。鼓励各预算部门（单位）在全国各大新闻媒体发表绩效新闻稿件，宣传本部门（单位）的绩效管理工作。

（二）完善绩效目标管理机制

绩效目标是设置绩效评价指标、标准和衡量项目支出绩效的重要依据，因此其是预算绩效管理的基础，是设立整个预算绩效管理系统的前提。关于绩效目标的设定，财政部门应要求预算部门和单位在编制下一年度预算的同时编制预算绩效计划，报送绩效目标。报送的绩效目标应与部门目标高度相关，并且是具体的、可衡量的、在一定时期内可实现的，具有一定挑战性的。预算绩效计划要详细说明为达到绩效目标拟采用的工作程序、方式方法、资金需求、信息资源等，并有明确的职责和分工。此外，对于一些还处于"摸着石头过河"阶段的特殊项目，在实践中，往往出现在年初预算编制时无法准确设定绩效目标的情况，建议建立绩效目标动态调整机制，赋予预算部门和单位对于绩效目标管理的弹性，允许其在项目预算执行过程中，依照规范程序对绩效目标依据实践反馈情况进行一次调整。

关于绩效目标审核，财政部门在预算审核的同时，要依据国家和地方政府的相关政策、财政支出方向和重点、部门职能及事业发展规划等对单位提出的绩效目标进行审核，包括绩效目标与部门职能的相关性、为达到绩效目标的实现所采取措施的可行性、绩效指标设置的科学性、实现绩效目标所需资金的合理性等。预算资金准备干什么、怎么干、预期产出是多少、产出效益如何、服务对象满意度达到什么标准，这些都要在此阶段明确。绩效目标不符合要求的，财政部门应要求报送单位调整、修改；审核合格的，进入下一步预算编审流程。

关于绩效目标批复。财政预算经本级人民代表大会审查批准后，财政部门应在单位预算批复中同时批复绩效目标。批复的绩效目标应当清晰、可量化，以便在预算执行过程中进行监控和在预算完成后实施绩效评价时对照比较。

（三）完善绩效运行监控机制

预算执行和绩效运行监控是绩效管理的重要环节。预算批复后，财政部门应督促各单位按批复的资金围绕绩效目标开展工作，完成工作任务。财政部门要在预算实施方案中明确绩效目标实现进度，建立绩效运行监控机制，定期采集信息并进行汇总分析，跟踪管理绩效运行情况，及时发现和纠正财政资金运行中的问题，促进单位改进实施管理，确保绩效目标的顺利实现。

财政部门应首先制定相应的绩效监控管理办法，明确绩效运行监控的主要内容、监控范围和监控方式等。对于监控范围，应在保障大额项目（如 100 万元）

的基础上不断扩大监控范围，最终覆盖纳入预算绩效目标管理范围的所有财政支出项目。对于监控方式，应主要采取预算部门（单位）自行监控和财政部门重点监控两种方式。各预算部门（单位）要提高支出执行的及时性、均衡性和有效性，及时掌握财政支出绩效目标的完成情况、实施进程和资金支出进度，填报绩效监控情况表。当财政支出执行绩效与绩效目标发生偏离时，要及时向财政部门报告，并采取措施予以纠正。财政部门在预算部门（单位）自行监控的基础上，根据预算安排、绩效目标、国库管理等，对预算执行进度、绩效目标实现程度进行绩效跟踪管理。通过听取汇报、实地核查以及绩效运行信息采集、汇总分析的途径和资金运行的动态纠偏机制等方式不定期对有关财政支出进行跟踪抽查，查找资金使用和管理以及预算执行过程中的薄弱环节，提出解决问题的方法和措施，促使预算部门（单位）改进项目管理，确保绩效目标的实现。

（四）完善预算单位绩效自评机制

各级财政部门要求各预算部门（单位）在年度预算终了后要对所有财政支出项目实施绩效自评，其可以从以下几个方面继续完善绩效自评机制：一是细化自评项目内容。可以主要从资金的投入、使用过程、产出及资金使用效果四个方面进行绩效自评。二是明确绩效自评主体。组织实施责任主体为各预算单位主管部门，要求各预算单位成立项目支出绩效自评工作小组，负责本单位绩效自评工作的组织领导和具体实施，做好绩效自评的前期准备，在此基础上进行量化、细化，根据项目实际进行状况设置个性化评价指标。三是要求预算单位科学客观地开展绩效自评工作并撰写绩效自评报告。四是实施自评工作监督和检查。财政部门组织中介机构或专家，汇总分析各主管预算单位项目支出绩效自评工作情况，并对评价结果进行抽查或现场核实，形成综合分析报告报送财政部门，并对各预算单位项目支出绩效自评情况进行通报。五是明确自评结果的应用范围。首先，各预算单位根据自查自评中揭示的问题抓好整改落实，改进项目管理。其次，预算单位将自评结果报告提交给第三方评价机构，作为其开展第三方独立评价的参考资料。最后，可将各预算单位的财政支出绩效自评完成情况列入对各预算单位、财政部门各资金归口管理处（室）年度预算绩效管理工作考核范围。

（五）完善第三方绩效评价机制

在绩效评价中引入第三方评价，对提高绩效评价质量、完善绩效评价制度有着重要的影响。目前，我国第三方评价组织形式主要有三种：一是由不同领域、不同行业、不同专家学者组成的专家小组；二是依托各类高等院校和科研机构先进技术组成的研究组；三是各类社会中介机构，包括会计师事务所、资产评估机构、行业咨询公司等专门性评级机构。目前各财政部门主要采用社会中介机构参与绩效评价的形式。就第四章分析的第三方评价机构存在的问题而言，财政部门应继续加强对第三方评价的管理，完善第三方绩效评价机制。

一是要建立健全相关管理制度，对第三方参与绩效评价的工作进行规范。现行开展绩效评价业务的专家和中介机构可能对专业知识掌握不够全面、对需要评价的项目认识不够透彻，还需要财政部门和预算部门的指导；同时，对专家和中介机构的准入条件、权利义务、选用管理、工作流程、报酬支付方式以及违规处罚等做出具体规定，为建立预算绩效评价专家库和中介机构库，充分发挥第三方参与绩效评价工作的作用提供制度保障。二是要通过宣传、动员，多渠道发掘符合条件的专家和中介机构，采取推荐、自荐等方式，广泛吸纳相关领域专家和中介机构来建立和壮大第三方评价队伍，引导其参与到预算绩效评价工作中来。三是要加强专家库和中介机构库的日常管理。要严把准入关口，明确准入条件和准入门槛；进行科学的分类，建立规范的分类制度；建立中介机构资质评定制度，评定等级资质；实行动态管理，建立能进能出的管理机制。四是要建立绩效评价管理第三方中介机构或专家"全过程"参与机制。对于既要事前绩效评价又要事后绩效评价的项目，建议在进行第三方中介机构或专家选取时遵循"原评审第三方中介机构或专家优先"的原则。五是要考虑建立第三方绩效评价费用核定和调整机制。绩效评价费用太低可能会影响专家和中介机构对项目的评审的质量，因此建议建立第三方绩效评价费用核定和调整机制，在预算编制上要做科学化预测，招投标选择时不能只关注价格最低而不关注质量。

特别需要注意的是，在进行第三方评价专家库建设时，需要严格审核专家入库资格，重点选择具有行业专业背景的专家，优化专家库人员结构；可通过上网公示评审专家的方式，接受公众监督，提高专家参与质量，降低管理风险；并通过优化专家参与评审的选择方式，结合现有专家的结构状况，有针对性地为项目评审配备评价项目的专家人选，确保评价方案和报告的科学性、合理性和权威性，提高报告的公信力。

（六）建立绩效评价参与多方沟通机制

绩效评价工作涉及财政部门、预算单位、资金使用单位以及第三方评价机构四个相关主体。在绩效评价过程中，第三方评价机构接受财政部门的委托，对预算单位或资金使用单位的项目资金使用情况进行绩效评价，但不直接与预算单位或资金使用单位进行沟通，而是通过财政部门这个"中介"转交材料。这种方式的初衷是为了保障第三方评价机构的独立性，但却容易由于沟通不畅发生对绩效评价目标的认识不一致，最终导致对绩效评价结果接受程度较低，影响绩效评价结果的应用。因此，加强各主体之间的沟通，建立绩效评价参与多方沟通机制是绩效评价工作顺利开展与结果应用必不可少的工作，如图 9－3 所示。

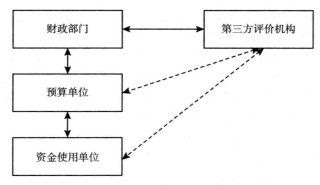

图 9－3　绩效评价参与多方沟通机制

建议绩效评价参与多方沟通机制的重点在于加强预算单位和资金使用单位与第三方评价机构之间的沟通。建议第三方评价机构在开展绩效评价时，首先与预算单位及资金使用单位就其单位基本职能、项目设立背景、项目绩效目标及运作基本情况进行深入充分沟通，在此基础上设置个性化评价指标，同时让预算单位及资金使用单位清晰认识其评价指标的设置意图、相应需要提供的佐证材料，以此提升预算单位和资金使用单位对绩效评价结果的认同度及接受度，减少绩效评价结果应用的阻力。此外，加强财税部门与第三方中介机构的沟通，重点是建立健全第三方中介机构对财政部门的反馈机制。第三方中介机构应及时就绩效评价工作的进展情况、难点、不合理情况及参与绩效评价的总结情况向财政部门反映及汇报，由财政部门协调所涉及单位进行积极配合，提高绩效评价结果的公信度。

（七）建立绩效评价结果的应用机制

评价结果反馈与应用是预算绩效管理的落脚点。可以从以下三个方面建立绩效评价结果的应用机制。

一是反馈评价结果，督促整改落实。财政部门应在评价工作或阶段工作结束后一定期限内，以正式文件的形式，将评价项目绩效情况、存在的问题及相关建议反馈给被评价单位，并由相关科室督促其按照制度文件和绩效目标的要求及时落实和整改，以增强和维护绩效评价结果的约束力和权威性。被评价单位要针对绩效评价报告中提出的问题和建议认真落实整改，并在收到评价反馈文件之日起一定期限内，向财政部门或相关主管部门提出整改方案，整改结束后将整改落实情况反馈给财政部门或整改监督组织机构，并在网上公示整改落实情况。

二是绩效问责，强化主体责任。财政部门应制定预算绩效管理问责办法，强化部门预算编制和执行的主体责任，形成"谁干事谁花钱、谁花钱谁担责"的制度。将预算单位财政资金使用绩效纳入机关效能建设的考核范围，提升单位对财政资金使用绩效的重视和对财政绩效管理工作的支持度。对在预算编制和执行过程中，由于故意或者过失导致预算绩效管理未达到相关要求，财政资金配置和执行绩效未能达到预期目标或规定标准的预算部门（单位）及其责任人员，要实行绩效问责。对绩效优的预算部门（单位）给予表彰和奖励，并建立评价结果与下一年度本部门同类项目宽松检查或免检的关联机制；对于连续绩效评价结果不理想的单位，考虑削减其部门预算经费。另外，绩效评价结果也可作为考核部门负责人的参考依据。在干部人事管理中，通过对财政资金使用单位的绩效情况进行科学的评价，可以弥补人员考核流于形式的状况，增强干部任免的公正性和透明度，为选拔德才兼备的领导者提供客观公正的依据。将绩效评价结果与行政问责相挂钩，体现了预算绩效管理在政府绩效管理体系中的作用，是今后预算绩效评价结果应用的重要途径之一。

三是将评价结果作为项目立项和预算安排的重要依据。为使项目立项建立在科学的基础上，确保项目实施后能够产生较好的效果，财政部门要强化项目绩效目标申报和论证制度，对项目预期绩效目标进行审核，合理安排项目所需资金，提高财政资金安排与使用的有效性。立项审批部门在批准立项过程中，应结合上一年度绩效评价结果对申请单位的绩效目标进行审查，除了要充分权衡项目实施的条件是否具备外，更重要的决策依据就是看该项目的实施能否取得较好的绩效结果。此外，将项目绩效评价结果与下一年度预算编制紧密结合，重点保障绩效高、管理好的项目预算，减少绩效低、管理差的项目预算，以对其形成压力，提高其改善管理的自觉性。以这种与预算安排相挂钩的奖惩机制带动各预算部门和单位对绩效管理工作的重视，实现绩效评价结果与预算编制的有效结合，从而进一步完善预算管理。

（八）完善绩效评价结果的信息公开机制

对于绩效评价结果，除及时反馈给被评价单位之外，应在一定范围内予以公开，建立切实可行的公众监督渠道，切实发挥社会监督的积极作用。

一是通过规范途径将评价结果向人大报告。作为财政预算的审查和监督机关，人大是财政预算支出绩效评价工作的重要参与者、支持者和监督者。为使评价结果更加客观、公正、全面，对一些关注度高、资金量大的重点项目，可邀请人大代表和社会公众全程参与；完成每个项目评价之后，财政部门可通过规范途径和程序将财政支出绩效评价结果及时向人大报告，接受人大监督与指导。这样不仅增强了评价工作的透明度，也加大了人大的监督力度，提高了监督实效，通过深化对财政预算支出绩效评价情况的监督，促使提高财政资金使用绩效。

二是以适当方式将评价结果向社会公开。绩效评价结果的公开是实现财政资金受公众监督的重要环节，是建设透明型政府的必然选择及顺利推行绩效评价的重要条件。财政部门应当按照政府信息公开有关规定，经同级政府批准后，逐步建立评价结果对外公开的制度。结合部门预算公开，可以采取分类公开，先试点、后推开的方式。先重点公开社会关注度高、影响面大的民生项目和重要项目支出的绩效情况，部分公开评价项目名称、资金量、主要绩效、评价得分、评价等级和评价机构等内容，最终将全部项目的绩效报告的全部内容向社会公开。

三、do：强化绩效评价的实施效果

（一）加强相关业务人员培训

为拓宽第三方及相关工作人员预算绩效的管理视野与认识深度，提升他们参与预算绩效管理工作的能力与水平，强化绩效评价的实施效果，财政部门有必要定期通过开展座谈会、讲座、举办第三方培训会等方式加强相关业务人员培训。相关业务人员不仅包括财政部门相关工作人员、第三方评价机构库的中介机构、专家库的绩效评价专家，还包括各预算部门（单位）承担预算绩效管理职能的科室工作人员。培训的内容应首先包括绩效评价相关理论知识，如绩效管理的理论依据和重要性、绩效目标和评价指标的设置、绩效评价相关方法的运用、绩效评价工作开展、绩效评价报告撰写、绩效评价结果运用等方面，加深各相关工作人员对绩效的理解，开阔各相关工作人员参与预算绩效评价工作的视野。其次，还应针对不同对象在绩效评价工作中担任的不同角色，对各自绩效评价工作的流程进行培训。对于中介机构和专家，通过培训规范其参与预算绩效工作的行为；对于预算部门（单位）承担预算绩效管理职能的工作人员，应指导其开展绩效自评工作、撰写科学客观的自评报告、提供资料配合第三方中介机构开展绩效评价工作等。

（二）开展预算单位自评抽查

目前我国各地进行重点评价的项目只占小部分，大多数项目依赖于预算单位的自评结果进行简单评价，因此自评组织工作与自评报告的质量是影响绩效评价结果的重要因素。财政部门需对自评结果进行抽查，以进一步规范自评工作，提高资金使用效益，在对预算部门（单位）起到监督警示作用的同时强化绩效评价的实施效果。具体来说，财政部门可每年抽取一定比例的自评项目进行检查，重点检查其是否科学客观地开展自评工作，自评报告的撰写质量如何，并按抽查结果建立红、黄、绿灯机制，对自评工作严重偏离实际的项目予以红灯警示并通报批评，对自评工作符合实际的项目予以绿灯通过并通报表扬。

（三）引入对第三方评价机构的考核机制

目前对第三方评价机构的考核机制不完善，导致其反馈的政策建议可能操作性较差。为了强化绩效评价的实施效果，建议引入第三方评价的监督和考核机制。聘请其他中介机构对第三方评价的工作组织实施情况、质量和工作纪律执行情况进行考评，并对第三方机构的评价结果进行复核，考核评估结果与委托服务费用支付以及以后年度选取承担预算绩效管理工作资格挂钩。同时，建立被评价单位对第三方评价工作的意见反馈体系，以便财政部门对第三方预算绩效管理工作情况及质量进行跟踪管理和监控。此外，财政部门应对第三方评价机构备选库实行动态管理，建立对第三方机构评价质量的跟踪考评机制，结合定期入库资格审查，对第三方机构评价工作情况和业务质量进行综合考评，考评结果分为优秀、良好、合格、不合格四个档次，考评结果作为以后选择确定受托机构的重要参考依据。在财政部门组织的第三方机构考评中不合格的注销其第三方机构备选库资格。

四、check：对绩效评价结果的再甄别

（一）财政部门对绩效评价结果进行复核

评价结果的质量影响了评价结果应用的公信力。财政部门应当对第三方评价机构提交的关于预算部门（单位）绩效评价结果进行复核，提出审核意见。复核可以采用两种方式：一是财政部门选取一定比例的项目，委托另一独立第三方对绩效评价结果进行复核。二是财政部门依据预算部门（单位）的基础资料、绩效自评报告、第三方绩效评价报告，对所有项目的绩效评价结果进行复核。财政部门在复核过程中，有必要对绩效评价特别低分项、特别高分项、与上年分差过大项、金额较大项给予特别关注。对于在复核过程中发现的不明确或不合理的评价处，及时与第三方评价机构进行沟通，对绩效评价结果中确实不合理之处，依据规范的程序对评价结果进行修订。

（二）预算单位对绩效评价结果进行反馈

对预算部门（单位）而言，认同第三方绩效评价结果是绩效评价结果应用的前提。财政部门将复核无异议的第三方绩效评价结果及时反馈给预算部门（单位），同时应允许预算部门（单位）对绩效评价结果提出异议，建立预算部门（单位）的绩效评价申诉机制。绩效评价申诉机制是一种解决失当问题的特定监督形式，属于行政救济的范畴，在这里主要指在财政部门推行绩效评价时，规定预算部门（单位）对财政部门出具的绩效评价报告有异议时，可以向财政部门申请评价复议，并阐明理由和事实。建立切实有效的绩效评价申诉机制，一方面可以启动相应的调查评价机制，促进绩效评价双方的良性互动，保障绩效评价的顺利进行；另一方面，绩效评价申诉本身也是对评价方（财政部门及第三方评价机构）的监督，从而更进一步促进绩效评价结果的公平和公正。建立在绩效评价结果应用前的评价申诉机制有利于提高绩效评价结果的质量、减少绩效评价结果应用的阻力，提升绩效评价结果的应用效果。

五、action：加强绩效评价结果的应用

要加强绩效评价结果的应用，应先加强绩效评价应用的顶层设计。第一，制定专门的绩效评价结果应用的管理办法。从顶层设计上来看，当前我国对绩效评价结果的应用主要表现在各地财政部门有关预算或者绩效评价的文件中加入对绩效评价结果应用的相关条款，少数地方政府制定了专门的管理办法，如湖北省、西藏自治区等。目前，大多数地方政府并没有专门的绩效评价结果应用的管理办法，从而使财政部门在推动绩效评价结果应用上依据不完整，而且各部门对绩效评价结果应用也不够重视。尽管当前全国普遍存在绩效评价结果形成过程不完全科学的现象，但并不能因此否定绩效评价的优势，可以通过先"建章立制"，再逐渐推动改革，倒逼各部门不断提高绩效水平。第二，将绩效评价结果的应用作为人大审批预算和政府改革的依据。国外政府对绩效评价结果应用则更显"权威性"，如新西兰审计署会将评价结果反馈到国会，英美国家则将评价结果作为对部门"放松管制"的依据，英国还将绩效评估结果作为政府制定和调整社会经济长期发展规划的依据。当前我国绩效评价工作主要靠财政部门在努力推动，在绩效评价结果应用上"权威性"不强，建议可将绩效评价结果反馈给人大，并且在政府制定的战略规划中，体现绩效评价结果的应用。

对于绩效评价结果在预算编审中的应用，《国务院关于深化预算管理制度改革的决定》以及新《预算法》均进行了特别强调。《国务院关于深化预算管理制

度改革的决定》中指出，"加强绩效评价结果应用，将评价结果作为调整支出结构、完善财政政策和科学安排预算的重要依据"；2015 年开始实施的新《预算法》第三十二条提及，"各级预算应当根据年度经济社会发展目标、国家宏观调控总体要求和跨年度预算平衡的需要，参考上一年预算执行情况、有关支出绩效评价结果和本年度收支预测，按照规定程序征求各方面意见后，进行编制"。由此可见，将绩效评价结果应用于部门预算编审是绩效评价结果的重要应用。

在将绩效评价结果运用于部门预算编审时，可以依据项目类型，如常年性项目和延续性项目、一次性项目等规定不同的应用方案。对于常年性项目支出和延续性项目支出，绩效评价结果为优或良的，下一预算年度应优先保障该项目资金预算；绩效评价结果为中的，下一年度预算安排时应控制新增项目资金预算；绩效评价结果为差的，下一年度预算安排时应采取调整支出方向或支出结构、适当减少项目资金预算、取消该项目等方式进行应用。对于一次性项目资金，绩效评价结果为差的，下一预算年度原则上不安排同类（绩效目标相近或雷同的）新增项目资金。

第二节　中长期：转向部门整体支出绩效评价

为加强绩效评价结果的应用，提升绩效评价结果的科学性，实现绩效评价的闭环管理，对部门进行整体绩效评价就显得非常有意义，这也成为未来绩效评价的改革方向。

一、实施部门整体支出绩效评价是大势所趋

部门整体支出绩效评价是指评价主体根据设定的绩效目标，运用科学、合理的绩效评价指标、标准和方法，对一个部门（单位）在一定时期内所支出的所有财政预算资金，包括基本支出、项目支出等，所带来的产出和效果进行的评判。评价的重点一般为该部门（单位）在一定时期内运用所有财政预算资金所带来的产出和效果是否达到应当履行的职责要求，或者在满足目前履职要求的前提下，是否尽到了尽量节约资金的职责。因此，与单纯的项目支出绩效评价相比，部门整体支出绩效评价覆盖面更广、评价层次更深，更能真实反映部门（单位）的实际绩效水平，提供更为科学合理的绩效评价结果，从而有利于绩效评价结果的应用。在对国外经验的调研中，我们也发现无论是国外预算绩效评价发展成熟的发达国家，还是国内绩效评价结果应用较好的先进地区，评价对象不只局限于具体

项目，更多的是以部门为整体进行绩效评价。部门整体支出绩效评价是绩效评价改革的大势所趋。目前，财政部也有计划地逐步开展对部门整体支出绩效评价的探索，部分地区可抓住改革的契机，率先开始由项目支出绩效评价转向部门整体支出绩效评价的试点，成为国内绩效评价工作的典范。

二、推行部门整体支出绩效评价的可行性

通过对国内部分地区的调研，我们发现我国开展部门整体支出绩效评价具备坚实的群众基础。调研的预算部门（单位）均认为部门整体支出绩效评价在实施效果及结果应用方面都将优于现行的以项目为基础的绩效评价。主要原因在于二者对预算部门的影响力度有所不同，从而导致预算部门对其重视程度不同：现行的以项目为基础的绩效评价结果若应用于部门预算编审，也只能与单个项目的资金安排挂钩，对部门整体的预算安排影响较小，客观上减弱了预算部门对绩效评价工作的重视程度；而部门整体支出绩效评价结果若应用于部门预算编审，将对部门整体的预算分配产生实质性影响，倒逼部门加强对绩效评价的重视程度，从而形成绩效评价的良性循环。此外，当前我国积极推行的中期预算改革以及权责发生制的预算会计改革也为部门整体支出绩效评价的推行提供了有力的制度保障。

三、部门整体支出的绩效评价结果应用的国际经验

在调研中我们也发现，无论是国外预算绩效评价发展成熟的发达国家，还是国内绩效评价结果应用较好的先进地区，评估对象不只局限于具体项目，更多的是以部门为整体进行绩效评价，或是采取项目与部门评价相结合的形式。如英国，绩效评估的对象可以大体分为政府部门、基层单位、地方政府和具体项目，四个方向上的评估相互交叉、相互影响、相互推进；在澳大利亚、美国等地，各个预算执行部门都需要提交各自的战略计划、年度绩效计划、绩效目标以及绩效评价和责任报告；国内重庆市、上海市、湖北省探索绩效管理对象由点及线的拓展，从单纯的项目评审延伸到重点部门评价，扩大绩效管理覆盖范围在部门整体支出绩效目标申报、绩效评价指标体系构建领域都取得了可观的成绩。总体而言，在部门整体支出绩效评价体系的构建方面，结合国内外经验，主要有以下几点经验。

第一，给予部门更多权力，最大限度地调动其积极性。如美国，由预算执行部门直接设置战略总目标和战略分目标，并对每个目标设立相应的绩效评价指

标。再如澳大利亚，承认公共部门的多样性，同时明确部门负责人以适当方式实施有效管理的责任。为了达到工作目标，部门负责人在部门内部可以灵活地为"产出"调配资源。

第二，部门整体支出绩效评价改革率先在公共服务部门推行。如英国，通过公共服务协议（PAPs）框架，率先在国防部、国民卫生服务部等公共服务部门推行部门整体支出绩效评价，并正式引入结果导向的预算管理。公共服务协议实际上是政府与各部门签订的绩效合同，通过该合同确定各政府部门的产出和绩效任务，即各政府部门要实现的目标和完成的任务，并以量化指标加以说明，政府提供相应的预算资金，各政府部门则承诺通过特定的财政支出完成公共服务协议中规定的各种产出和绩效任务，向公众提供高水平的公共服务，实现货币价值。此外，在结果应用领域，相较于项目绩效评价，由于部门整体绩效评价是在预算执行过程中和预算完成后对部门预算产出和结果的经济性、效率性和效益性的总体评价，从而其绩效评价结果更具深层次、宽领域的应用潜力。除去上述以项目为单位的绩效评价结果的应用，部门整体支出绩效评价结果的应用还体现在以下几个方面。

一是深层次的行政追责，将绩效评价的结果运用于公共部门人事改革。如新西兰，中央各部门均设立一名首席执行官，通过绩效协议和事后绩效评价的方式向部长负责，部长再向国会负责，部长通过与执行官签订个人绩效合同，将其收入、任期与核心绩效目标的完成情况挂钩，以确保对管理者的问责。

二是奖惩分明，集中体现在对部门整体的预算调整中。如美国、澳大利亚以及中国部分省份，部门预算绩效评价报告里反映出的内容是部门审核预算支出的一项重要的内容，是制定下一步的战略决策和改善部门管理的资料依据。以湖北省为例，部门整体支出绩效评价结果为优或良的，下一预算年度应优先保障该部门（单位）资金总预算；绩效评价结果为中的，下一预算年度应严格控制新增项目支出总预算，原则上不增加预算；绩效评价结果为差的，下一预算年度应适当减少该预算部门（单位）项目支出总预算。

三是将绩效评价结果作为推行政府管理体制改革，特别是实现组织优化的重要依据。如美国政府和英国政府，上级部门会依据部门整体支出绩效情况、绩效等级决定是否继续对该部门放松控制，下放权力，绩效评价结果越好的部门就会拥有越大的管理自主权。

四是将绩效评价结果与本地社会经济长期规划相挂钩。比如英国政府将绩效评估作为制定政府长期经济目标和计划调整的依据，要求政府各管理部门根据其秋季报告对其三年滚动计划进行相应调整，同时也将绩效评估作为财政部对各政府部门制定以后年度预算的重要依据。

可见，只有通过对部门预算绩效的评价，才能更加有效地看出预算资金和资源分配的合理性、合规性和有效性，才能更好地将绩效评价结果运用于预算编审之中。

四、逐步推进部门整体支出绩效评价的改革思路

第一，先试点，再逐步推广。由项目支出绩效评价转向部门整体支出绩效评价是一个漫长的过程，因此改革也必将是一个循序渐进的过程。从国内外经验来看，率先推行部门整体支出绩效评价改革的部门往往是职能相对较为单一、侧重于社会效益的公共服务部门，如教育、医疗、社会保障部门。因此我国在推行部门整体支出绩效评价工作时可以首先选择在此类公共服务部门进行试点，积累经验，待时机成熟后进行全面推广。建议可先委托第三方机构对拟试点部门（如教育局、人社局）的部门整体支出绩效方案进行设计，择机在以后年度进行试点，在试点的基础上逐步扩大实施范围。

第二，与机关效能考核相衔接，减轻预算部门绩效评价工作量。在预算部门实地调研中，我们了解到各预算部门在开展财政支出绩效评价工作的同时，还需开展由区纪委牵头的机关绩效考核。机关绩效考核以部门职责为基础考核部门的行政效能，有关财政资金的使用效益也是其评价的内容之一，包括事前的绩效预算、事中的支出进度和事后的绩效评价，但占比较小、层次较浅。未来若以部门整体为单位进行财政支出绩效评价，二者在一定程度上会有重叠。为了减少预算部门的重复工作量，可以在明确两者区别和联系的基础上，考虑将部门整体支出绩效评价与机关效能考核相衔接，在机关效能考核的工作基础上进一步深入分析财政资金的使用效益，最大限度保护预算部门工作的积极性。具体可适当丰富机关效能考核系统中关于财政资金使用方面的考核信息，且与财政部门实现这部分的信息共享，但这需要统筹区纪委等各方力量共同推进。

第三，结果应用要奖惩分明。一方面，将部门整体支出绩效评价作为下一预算年度部门预算安排的依据。部门整体支出绩效评价结果为优或良的，下一预算年度应优先保障该部门资金总预算；绩效评价结果为中的，下一预算年度应严格控制新增部门总预算，原则上不增加预算；绩效评价结果为差的，下一预算年度应适当减少该部门总预算。另一方面，对于连续几年部门整体支出绩效评价结果为优或良的，可考虑给予预算部门预算资金使用上更多的自主性和灵活性，绩效评价结果越好的部门可以拥有越大的管理自主权。

第四，赋予预算部门更大的自主权，调动其绩效评价的积极性。借鉴英国、美国等绩效评价体系发展较为完善的国家，各预算部门在绩效目标申报、绩效指

标选取上都拥有较大的自主权。由于部门整体支出绩效评价以部门职能为基础，评价其整体财政支出是否有效实现其职能，而只有部门自己才最为熟悉自身的职能及目标，因此财政部门应赋予预算部门更大的自主权，由部门首先设定绩效目标及绩效评价指标，以此充分发挥预算部门绩效评价的主观能动性。在绩效评价的过程中，可允许部门自身组织和实施部门整体支出绩效评价。但财政部门应发挥监管职能：一是可采取对部门的整体支出绩效评价进行抽查和着重关注部门重点工作等方式，对其加强过程监管；二是可要求部门负责人根据设定的绩效评价目标签署责任报告，承诺在预算年度内完成设定的目标，未完成目标的，应被追究责任。

第五，在财政部门"简政放权"的同时，加强对预算部门的过程监控。在部门整体支出绩效评价的框架下，与赋予预算部门更大自主权相对应，财政部门应跳出细无巨细的绩效评价工作，站在一个更为宏观的视角对绩效评价工作予以指导，实施"简政放权"。财政部门在"简政放权"的同时加强对预算部门的过程监控，以保证与提升绩效评价的实际效果。首先，引导对各部门设计科学合理的绩效目标、绩效评价标准，并要求各部门提交本部门的年度绩效责任报告；其次，加强对部门预算年度执行过程的监督；最后，对部门自己组织及实施的部门整体支出绩效评价进行抽查，并建立严格的抽查结果奖惩机制，着重关注部门的重点工作或重点项目，开展必要的重点项目支出绩效评价。

主要参考文献

［1］安志刚．美国政府财政支出绩效评价述评及其对我国的启示［J］．经济研究参考，2012（41）．

［2］白景明．如何构建政府绩效评价体系［J］．财经论丛，2005（3）．

［3］白文杰．财政支出绩效评价的内涵解析［J］．湖北经济学院学报，2010，8（6）．

［4］包国宪，周云飞．英国全面绩效评价体系：实践及启示［J］．北京行政学院学报，2010（5）．

［5］北京市财政局．以结果应用强化绩效管理实效［J］．中国财政，2012（17）．

［6］毕鹏志．绩效信息失真的博弈分析［J］．科技情报开发与经济，2007，17（7）．

［7］财政部国际司．意大利绩效预算改革及对我国预算绩效管理工作的启示［J］．预算管理与会计，2013（1）．

［8］财政部预算司．预算管理国际经验透视［M］．中国财政经济出版社，2003．

［9］曹欣，王涛．绩效评价结果的应用——以财政支出绩效评价结果为例分析［J］．中国外资，2013（6）．

［10］晁毓欣，赵文芳．现阶段我国预算绩效信息利用的主要模式与问题［J］．财政科学，2016（10）．

［11］晁毓欣．美国联邦政府项目评级工具（PART）：结构、运行与特征［J］．中国行政管理，2010（5）．

［12］陈德萍，曾智海．建立完善的财政绩效管理模式［J］．经济研究参考，2012（48）．

［13］陈汉宣，马骏，包国宪．中国政府绩效评估30年［M］．全国百佳出版社，2011．

［14］陈宏彩．英国地方政府全面绩效考核体系及其借鉴意义［J］．国外社会科学，2007（2）．

［15］陈清芬．浅谈澳大利亚绩效评估问责（CCQG）的成功经验［J］．牡丹江大学学报，2013（1）．

［16］陈志斌．澳大利亚政府绩效预算管理及借鉴［J］．中国财政，2012（9）．

［17］陈治．预算问责的制度省思与矫正——克服部门法思维局限［J］．经济法论坛，2016（2）．

［18］崔军，杨琪．应急财政支出绩效评价指标体系构建研究——基于模糊层次分析法的考察［J］．财贸经济，2013，34（3）．

［19］邱鸿宇．强化预算绩效评价结果应用［J］．山西财税，2015（2）．

［20］何丽丽．美国联邦政府的预算程序［OL］．中国经济网，http：//www.ce.cn/．

［21］何文盛，王焱，蔡明君．政府绩效评估结果偏差探析：基于一种三维视角［J］．中国行政管理，2013（1）．

［22］侯效国，李云庆．试论财政支出绩效评价结果的应用［J］．中国财政，2003（10）．

［23］黄贞．探析全过程预算绩效管理的评价结果应用［J］．广东经济，2017（12）．

［24］姜爱华，卢真等．绩效评价结果应用于部门预算编制的研究［J］．财政研究，2019（1）．

［25］姜扬，贾文哲．美国公共预算管理制度的改革及启示［J］．经济纵横，2011（7）．

［26］蒋会强．绩效信息：绩效预算和绩效评价的实现基础［J］．中国财政，2005（3）．

［27］蒋悟真，李其成，郭创拓．绩效预算：基于善治的预算治理［J］．当代财经，2017（11）．

［28］李红霞，周全林．中期预算框架下预算绩效改革：逻辑起点与路径选择［J］．当代财经，2019（1）．

［29］李蔚．财政预算绩效目标管理存在的问题与对策［J］．经济师，2016（6）．

［30］李燕．政府预算理论与实务（第三版）［M］．北京：中国人民大学出版社，2008．

［31］林大茂，李勇．英国公共支出绩效考评及对我国的启示［J］．中国财政，2005（7）．

［32］刘国永．预算绩效管理概述［M］．江苏大学出版社，2014．

［33］刘红梅，王克强，陈玲娣．美国林业部门预算绩效评价及对我国的启

示［J］．林业经济，2007（12）．

［34］刘红梅，王克强，陈玲娣．英澳林业预算绩效评价指标体系建设对中国的启示［J］．上海大学学报（社会科学版），2008，15（3）．

［35］刘小梅．绩效预算管理框架和财政风险控制战略——澳大利亚新南威尔士州的公共财政管理经验及借鉴思考［J］．财会研究，2005（11）．

［36］卢真．我国预算绩效评价的问题分析——以上海市为例［J］．经济研究参考，2016（31）．

［37］罗凤英．发达国家政府绩效管理的经验与启示［J］．商丘师范学院学报，2008，24（7）．

［38］吕昕阳．英国绩效预算改革研究［J］．经济研究导刊，2011（22）．

［39］吕侠．论预算绩效问责机制构建［J］．中南财经政法大学学报，2013（1）．

［40］马蔡琛，陈蕾宇．关于构建项目支出预算绩效评价指标框架的思考［J］．河北学刊，2018（4）．

［41］马国贤．2016中国财政发展报告：中国政府绩效管理与绩效评价研究［M］．北京大学出版社，2016．

［42］马海涛．中国分税制改革20周年：回顾与展望［M］．经济科学出版社，2014．

［43］马骏．公共预算：比较研究［M］．中央编译出版社，2011．

［44］马骏．新绩效预算［J］．中央财经大学学报，2004（8）．

［45］马骏．中国公共预算的目标选择：近期目标与远期目标［J］．中央财经大学学报，2005（10）．

［46］马全中．当代英国绩效评估：趋势与启示［J］．四川行政学院学报，2010（5）．

［47］宁有才．英国政府绩效评估及其启示［J］．行政与法，2004（3）．

［48］牛美丽，马骏．新西兰的预算改革［J］．武汉大学学报，2006（6）．

［49］祁化森．预算绩效评价结果之应用价值［J］．新理财，2016（4）．

［50］钱晓明．如何强化绩效评价结果的应用［J］．财经界（学术版），2015（5）．

［51］钱云杰．中英政府绩效管理制度比较研究［D］．复旦大学，2009．

［52］乔久华，鲁春艳，宋恬静等．财政支出绩效评价方法研究［J］．江苏商论，2014（1）．

［53］全国人大常委会预算工作委员会调研室．国外预算管理考察报告（第

2 辑)〔M〕. 中国民主法制出版社, 2010.

〔54〕冉敏, 刘志坚. 基于立法文本分析的国外政府绩效管理法制化研究——以美国、英国、澳大利亚和日本为例〔J〕. 行政论坛, 2017, 24 (1).

〔55〕冉敏, 李爱萍等. 中国政府绩效评估法制化立法宗旨和立法原则研究〔J〕. 青海社会科学, 2012 (3).

〔56〕任晓辉. 全面实施预算绩效管理的推进机制研究〔J〕. 财政监督, 2018 (19).

〔57〕山东省财政厅干部教育中心. 当代中外财政预算绩效管理荟萃〔M〕. 经济科学出版社, 2013.

〔58〕上海市青浦区财政局课题组, 马铭, 丁爱云. 加强预算绩效管理结果应用的实践与思考〔J〕. 预算管理与会计, 2016 (6).

〔59〕上海市青浦区财政局课题组. 财政支出绩效评价结果应用研究〔J〕. 当代农村财经, 2013 (1).

〔60〕宋雄伟. 英国"公共服务协议"治理方式解析〔EB/OL〕. 中国社会科学网, http//www. cssn. cn/zzx/zzxll_zzx/201405/t20140515_1163615. shtml, 2014 - 5 - 15.

〔61〕孙克竞. 政府部门预算支出绩效管理改革框架分析〔J〕. 审计研究, 2011 (3).

〔62〕孙欣. 财政支出绩效评价结果应用与问责的困境与出路〔J〕. 财政监督, 2018 (13).

〔63〕孙欣. 预算绩效评价结果应用: 文献综述与研究展望〔J〕. 地方财政研究, 2019 (2).

〔64〕孙洋. 英国以质量为导向的政府绩效评估研究〔D〕. 吉林大学, 2007.

〔65〕谭融, 杨淳. 论美国政府绩效评估体系的建构〔J〕. 中共天津市委党校学报, 2011, 13 (4).

〔66〕唐文娟. 加强财政支出绩效评价结果应用的探索与建议〔J〕. 预算管理与会计, 2017 (7).

〔67〕童伟. 完善结果应用激励机制建设提高预算资金使用效益〔J〕. 经济研究参考, 2018 (27).

〔68〕万新. 爱沙尼亚对绩效预算进行的实验性探索〔J〕. 工业审计与会计, 2009 (5).

〔69〕王克强, 龚奕, 刘红梅. 论我国水利财政支出绩效评价体系的构建〔J〕. 财政研究, 2008 (10).

〔70〕王柳. 作为绩效问责机制的绩效整改及其优化〔J〕. 中共浙江省委党

校学报，2017（3）.

［71］王袅 . 财政支出绩效评价国际比较与借鉴［J］. 合作经济与科技，2009（2）：117 – 118.

［72］王绍光 . 国家治理［M］. 中国人民大学出版社，2014.

［73］王淑慧，周昭，胡景男等 . 绩效预算的财政项目支出绩效评价指标体系构建［J］. 财政研究，2011（5）.

［74］王锁明，王明生 . 改革落地难，到底难在哪——改革举措落实难的症结与出路［J］. 人民论坛：中旬刊），2016（11）.

［75］王晓明，谭静 . 新加坡的绩效预算管理［J］. 中国财政，2010（5）.

［76］王新华 . 财政支出绩效评价研究［J］. 财经界（学术版），2017（9）.

［77］王雍君 . 财政绩效评价盲点［J］. 新理财，2016（10）.

［78］王泽彩 . 绩效：政府预算的起点与终点［M］. 立信会计出版社，2016.

［79］为何食品安全监管明明花了大钱却得不到认可［OL］. 南方网，http：// news. southcn. com/g/2016 – 01/20/content_141162547. htm.

［80］魏四新，郭立宏 . 晋升激励下地方政府虚假绩效信息产生与治理［J］. 科技管理与研究，2011（6）.

［81］肖捷 . 全面实施预算绩效管理提高财政资源配置效率［N］. 北京：中共中央党校学习时报社，2018 – 3 – 16.

［82］熊丹 . 中外政府绩效审计评价标准差异分析［D］. 长沙理工大学，2014.

［83］徐晨阳，王华梅 . 财政支出效益评价的内容、原则和方法［J］. 审计月刊，2004（11）.

［84］许剑雄 . 论加强财政支出绩效评价结果应用［J］. 行政事业资产与财务，2011（21）.

［85］薛海云 . 英国的政府绩效评估及其对我国的启示［D］. 山东大学，2008.

［86］杨佳妮 . 财政支出绩效评价法制化初探［J］. 法治与社会，2013（1）.

［87］姚凤民 . 财政支出绩效评价：国际比较与借鉴［J］. 财政研究，2006（8）.

［88］余振乾，余小方 . 地方财政科技支出绩效评价指标体系构建及其实施［J］. 中国软科学，2005（4）.

［89］昝志宏，王京亮 . 行政事业单位应建立绩效预算制度［J］. 山西财经学院学报，1989（3）.

[90] 张爱梅. 美、英、澳部门预算绩效评价的经验及启示 [J]. 黑龙江金融, 2015 (12).

[91] 张创新, 芦刚. 地方政府绩效评估信息失真的成因及其治理 [J]. 学术探索, 2006 (6).

[92] 张君. 部门预算绩效管理研究 [D]. 东北财经大学, 2014.

[93] 张蓉. 美国财政项目支出绩效评价指标体系借鉴 [J]. 金融经济: 下半月, 2008 (8).

[94] 张伟. 完善预算支出绩效评价体系研究 [D]. 中国财政科学研究院, 2015.

[95] 赵丹. 我国财政支出绩效评价结果应用的问题与对策建议 [J]. 时代金融, 2015 (2).

[96] 赵敏, 王蕾. 财政支出绩效评价的质量标准及控制体系研究——国际绩效评价的经验与启示 [J]. 财政研究, 2016 (10).

[97] 赵明亚. 绩效管理三要素 [J]. 中国电力企业管理, 2007 (12).

[98] 赵文芳. 论政府预算绩效信息的利用 [D]. 山东财经大学, 2016.

[99] 赵永全. 瑞典绩效预算改革的研究 [J]. 理论界, 2010 (10).

[100] 郑建新, 许正中. 国际绩效预算改革与实践 [M]. 中国财政经济出版社, 2014.

[101] 郑永生, 廖立云. 我国财政预算支出绩效考评存在的问题与对策 [J]. 财会月刊, 2011 (1).

[102] 中华人民共和国财政部. 关于下达财政管理绩效考核奖励资金的通知 [OL]. http://yss. mof. gov. cn/zhengwuxinxi/zhengceguizhang/201705/t20170509 _ 2596526. html, 2019 – 5 – 5.

[103] 中华人民共和国财政部. 英国预算支出监管情况介绍 [OL]. http://gjs. mof. gov. cn/pindaoliebiao/cjgj/201307/t20130725_969205. html, 2012 – 7 – 16.

[104] 中华人民共和国中央人民政府, 国务院关于深化预算管理制度改革的决定 [OL]. http://www. gov. cn/zhengce/content/2014 – 10/08/content _9125. htm, 2019 – 5 – 5.

[105] 钟玮, 何利辉. 政府绩效管理的国际经验与立法建议 [J]. 地方财政研究, 2016 (8).

[106] 朱春奎. 政府绩效预算——美国经验与中国方略 [M]. 中国财政经济出版社, 2008.

[107] 朱静. 夯实绩效评价结果应用 [J]. 新理财, 2014 (1).

[108] 卓越, 徐国冲. 2005～2011: 西方政府绩效预算最新趋势 [J]. 新视

野, 2012 (3).

[109] 卓越, 赵蕾. 绩效评估: 政府绩效管理系统中的元工具 [J]. 公共管理研究, 2008 (6).

[110] Alt, J. E. &Lassen, D. D.. Transparency, Political Polarization, and Political Budget Cycles in OECD Countries [J]. American Journal of Political Science, 2006, 50 (3): 530 – 550.

[111] American Society for Quality, University of Michigan's Ross School of Business, and CIF Group. ACSI Scores. From October 31, 2006.

[112] Andrews, R. W. & Boyne, G. A.. Capacity, Leadership, and Organizational Performance: Testing the Black Box Model of Public Management [J]. Public Administration Review, 2010, 70 (3): 443 – 454.

[113] Angelat, H. & Dwight, D.. Frink. An accountability account: A review and synthesis of the theoretical and empirical research on felt accountability [J]. Journal of Organizational Behavior, 2017, 38 (2): 204 – 224.

[114] Arie, H.. Performance Measurement: Test the Water Before You Dive In [J]. International Review of Administrative Sciences, 2005, 71 (2): 255 – 266.

[115] Assessment Rating Tool. Public Administration Review [J]. 2010, 72 (1): 123 – 134.

[116] Behn, R. D.. Why Measure Performance? Different Purposes Require Different Measures [J]. Public Administration Review, 2003, 63 (5): 586 – 606.

[117] Berman E, Wang X H. Performance Measurement in U. S. Counties: Capacity for Reform [J]. Public Administration Review, 2010, 60 (5): 409 – 420.

[118] Bernstein, D. J.. Local government measurement use to focus on performance and results [J]. Evaluation & Program Planning, 2001, 24 (1): 95 – 101.

[119] Bernstein, D. J.. Local Government Performance Measurement Use: Assessing System Quality and Effects [D]. Ph. D. diss., George Washington University, UMI Dissertation Services, 2000.

[120] Blondal J R. Budget Reform in OECD Member Countries: Common Trends [J]. OECD Journal on Budgeting, 2003, 12 (4): 7 – 26.

[121] Broom C A. Performance-Based Government Models: Building A Track Record [J]. Public Budgeting & Finance, 2010, 15 (4): 3 – 17.

[122] Broom, C.. Performance-based Government Models: Building A Track Record [M]. Public Budgeting &Finance, 1995.

[123] Caiden, N.. Shaping Things to Come: Super-budgeters as Heroes in The

Late-twentieth Century〔M〕. New York: State University of York Press, 1988.

〔124〕Chan, H. S. & Gao, J.. Putting the Cart before the Horse: Accountability or Performance?〔J〕. Australian Journal of Public Administration, 2009, 68 (1): S51 – S61.

〔125〕Chen, W. & Sheng, M. K.. On the Integration of the Performance Evaluation of Government and the Administration Accountability〔J〕. Journal of Social Science of Hunan Normal University, 2010, 26 (3): 139 – 145.

〔126〕Cheng, L. H. & Mien, L. C.. Playing Devious Games, Budget-Emphasis in Performance Evaluation, and Attitude Towards the Budgetary Process〔J〕. Management Decision, 2010, 48 (6): 940 – 951.

〔127〕Conklin G H, Weiss C H, Bucuvalas M J. Social Science Research and Decision-Making〔J〕. Social Forces, 1980, 60 (3): 919.

〔128〕Cothran, D.. Entrepreneurial Budgeting: An Emerging Reform?〔J〕. Public Administration Review, 1993, 53 (5): 445 – 454.

〔129〕Curristine, T., Linti, Z. & Joumard, I.. Improving Public Sector Efficiency: Challenges and Opportunities. Oecd Journal on Budgeting, 2010, 7 (1): 1 – 41.

〔130〕Donald, P. M.. The Dynamics of Performance Management: Constructing Information and Reform〔M〕. Washington, D. C.: Georgetown University Press, 2008.

〔131〕Dubnick, M. J.. Accountability and the Promise of Performance: In Search of the Mechanism〔J〕. Public Administration Performance & Management Review, 2005, 28 (3): 376 – 417.

〔132〕Dubnick, M. J.. Seeking Salvation for Accountability〔D〕. Conference Paper Presented at the Annual Meeting of the American Political Science Association, Boston, 2002.

〔133〕Eckardt, S.. Political Accountability, Fiscal Conditions and Local Government Performance-Cross-Sectional Evidence from Indonesia〔J〕. Public Administration and Development, 2008, 28 (1): 1 – 17.

〔134〕Franklin A L, Ho A T, Ebdon C. Participatory Budgeting in Midwestern States: Democratic Connection or Citizen Disconnection?〔J〕. Public Budgeting & Finance, 2009, 29 (3): 52 – 73.

〔135〕Franklin, A. L., Ho, A. T. & Ebdon, C.. Participatory Budgeting in Midwestern States: Democratic Connection or Citizen Disconnection?〔J〕. Public Budgeting & Finance, 2009, 29 (3): 52 – 73.

[136] Frisco, V. & Stalebrink, O. J.. Congressional Use of the Program Assessment Rating Tool [J]. Public Budgeting and Finance, 2008 (28): 1 – 19.

[137] Garcia, E. & López, G.. The Effects of Poor Financial Information Systems on the Long Term Sustainability of Local Public Serivices [J]. Empirical Evidence from the Catalan Municipalities, 2004, 2: 11 – 32.

[138] Gerald J. Miller, Lyn Evers. Budgeting Structures and Citizen Participation [J]. Journal of Public Budgeting, Accounting & Financial Management, 2020, 14 (2): 233 – 272.

[139] Gilmour J. B. & Lewis D. E. Political Appointees and the Competence of Federal Program Management [J]. American Politics Research, 2006, 34 (1): 22 – 50.

[140] Gilmour J. B. & Lewis D. E.. Does Performance Budgeting Work? An Examination of the Office of Management and Budget's PART Scores [J]. Public Administration Review, 2006, 66 (5): 742 – 752.

[141] Glynn, J. J. & Murphy, M. P.. Public Management: Failing Accountabilities and Failing Performance Review [J]. International Journal of Public Sector Management, 1996, 9 (5): 125 – 137.

[142] Governmental Accounting Standards Board. Performance Measurement at the State and Local Levels: A Summary of Results (The Second Questionnaire) [R]. 2002.

[143] Governmental Accounting Standards Board. Report on Survey of State and Local Government Use and Reporting of Performance Measures: First Questionnaire Results [R]. 1997.

[144] Hanley N, Moffatt I, Faichney R, et al. Measuring sustainability: A time series of alternative indicators for Scotland [J]. Ecological Economics, 1999, 28 (1): 55 – 73.

[145] Hatry Harry P. The Statue of Productivity Measurement in the Public Sector [J]. Public Administration Review, 1978, 38 (1): 17.

[146] Heinrich C J. How Credible Is the Evidence, and Does It Matter? An Analysis of the Program Assessment Rating Tool [J]. Public Administration Review, 2012, 72 (1): 123 – 134.

[147] Heinrich C J. Outcomes—Based Performance Management in the Public Sector: Implications for Government Accountability and Effectiveness [J]. Public Administration Review, 2002, 62 (6): 712 – 725.

[148] Heinrich, C. J.. How Credible is the Evidence, and Does It Matter? An Analysis of the Program Assessment Rating Tool [J]. Public Administration Review,

2012, 72 (1): 123 –134.

[149] Hossein N. & Larissa K.. The Effect of Performance Feedback on Prior Budgetary Participative Research Using Survey Methodology: An Empirical Study [J]. Critical Perspectives on Accounting, 2008, 19 (8): 1431 – 1453.

[150] Ingraham, P. W.. You Talking to Me? Accountability and the Modern Public Service [J]. Political Management Research, 2008, 38 (1): 17 – 21.

[151] Jamal, A. H. , Essawi, M. & Tilchin, O.. Building Result-Based Accountability in an Organization [J]. Open Journal of Business & Management, 2014, 2 (3): 195 – 203.

[152] Jonathan, D. B. & Carl, M.. Integrating Performance and Budgets: The Budget Office of Tomorrow [M]. Rowan & Littlefield Publishers, 2007.

[153] Joseph, C. B. & Shahpar, M.. Performance Funding and Budgeting: Popularity and Volatility-The Third Annual Survey [M]. Accountability, 1999.

[154] Joyce, P. G. Linking Performance and Budgeting: Opportunities in the Federal Budget Process [R]. IBM Center for the Business Government, 2003.

[155] Joyce, P. G.. Using Performance Measures for Federal Budgeting: Proposals and Prospects [J]. Public Budgeting & Finance, 1993.

[156] Keating M. Public Management Reform and Economic and Social Development [J]. OECD Journal on Budgeting, 2001, 1 (2): 141 – 212.

[157] Kettl, D. F.. The Global Revolution in Public Management: Driving Themes, Missing Links [J]. Journal of Policy Analysis and Management, 1997, 16 (3): 446 – 462.

[158] Key, O.. The lack of budgetary theory [J]. American Political Science Review, 1940, 34 (12): 1137 – 1144.

[159] Kloot, L.. Performance Measurement and Accountability in Victorian Local Government [J]. International Journal of Public Sector Management, 1999, 12 (7): 565 – 584.

[160] Kluvers, R.. Accountability for Performance in Local Government [J]. Australian Journal of Public Administration, 2003, 62 (1): 57 – 69.

[161] L Kloot. Performance Measurement and Accountability in Victorian Local Government [J]. International Journal of Public Sector Management, 1999, 12 (7): 565 – 584.

[162] Lauth, T. P.. Performance Evaluation in the Georgia Budgetary Process [J]. Public Budgeting & Finance, 1985, 5 (1): 67 – 82.

［163］ Leon, J. . Rosenberg. Project Evaluation and The Project Appraisal Reporting System ［R］. Agency for International Development, 1970.

［164］ Lu, Y. . Individual Engagement to Collective Participation: The Dynamics of Participation Pattern in Performance Budgeting ［J］. Public Budgeting & Finance, 2011, 31（2）: 79 – 98.

［165］ Lunney, K. NPR Director Touts Reinvention's Results ［R］. U. S. Government Printing Office, 2006.

［166］ Martin, L. . Budgeting for Outcomes. In Aman Khan & Bartley Hildreth. Eds. Budget Theory in the Public Sector ［M］. Westport: Quoyum Books, 2003.

［167］ Mcnab, R. M. & Melese, F. . Implementing the GPRA: Examining the Prospects for Performance Budgeting in the Federal Government ［J］. Public Budgeting & Finance, 2003, 23（2）: 73 – 95.

［168］ Mekers, J. E. & Willoughby, K. G. . Budgets' Views of State Performance-Budgeting Systems: Distinctions across Branches ［J］. Public Administration Review, 2001, 61（1）: 54 – 64.

［169］ Melkers, J. and Wilbughby, K. Models of Performance-Measurement Use in Local Government: Understanding Budgeting, Communication, and Lasting Effects ［J］. Public Administration Review, 2005, 65（2）: 180 – 190.

［170］ Micheln N. Herian. Local Budgeting and Participation: Contextual Predictors of State Laws Mandating Public Input ［J］. State and Local Government Review, 2011, 43（3）: 95 – 100.

［171］ Mikesell, J. . Fiscal Administration ［M］. New York: Harcourt Brace College Publishers, 2007.

［172］ Moynihan D P. The Dynamics of Performance Management: Constructing Information and Reform ［M］. Georgetown University Press, 2008.

［173］ Moynihan, D. P. & Pandey, S. K. . Testing How Management Matters in An Era of Government by Performance Management ［J］. Journal of Public Administration Research and Theory, 2005, 15（3）: 421 – 439.

［174］ National Association of State Budget Officers. Budget Processes in the States ［R］. 1997.

［175］ OECD. Modernnising Government: The Way Forward ［R］. Paris: OECD Publishing, 2005.

［176］ OECD. Performance budgeting in OECD countries ［R］. Paris: OECD

Publishing, 2007.

[177] OMB. "Performance and Management", Budget of United States Government, Fiscal Year 2011: Analytical Perspectives [R]. U. S. Government Printing Office, 2010.

[178] Quinlivan, D.. Nowak M, Klass D. From Accountability to Assurance-Stakeholder Perspectives in Local Government [M]. Australian Journal of Public Administration, 2014, 73 (2): 206 – 217.

[179] Rivera, M. & Heady, F.. Comparative Program-performance Evaluation and Government Accountability in New Mexico: Some Applied Lessons for Intergovernmental Relations [J]. Journal of Public Affairs Education, 2006, 12 (4): 557 – 562.

[180] Robinson, M.. Performance Budgeting Models and Mechanisms. In Marc Robinson Eds. Performance Budgeting: Linking Funding and Results [M]. New York: Palgrave Macmillan, 2007.

[181] Ron Kluvers. Accountability for Performance in Local Government [J]. Australian Journal of Public Administration, 2003, 62 (1): 57 – 69.

[182] Schick, A.. The Road to PBB: The Stages of Budget Reform [M]. Public Administration Review, 1966, 26 (4): 243 – 258.

[183] Shick, A.. A Contemporary Approach of Public Expenditure Management [M]. Washington, D. C. : World Bank, 1998: 113 – 114.

[184] Shick, A.. Budgeting for Results: Recent Development in Five Industrialized Countries [J]. Public Administration Review, 1990 (50): 26 – 34.

[185] Stein, E. , Talvi, E. & Grisanti, A.. Institutional Arrangements and Fiscal Performance: The Latin American Experience [R]. National Bureau of Economic Research, 1998.

[186] Stiefel, Leanna, Ross Rubenstein and Amy Ellen Schwartz. Using Adjusted Performance Measures for Evaluating Resource Use [J]. Public Budgeting and Finance, 1999, 19 (3): 67 – 87.

[187] Tan, X. X.. Constructing a Performance-based Accountability System for the Chinese government [J]. Journal of Public Affairs, 2014, 14 (2): 154 – 163.

[188] Teresa, C.. Performance Information in the Budget Process: Results of the OECD 2005 Questionnaire [J]. OECD Journal on Budgeting, 2005, 5 (2): 87 – 131.

[189] Tibury, C.. Accountability via Performance Measurement: The Case of Child Protection Services [J]. Australian Journal of Public Administration, 2010, 65 (3): 48 – 61.

[190] Von Hagen J, Harden I J. Budget Processes and Commitment to Fiscal Discipline [J]. European Economic Review, 1995, 39 (3): 771 – 779.

[191] Wang X. Performance Measurement in Budgeting: A Study of County Governments [J]. Public Budgeting & Finance, 2000, 20 (3): 102 – 118.

[192] Wang, X. H.. Conditions to Implement Outcome-oriented Performance Budgeting [J]. Journal of Public Budgeting, Accounting & Financial Management, 1999, 11 (4): 533 – 552.

[193] Webber, C. & Wildavsky A. B.. A History if Taxation and Expenditure in the Western World [M]. New York: Simon & Schuster, 1986: 565 – 573.

[194] Wildvasky, A.. If You Can Not Budget, How Can You Govern [M]. Stanford: Hoover Institute Press, 1988.

后　　记

在全面预算绩效管理的背景下，如何加强绩效评价结果应用，既是重点也是难点，更是关于预算绩效管理的关键点。基于这样的考虑，本书将研究聚焦财政支出绩效评价结果应用，从酝酿到成稿，历时两年之久。

本书由中央财经大学财政税务学院姜爱华教授、卢真副教授进行框架设计和总纂定稿，中央财经大学财政税务学院的 2017 级博士生孙欣同学、郝晓婧同学，以及 2017 级硕士朱晗同学参与了部分章节的资料收集、整理与撰写。

本书是中央财经大学中财—中证鹏远地方财政投融资研究所项目、中央财经大学人大预算审查监督研究中心项目，并受中央财经大学中国财政发展协同创新中心 2020 年度科研立项资助。中央财经大学副校长马海涛教授，财政税务学院院长白彦锋教授，政府预算管理研究所所长、全国政府预算研究会副会长李燕教授等对本书的出版给予大力支持，经济科学出版社的王娟老师对本书的出版给予悉心教导和无私帮助，在此表示由衷感谢。

对于研究中参考的国内外学术文献，我们对作者表示衷心感谢。同时，由于研究能力有限，特别是在进行外文翻译过程中，难免因为理解偏差存在表述不准确或者不完整之处，敬请广大读者批评指正。当然，文责自负。

姜爱华

2019 年 3 月 25 日